경제학 천재들의 일본경제 비판

미국은 일본경제의 부활을 알고 있다

하마다 고이치 지음   김명수 옮김

계명대학교 국제학연구소 학술총서 03

경제학 천재들의 일본경제 비판

미국은 일본경제의 부활을 알고 있다

하마다 고이치 지음

김명수 옮김

어문학사

일러두기

- 이 책은 하마다 고이치의『アメリカは日本経済の復活を知っている』를 완역한 것이다.
- 모든 각주는 독자의 이해를 돕기 위해 옮긴이가 작성한 것이다.
- 본문에서 옮긴이가 덧붙인 글은 '- 옮긴이'로 구분하였다.
- 한자와 병기되어 있는 [ ]는 명확하게 뜻을 구별하기 위해 의미를 살려서 번역한 것이다.
- 인·지명 등 외래어 표기는 국립국어원 외래어표기법을 따랐으며, 일부 단어에 한해 원어 발음에 가깝게 표기하였다.

이 역서는 2019년 대한민국 교육부와 한국연구재단의 지원을 받아 수행된 연구임
(NRF-2019S1A5C2A04083308)

목차

한국어판 서문

김명수 교수께

다시 한번 고단샤에서 나온 제 책 "미국은 일본경제의 부활을 알고 있다"를 출판해 주셔서 감사드립니다. 다음은 한국어판에 부쳐 영어로 쓴 나의 서문입니다.

한국에 있는 친구들에게

나의 책 "미국은 일본경제의 부활을 알고 있다"의 한국어판을 낼 수 있게 되어 기쁘고 영광스럽습니다. 나는 번역자인 계명대학교의 김명수 교수, 그리고 이 번역 프로젝트를 가동시킨 연세대학교의 김정식 교수와 서울대학교의 김소영 교수께도 감사드립니다.

이 책은 여러분들에게 제가 아베 신조 수상에게 어드바이스한 내용을 담고 있습니다. 아베 수상은 8년이라는 긴 재임기간 동안 아베노믹스를 통해 일본경제에 500만 개의 새로운 일자리를 만들어 냈습니다.

나는 내 작업이 처음으로 한국어로 번역된다는 사실을 알고 기뻤습니다. 두 번째, 나는 한국 출신의 많은 총명한 학자들과 학생들을 만나고 가르쳤습니다. 그들은 그 후 내 인생의 오랜 친구가 되었습니다.

무엇보다 중요한 것은, 최근 나는 사람들이 "한국은 대략 20년의 시간차를 두고 일본경제가 지나온 길을 따라가고 있는 것 같다"

고 말하는 것을 들었습니다. 이로부터 나는 이 책이 여러분들에게 일본경제에 대해 알려줄 것이고, 한국경제가 이 책에서 설명하고 있는 정책실패를 되풀이하지 않도록 해 줄 것이라고 생각합니다.

한국과 일본은 하나의 국가로서 많은 특성들을 공유합니다. 양국은 유교적 전통하에서 부지런하고 교육받은 국민들을 가지고 있습니다. 양국은 예컨대 삼성이나 현대와 도요타로 대표되는 동양에서 성공한 나라입니다. 한국과 일본 사이의 상호 이해와 협력은 동아시아 사람들에게, 그리고 궁극적으로 세계를 향한 모범적인 사례를 개발하곤 했습니다.

내 책은 통화정책이 10년 전에 외환시장을 통해 일본경제를 회복시키는 데 효과적이었다고 주장합니다. 지금은 환율 때문에 통화정책의 특별한 효과가 약해졌습니다. 그러나 나는 재정정책의 국제적 협조가 현재 한국과 일본에게 같은 목적을 달성하게 해 줄 것이라고 믿습니다. 이것이 김소영 교수가 개발에 참여하고 있는 재정적 물가이론(the Fiscal Theory of Price Level; FTPL)이 전하는 메시지입니다.

이 책의 주요 메시지는 "언제나 관례와 제도적인 기득권에 사로잡혀 있는 중앙은행장이나 공무원들의 의견을 신뢰하지 말고, 대신에 근대 거시경제학의 지혜에 귀를 기울여라"입니다.

이번 기회에 김재원, 이인표, T.D. Kim, W.t Kang.을 포함해 나의 오랜 친구들에게 감사의 마음을 전합니다.

2021년 4월 1일

하마다 고이치

머리말
50년 연구생활의 '고별강연'으로

나는 일본과 미국에서 50년 이상 경제학을 공부하고 연구해 왔다. 나 스스로도 받아들이기 어렵지만 이 책의 간행과 함께 희수를 맞이했다. 미국에는 '고별강연'이라는 관례가 없지만, 일본이라면 강의를 통해 학자의 인생을 돌아보는 시기일 것이다.

나는 도쿄대학이나 예일대학에서 40년 넘게 교편을 잡고 있었다. 하지만 솔직히 말해 지금 '과연 그것이 사회를 위해 쓸모 있는 일이었을까'에 대해서는 점점 자신이 없어진다.

어떤 사람들은 나에 대해 '노벨경제학상 후보자 중 한 사람'이라고 말하기도 한다. 실력 이상으로 평가해 주는 것은 좋지만, 경제학이 세상에 기여한다는 '경제제민 經世濟民'의 학문임을 생각할 때, 아무래도 그런 자격은 없을 것 같다.

왜일까? 친구가 말하듯이, 제자인 일본은행(이하에서는 '일은'으로 줄여 쓴다-옮긴이) 총재, 시라카와 마사아키 白川方明를 바르게 이끌지 못했기 때문이다.

결론부터 말하자. 20년 넘게 디플레이션으로 힘들어하는 일본의 불황은, 거의 모든 것이 일은의 금융정책에서 그 원인을 찾을 수 있다.

시라카와 총재는, 아담 스미스로부터 헤아려도 200년 이상, 경제학의 태두들이 부단히 구축해 온, 소위 '물은 높은 곳에서 낮은 곳으로 흐른다'와 같은 보편적인 법칙을 무시하고 있다. 세계에서 홀로 초연한 '일은류이론日銀流理論'을 표방하여, 엔고현상을 초래하고, 통화의 움직임을 저해시켰다. 주식시장에서 대부분의 종목이 주가하락을 경험했으며, 실업이나 도산을 낳고 있다. 연간 3만 명이 넘는 자살자도 금융정책과 전혀 관계가 없지 않다.

이 커다란 정책의 오류가 일본경제에 미친 영향에 대해서는 본문에서 상세하게 설명하겠지만, 이 책에서 해설하는 이론은 특별히 나 혼자 주장하는 것이 아니다. 일본을 별도로 치면 거의 모든 세계의 경제학자가 납득하고 믿고 있으며, 미국, 그리고 온 세계의 중앙은행이 실제로 실행하고 있는 내용이다.

'금융정책만으로는 디플레이션도 엔고현상도 막을 수 없다', 이것이 경제학 200년 역사에 등을 돌리는 '일은류이론'이다.

하지만 2012년 2월 14일, 일은이 1퍼센트 인플레이션 '골goal'을 설정하자, 곧바로 주가는 1000엔 상승하고, 엔은 4엔 싸졌다. 확실하게 효과가 나타난 것이다.

또한 2012년에 중의원이 해산되자, 자유민주당 총재인 아베 신조安倍晋三 씨가 2퍼센트의 인플레이션 목표를 제창하고, 디플레이션으로부터의 탈출을 호소했다. 그러자 1달러 79엔대였던 엔은 곧 82엔대로, 닛케이평균주가도 2주 만에 최대 900엔 가까이 올랐다. 이러한 사실은 금융정책의 효과가 '기대'에 크게 의존하고 있음을 보여준다.

———— 옳은 이론에 기초한 금융정책은 유효하다. 무슨 연유에서인지 일은이 그것을 하지 않았을 뿐이다. 거꾸로 말하면, 올바른 이론에 기초한 금융정책이 이루어지면, 일본경제의 부활이 가능하다는 증거이기도 하다.

지금 내 연구생활의 집대성으로서, 왜 경제정책이, 그리고 특히 일본의 금융정책이 이렇게도 잘못될 수 있는가에 관해, 일본과 미국의 정치가, 중앙은행 관계자, 정책 당사자, 학자, 이코노미스트, 저널리스트들에게 인터뷰를 행하고 있다.

이미 60명 이상에게 청취하고 있는데, 그중에는, 교과서에서도 유명한 그레고리 맨큐, 윌리엄 노드하우스, 전 대통령경제자문위원장 마틴 펠드스타인, 글렌 허버드, 거기에 벤저민 프리드먼, 데일 조겐슨, 로버트 실러 등의 태두, 그리고 일본에서는 아베 신조 씨, 사카이야 다이치堺屋太一 씨, 다케나카 헤이조竹中平藏 씨, 나카하라 노부유키中原伸之 씨, 구로다 하루히코黒田東彦 씨, 이와타 기쿠오岩田規久男 씨, 이와타 가즈마사岩田一政 씨, 이토 다카토시伊藤隆敏 씨 등의 준재가 포함되어 있다.

그 과정에서 새롭게 알게 된 것이 있다. 외국인 학자의 거의 모두가, 존경할 만한 일본의 학자들은, 잠재성장률보다 훨씬 낮은 수준에서 운영되고 있는 일본경제를 '난센스'라고 생각하고 있다는 것이다.

그렇다, 미국은, 아니 세계는, 일본경제가 보편적인 법칙에 의거하여 운영되기만 하면 곧바로 부활하고, 현저한 성장세를 보이고 있는 아시아경제를 흡수하여, 다시 빛을 발할 수 있다는 것을 알고 있다.

내가 이 책의 타이틀을『미국은 일본경제의 부활을 알고 있다』고 한 것은, 여기에 이유가 있다. 물론 거기에는 내가 제2의 고향인 미국에서 경제학을 연구하고 일본을 계속 지켜봐온 결론이라는 의미도 포함되어 있다.

이 책은, 내가 널리 일반 사람들에게 내놓을 수 있는 '마지막 강의'라는 기분을 담아 집필되었다. '하버드 백열白熱 교실'의 사상적 깊이는 없을지도 모른다. 하지만 이 책을 이해할 수 있을 것인가의 여부에 국민의 생활이 구체적으로 걸려 있다. 그렇기 때문에 일반 분들도 나의 고별강연을 꼭 읽어보셨으면 하는 바람이다.

왜냐하면, 정치를 움직여 일은의 정책을 바꿀 수 있는 것은, 경제학과 인생 사이에 아무런 인연이 없다고 생각하는 일반 국민 분들이기 때문이다. 우리들 일본인에게 남겨진 시간은 매우 적다. 하지만 가능성은 크다. 미국에서 전하는, 세계에서 보면 상식인 일본경제의 부활 — 그 가능성을 이 책에서 읽어낼 수 있기를 간절히 바란다.

묘하게도 이 책의 마지막 교정 중에, 평소 나의 의견을 이해해 주시는 자민당 총재 아베 신조 씨로부터 국제전화가 걸려 왔다. 2012년 12월 16일의 중의원 의원선거에서 논점이 될 일은의 정책에 관한 질문이었다. 나는 "아베 총재님의 의견은 완전히 올바른 것입니다. 자신감을 갖고 추진해 주세요"라고 대답했는데, 그 이유에 대해서는 이 책에서 상세하게 설명하고 있다.

또한, 특별하게 단서를 달지 않는 한, 등장인물의 직함은 당시의 것으로 하겠다.

서장

제자,
일은 총재에게 보내는 공개서한

시라카와 마사아키라는 이름의 우수한 학생

경제학자로서 오랫동안 교편을 잡아 온 나이지만, 학생에게 '대학원에 진학해 보면 어떨까'라고 말을 거는 일은 적다. 본인에 게 능력이 없으면, 나중에 본인도, 지도하는 사람도, 힘들어질 뿐 이기 때문이다. 지금은 취직난이기 때문에, 혹은 모라토리엄 기간 의 연장을 위해 대학원에 진학하는 학생이 드물지 않지만, 나는 결코 (대학원 진학을-옮긴이) 권유해야겠다고는 생각하지 않는다.

그런 중에 몇 안 되는 예외적인 한 사람이 시라카와 마사아키 씨였다. 그렇다, 일본은행 총재이다.

시라카와 씨를 처음 만난 것은 1970년의 일이었다. 내가 도 쿄대학 경제학부에서 교편을 잡고 있던 시대. 그 총명함에는 상당 히 감명을 받았다.

경제학자에게는, 수리적인 능력과, 거기에서 얻은 통찰을 정 책문제에 적용하여 생각하는 능력이 필요하다. 시라카와 씨는 그 두 가지를 모두 갖추고 있었다. 이론적인 구상력, 즉 이론과 그 배 경을 정밀하게 포착하는 힘에도 눈을 휘둥글게 만드는 무엇인가 가 있었다. 그리고 성실하면서 노력가이기도 했다. 1972년, 내가 다치 류이치로館龍一郎 선생(도쿄대학 명예교수, 아오야마가쿠인대학青山學院大學 명예교수, 2012년 2월 서거)과 함께 『금융』*을 이와나미岩波서점에서 출판 했을 때는, 교정이나 사실관계의 체크를 시라카와 씨에게 부탁했 던 일도 있다.

---

* 館龍一郎·浜田宏一, 『金融』, 岩波書店, 1972年.

1985년, 내가 객원교수로 시카고대학을 방문했을 때에도, 시라카와 씨의 존재는 화제였다. 그는 일본은행에 입행 후, 시카고대학에 대학원생으로 유학하고 있었다.

　　"시라카와는 상당히 스마트하다. 학문을 계속했으면 했다."

　　뒤에 이스라엘은행의 총재가 되는 제이콥 프랑켈 교수는, 그렇게 애석한 듯 말했다.

　　따라서 나는 시라카와 씨가 일은 총재가 되었을 때 진심으로 기뻐했다. '이로서 정통 경제이론에 입각한 금융정책이 발동되겠지'라고 생각했다. 오랫동안 일은의 조사연구 쪽 리더로서, 은행 안에서 지배적이었던 기획 쪽 출신자와 분투해 온 스즈키 요시오 鈴木淑夫 씨는, "처음으로 조사 쪽에서 총재가 나왔다. 깔끔한 이론, 숫자의 뒷받침, 외국어로 세계의 리더와 대등하게 이야기할 수 있는 총재가 나온 것은 획기적인 일입니다"라고 말해 주었다. 나도 시라카와 총재 탄생 때, 정말 그렇게 생각했다.

　　그러나, 실제로는 …….

　　시라카와 총재에게는 몇 번이나 낙담했다. 그는 출세를 향한 길을 걷는 동시에, 세계에서도 이단이라고 할 수 있는 '일은류이론'에 완전히 물들어 버린 것이리라.

　　'일은류이론'이란 무엇인가? 외우 와세다대학 와카타베 마사즈미 若田部昌澄 교수가 2008년에 쓴 원고에서 인용해 보자.

　　　내가 보는 관점에서 그것은 '일련의 한정구 限定句', 평이하게
　　　이야기하면 '할 수 없는 것들의 모음 できない集'이다. 즉, 원칙적
　　　으로 일은은 민간의 자금수요에 대해 자금을 공급하고 있기

때문에 물가의 결정에 대해서도 제한적*이어야 하고, 취할 수 있는 정책수단도 제한적이어야 하고, 정부와의 협조관계도 제한적이어야 한다는 것이다. 예를 들면 장기국채의 구입으로 화폐공급량을 늘린다는 것은, 그것이 재정정책의 영역에 들어가기 때문에 써서는 안 되는 수단으로 여겨진다.(「PHP비즈니스 온라인 衆知」)

왜, 시라카와 씨는 '일은류이론'에 물들고 말았던 것일까. 조직 속에서 살면, 무의식중에 그렇게 되어 버리는 것일까. 아니, 오히려 그렇게 하지 않으면, 그의 총재 취임이 불가능했을지도 모른다…….

일은이라는 조직에서 살기 위해, 일은이 옛날부터 견지해 온 정책관政策觀이나 관례에 무리하게 맞추려고 한 것은 아닐까. 아니면 경제학을 공부하는 사람으로서 경제이론을 파악하는 힘과, 사태에 따라 임기응변으로 더구나 자신의 책임하에 국민을 위해 경제정책을 관장하는 힘에 차이가 있다고 생각하는 것으로 볼 수밖에 없다. 그의 변모는 이해할 수 없다.

---

* 원문에서는 '限定的'이라는 표현을 썼지만, 여기서는 한국어 문맥상 '제한적'이라는 말로 대신할 수 있을 것 같다. 민간에 대한 자금 공급의 주체인 일은 물가에 미치는 영향이 결정적이기 때문에, 일은이 물가에 영향을 미치는 의사결정을 할 때 신중해야 한다는 의미로 이해하면 될 것 같다.

공개서한으로 보낸 메시지

시라카와 씨의 변모, 그 징후는 이전부터 있었다. 2001년, 내가 내각부경제사회종합연구소 소장이라는 입장으로 경제재정자문회의에 배석하고 있었을 때의 일이다.

당시의 일은 총재 하야미 마사루速水優 씨의 보좌역으로 시라카와 씨가 회의에 출석하고 있었다. 당시의 직위는 일은의 심의역審議役이었다.

회의 석상에서 제로금리 해제 등, 하야미 총재의 정책에 대해 의문을 던진 나는, 시라카와 씨와 개인적으로 만날 약속도 했다. 그가, 무모하다고도 할 수 있는 하야미 총재의 정책에 속으로는 반대하고 있을 것이라고 생각했기 때문이다. 둘이서 논의하면 서로 이해도 깊어지지 않을까 생각되었다.

하지만, 이때 이미 시라카와 씨는 '일은류이론'의 신봉자가 되어 있었다. 논의의 초점이 맞지 않았고, 오히려 정반대로 대립했다. 당시의 내 비서에 의하면, 소장실을 떠나는 시라카와 씨의 안면이 창백했다고 한다.

왜, 이렇게 되어 버린 것일까. 그렇게 우수하고 올곧은 학생이었던 시라카와 씨가 '일은류이론'에, 무모한 정책에, 반대의견을 말하지 않는 것일까. 시라카와 씨가 총재가 되어도 역시 변하지 않는 일은에, 그래서 무엇보다도 그의 근무태도에 낙담하고, 일본경제의 미래를 우려한 나는, 공개서한이라는 형식으로 그에게 메시지를 던졌다.

동양경제신보사로부터 2010년에 출판된 와카타베 씨, 가쓰마 가즈요 勝間和代 씨(경제평론가)의 공저『전설의 교수에게 배워라!
진정한 경제학을 알 수 있는 책』*에 게재한 이 서한에서, 나는 시
라카와 씨에게 다음과 같이 쓰고 있다.

> 총재의 정책결정이 주는 일본경제에 대한 큰 영향, 더구나 그
> 로 인해 국민이 입는 실업 등의 고통 등을 생각하면, 지금 말
> 씀드려 놓는 것이 경제학자로서의 책무라고 생각했기 때문에,
> 감히 붓을 들었습니다.

나는 시가카와 씨에 대해 개인적으로 어떤 원한이나 앙심도
마음에 품고 있지 않다. 오히려 그의 인격은 지금도 높게 평가하
고 있다. 서한에도 썼듯이, 나와 다른 의견을 갖고 있음이 확실해
진 뒤에도, 그는 나를 위해 일본 금융의 현재 상황을 설명할 목적
으로 일은 스태프와의 오찬연구회[晝食研究會]를 열어주었다.

뒤에 문제가 되지 않도록 더치페이로 해 준 것도 그의 마음
씀씀이다. 그래서 나는 일본은행이 취하는 정책의 배경에 대해 여
러 가지로 배울 수 있었다. 그의 태도는 어디까지나 신사적이었
다. 그렇기 때문에 나는 서한에 이렇게 쓰고 있다.

> 나는 지금까지 귀형貴兄의 개인적인 총명함, 성실함, 겸허함
> 등을 전혀 의심한 일이 없습니다. 그러나 지금 중요한 것은, 아

* 浜田宏一·若田部昌澄·勝間和代,『伝説の教授に学べ! 本当の経済学がわかる本』,
  東洋經濟新報社, 2010년 6월.

무리 이론적으로 명석한 귀형이 성실하게 믿고 실행하고 있는 정책이라도, 그것이 국민생활을 위한 것이 아닐 수 있다는 점입니다.

지금 일어나고 있는 의문은 '귀형과 같이 명석하기 그지없는 두뇌가, 어째서 『일은류이론』이라 불리는 이론에 귀의해 버리고 말았을까'하는 점입니다.

'일은류이론'과, 세계에 통용되는 일반적인 (그래서 역사가 오래된) 금융론, 거시경제정책과의 사이에는 커다란 갭이 있다. 그 결과로 나타난 것은 국민생활의 곤궁함이다. 그중에서도 특히 고교·대학 신규 졸업자의 취직률이 크게 떨어지고 있는 것은 심각한 문제이다. 경제문제는 서민의 생활, 그 원점에서 생각해야 하는 것이다.

청년이 취직할 곳이 없다는 것은, 고용 부족으로 인해 단지 현재 일본의 생활력이 상실되는 것만을 의미하지 않습니다. 희망에 부풀어 취직시장에 들어 온 청년의 의욕을 꺾고, 학습을 통한 인적 능력의 축적과 발전을 저해합니다. 일본경제의 활력이 점점 상실되어 가는 것입니다.

일본은행은, 금융정책이라는 이들 과제에 충분히 대처할 수 있는 정책수단을 가지고 있습니다. 일본은행은 그것을 인정하려고 하지 않고, 사용할 수 있는 약을 국민에게 주지 않아, 일본은행이 국민과 산업계를 힘들게 하고 있다는 사실을 자각해 주셨으면 합니다.

반송된 책

이 공개서한에서 나는 총재를 '노래를 잊은 카나리아'라고 썼다. 금융시스템 안정화나 신용질서 유지만을 우려할 뿐, 또 하나의 중요한 임무인 거시경제정책을 잊어버리고 있다고 생각했기 때문이다.

시라카와 군, '노래'를 상기시키기 바랍니다. 부탁합니다.

나는 공개서한을, 한 나라의 중앙은행 총재에게는 실례가 될 법한 요청을 하며 그렇게 마무리했다. 나도 모르게 그렇게 써 버리고 말았다고 해야 할까? 정말이지 '부탁' ⋯⋯ 간절한 염원[懇願]에 가까운 기분이었다.

그를 '노래를 잊은 카나리아'에 비유한 것에는 이유가 있다. '금융은 효과가 없다'는 것이 일은의 기본적인 스탠스이지만, 예전의 시라카와 씨는 그렇지 않았기 때문이다.

시라카와 씨는 시카고대학에 유학한 뒤, 같은 대학의 해리 존슨Harry Gordon Johnson 교수가 주장하는 '국제수지의 불균형은 화폐시장의 불균형에 의해 초래되고, 조정은 금융정책이 유효하다'는 학설을 일본에 도입하여, 환율변동 등의 경제현상에 대해서는 일본은행의 금융정책이 유효하다는 내용의 논문도 썼다. 그리고 이 논문은 지금도 일은의 홈페이지에서 열람할 수 있다.

참고로 이 '국제수지의 화폐적 접근'은, 그보다 몇 년 전, 내 연구가 해외에 알려지는 계기가 된 논문의 기초가 되기도 했다.

그렇기 때문에 나는 시라카와 씨에게 더 많은 기대를 했고, 총재로서의 정책에 불만을 갖지 않을 수 없었다. 공개서한이라는 메시지가 전달되었으면 하고 간절히 바랬다.

그러나 메시지는 전달되는 일이 없었다…….

나는 공개서한이 수록된 저서를 총재와 일은 심의위원들에게 증정했는데, 시라카와 씨로부터는 '제가 직접 구입하겠습니다'라는 답장과 함께 반송되었다. 내가 던진 메시지에 대답하기는커녕, 인수조차 하지 않았던 것이다.

이래서는 안 되겠다. 국민을 위해서라도 이대로 있으면 안 되겠다. 그런 생각이 더욱 쌓여갔다. 그렇다고 하더라도 시라카와 씨나 일은에 무엇인가 메시지를 던져도 효과가 없다는 사실 역시 뼈저리게 느낄 수 있었다. 그것이, 내가 이 책을 집필하겠다고 결의하게 된 이유 중 하나이기도 하다.

이것은 사제관계가 어떻다던가, 제자가 선생에게 반항한다든가 하는 그런 차원의 이야기가 아니다. 새롭고, 보다 옳은 이론으로 교사에게 반항하는 것은 자주 있는 일이다. 이런 것은 오히려 건전한 일이라고, 교사로서 나는 학생에게 장려해 왔다(가스미가세키霞が関의 각 성省에서, '하마다 제미' 졸업생은 건방지다'라고들 했던 것도, 그러한 이유에서 비롯되었을 것이다).

---

* 일본어로 '제미'를 굳이 한국어로 바꾼다면 'OOO교수 연구회' 정도가 아닐까 싶다. 대체적으로 일본 대학에서 특정 교수의 지도 아래 이루어지는 학생들의 공동연구 정도로 이해하면 될 것 같다. 통일되어 있지는 않으나 보통 3, 4학년 2년 동안 일주일에 한 번씩 해당 교수와 같이 모여 각자의 연구를 진행하고, 최종적으로는 학부 졸업논문으로 제출하게 된다. '제미'라는 표현은 세미나 seminar를 일본식 독일어로 읽은 '제미나르'에서 비롯되었다고 한다. 한국에 없는 제도이므로 이 책에서는 그냥 '제미'라고 쓰겠다.

단, 정통 금융이론에서 일은이론日銀理論으로의 회귀는, 경제학의 발전이라는 흐름에서 보면 역분사逆噴射다.* 가장 곤란한 것은, 그것이 가동률 저하나 실업, 그리고 도산을 낳는, 국민을 고통스럽게 만드는 방향으로 퇴보하는 것이기 때문이다.

일은이나 그 총재에 대해서만이 아니라, 내 메시지의 도달 범위를 넓혀야 한다. 내가 일생 동안 걸려서 연구해 온 성과를, 일반 사람들이 많이 알았으면 좋겠다. 그 때문에 존재하는 것이 이 책이다.

밸런타인데이의 충격

1998년에 신일본은행법이 시행된 이후, 다음 장에서도 보여주듯이, 일본경제는 세계 여러 국가들 중에서 거의 최악이라고 해도 좋을 거시경제의 퍼포먼스를 계속해 왔다.

주된 원인은, 일본은행이 과거 15년 넘게 디플레이션이나 초엔고超円高 현상을 초래했던 긴축적 금융정책을 계속해 왔기 때문이다.

정말이지 최근의 엔고나 불황에 대한 국민과 정치의 비판에 끝까지 견디기 어려웠을 것이다. 덧붙여 미국 연방준비제도이사회FRB가 인플레이션 목표(또는 goal)를 결단한 일도 있어서, 2012년

---

* 제트 엔진이나 로켓 엔진의 분사방향을 진행방향과 반대방향으로 바꾸는 것이다. 비행기가 착륙할 때 속도를 신속히 줄이기 위해 주로 사용한다.

2월 14일 밸런타인데이에 일은은 1퍼센트의 인플레이션을 '예상
목표[目途]'*로 하는 정책을 단행했다.

　FRB가 인플레이션 골 goal 을 설정하자 일은이 취한 정책은, 그
영역 英譯 을 보면 알 수 있듯이, 인플레이션 '골 goal'의 설정에 다름
아니다. '예상목표[目途]'는 골 goal 이나 목적과 다르다는 식의 궤변
적인 논의가 일은의 특기이기는 하지만, 독자는 휩쓸리지 않아도
좋다.

　어중간한 것은, 목표치가 2퍼센트가 아니라 1퍼센트라는 점
이다. 이걸로는 밸런타인데이의 '선물'이라기보다 '의리상 주는 초
콜릿[義理チョコ]'이라는 것이 첫인상이었다. 반년이 지나서야 의리
초코를 선물로 위장했음을 통감했다.

　지금 국민생활에 다대한 고통을 주고 있는 것은 디플레이션
과 엔고이다. 디플레이션은 엔이라는 통화의 재화에 대한 상대가
격, 엔고는 (엔이라는 통화의-옮긴이) 외국통화에 대한 상대가격 — 즉
화폐적인 문제인 것이다.

　따라서 그것은 오로지 금융정책으로 해소할 수 있는 것이고,
금융정책으로 대처하는 것이 일본은행의 책무이다.

　앞에서 언급했듯이, 나는 일은 총재인 시라카와 씨에게 총재
자신이 이전 논문에 쓰고 있던 올바른 경제학으로 돌아가 달라,

---

　* 目途는 일본어로 '모쿠토' 또는 '메도'라고 읽고, 그 뜻은 목적, 목표, 골 goal 등을
　해석할 수 있다. 다만 여기서 目途는 目標와 명확히 구별하고 있다. '인플레이션
　목표' 또는 '인플레이션 골'이라고 하면 반드시 달성해야 하는 것으로 이해되지
　만, '인플레이션 目途'의 경우에는 '그렇게 되었으면 좋겠다'는 의미를 담고 있어
　반드시 달성해야 하는 '인플레이션 목표'와 구별하는 것이다. 그래서 여기서는
　'예상목표[目途]'로 번역하기로 한다.

올바른 노래를 불러 달라고 간청했다. 2012년 2월의 정책 변경에 이르기까지 받아들여지지 않았던 것이지만 말이다.

일본경제에도 밝은 하버드대학 데일 조겐슨Dale W. Jorgenson 교수는, 일본은행이 새로운 정책을 발표할 때마다 '고이치, 이번 정책에 너는 합격점을 줄래?'하고 추궁해 온다.

그때까지의 나는, '노, 너무 적다, 너무 늦다'고 대답할 수밖에 없었다. 그러나 2012년의 밸런타인데이에는 '일은이론을 차마 버릴 수 없다'는 총재의 해외강연 등에 의심이 남지만, 일단 일은이 표준적인 경제학의 지평으로 발을 내딛은 것처럼 보였다.

1퍼센트라는 '작은 소리'로, 더구나 주저하는 듯하기는 했지만, 일은은 밸런타인데이에는 옳은 노래를 불렀다. 국민을 디플레이션의 늪[淵]으로 데려가려고 했던 일은이 일단 스스로의 행동으로 방향전환의 징후를 보인 것은 기뻐할 만한 일이라고 생각했던 것이다.

논리보다는 증거라고 해야 할 것인가, 옳은 노래의 효과는 곧 나타났다('그때는'이라고 단서를 달아야 하겠지만 말이다).

일은의 신정책으로 닛케이주가지수는 일시적이기는 해도 1만 엔을 상회했다. 엔저현상도 1달러 80엔을 넘어 전개되었다. 일은 스스로가 주장하고 많은 이코노미스트나 학자들이 주장하고 있던 '금융정책은 효과가 없다'는 견해가 명백하게 반증된 것이다.

금융완화는 단지 양으로만 효과를 낼 수 있는 것이 아니다. 이때처럼 '기대'를 통해 효과가 크게 나타나는 법이다.

반복해서 강조하고 싶다. 과거 수년 동안 다양한 경제요인 중에서, 그것이 가령 중간에 흐지부지된 것이라고 하더라도, 2012년

2월의 인플레이션 골 선언 이외에 지금까지 주가나 환율에 영향을 미친 것이 있었을까?

일은이 몇 번이나 부정하려고 해도, 인플레이션 골과 매입시장조작(중앙은행이 시장에서 유가증권을 매입하여 통화를 방출하는 일. 시장에 있는 통화가 증가하기 때문에 금융을 완화하고, 금리는 낮추는 효과가 있다)에 대한 적극적 자세를 표명하는 것은 주가나 환율에 대해 명백하게 효과를 준다. 그것이 시장에서 여실히 드러났다.

또한 이것은 국제금융론의 첫 수업에서 학부생에게 가르치는 것이기도 하다. 하긴 일본은행의 어떤 고위관료는, 화폐공급 증가에 대한 예상이 주가 상승을 초래한다는 이론의 기본조차 이해 못하는 것인지, 이해하려고 하지도 않았지만…….

금융완화의 필요성에서 벗어나기 위해

일본경제가 장기성장의 경로를 견실하게 걷기 위해서는, 확실히 인구성장률이나 생산성 상승률을 높일 필요가 있다. 정부의 구조개혁도 필요할 것이다. 그러나 그러한 변화는 하루아침에 달성할 수 없다.

현재 일본에 필요한 것은, 성장의 잠재경로보다 훨씬 밑에서 일본경제가 운영되고 있는 현상을 서둘러 바로잡는 것이다.*

---

* 잠재성장률potential growth rate이란, 한 나라가 안정적인 물가수준을 유지하면서 달성할 수 있는 최대 생산수준인 잠재GDP의 성장률을 뜻한다.

이를 위해서는, 2012년 2월 14일에 보여준, 그런 용기 있는 금융정책이 즉효성 卽效性 을 갖는다. 이 정책 변경이 왜 이 정도로 효과가 있었던 것처럼 보였는가 하면, 경제에 대한 양의 변화뿐만 아니라, '예상'에 작용했기 때문이다.

이 정책의 조합이 예상과 기대에 작용하고, 인플레이션율이나 엔 시세를 통해, 성장력 이하의 경제운영 지표인 실업이나 도산에 직접적으로 작용할 수 있다. 어찌 되었건 일은은 행동으로서는 옳은 방향으로 선회한 것처럼 보였던 것이다.

그러나 이것이 일은의 본심인가에 대해서는 의심이 남는 부분도 있었다. 불안요인을 찾아본다면, 그것은 시라카와 총재의 의식 속에 있었다. 상황을 아마노이와토 天野岩戸 신화에 비유한다면, 이와토가 희미하게(1퍼센트 정도) 열린 것이다. 세상은 비로소 금융정책이 주가에도 엔고현상에도 효과 있는 약이라는 것을 알았다.

하계 下界 의 사람들은 햇빛이 돌아온 것을 기뻐하고 있다. 이는 요술방망이처럼 몇 번이고 사용해도 좋은 정책이다. 인플레이션이 시작되기 전에 그만두기만 하면 되는 것이다. 1960년대 이후 일본경제가 고도성장을 구가하던 때에도, 일본경제가 디플레이션이었던 적은 거의 없었고, 3~4퍼센트 정도의 인플레이션을 동반하고 있었다. 세계경제의 기적이라 불리는 일본의 고도성장은 완만한 인플레이션과 함께 달성되었던 것이다.

내가 왜 불안한가 하면, 시라카와 씨는 국내 강연이나 담화, 그리고 FRB에서의 강연에서 '태양인 내가 얼굴을 내밀더라도 세상은 밝아지지 않는다'는 취지의 말을 되풀이했기 때문이다. 거기에서는 저금리가 기업을 취약하게 만든다는 이론을 반복하고 있었는데, 일본의 현재 상황에서는 명목금리가 낮은 사실과 실질금리가 높은 사실이 혼동되고 있다.

　시카고대학에서는, 우선 경제의 명목량과 실질량의 혼동을 경계한다고 듣고 있지만, 수재인 시라카와 총재가 오랜 기간 계속된 일은 생활 속에서 대학원 교육조차 잊어버린 것일까……. '새로운 정책은 정치적 배려에 의한 것이 아니다'라고 말하면서 '금융정책이 디플레이션 해소에 반드시 효과가 있는 것은 아니다'라는 세계에서 혼자 초연한 '일은류이론'도 조금씩 내비친다.

인구는 디플레이션의 요인인가

　일은은 '인구가 디플레이션의 요인'이라고 주장하고 싶은 것 같다. 하지만 인구를 디플레이션과 연결시키는 것은 이론적으로도 실증적으로도 근거가 없다. 물론 인구가 성장 요인이기는 하다. 하지만 실질생산에 인구 혹은 생산연령인구가 영향을 주는 것은 당연하다.

　그러나 화폐적 현상인 물가, 혹은 디플레이션에 인구가 영향을 미친다는 것은, 경제의 해부학 즉 '국민소득회계'의 관점에서 보더라도, 생리학 즉 '금융론'의 관점에서 보더라도, 전혀 요점을 벗어난 주장이다. 의학이 발달한 사회에서 이발소의 아마추어 담론으로 환자의 진단과 치료법을 결정하려고 하는 것이 일은의 자세인 것이다.

　일은이 국제회의 등에서 보여주는 연구성과도 레벨이 낮다.

통계학 강의에서 가장 먼저 주의하라고 듣는 내용인데, 우연히 그 래프에 숫자가 잘 나와서 마치 관계가 있는 것처럼 보이는 '허구적 상관 spurious correlation'을 사용하기도 한다.

예컨대 가에쓰대학 嘉悅大學 교수인 다카하시 요이치 高橋洋一 씨가 지적하고 있듯이, 33개국 중에서 자기들의 주장에 어울리는 24개국만을 선정하는, 통계학상에 있어서 일종의 컨닝 cunning을 행 하기도 한다. 경제를 '치료'하는 의사가 하는 일은 아닌 것 같다.

2012년 5월에는 국제회의 '인구동태의 변화와 거시경제 퍼포 먼스'를 개최했다. 여기에서도 일은은 불완전한 학생 리포트 같은 통계를 세계의 학자들에게 토의하도록 했다. 총재 인사에서 행한 '인구동태와 디플레이션이라고 하면, 일순, 그 이론적 관계를 이해 하기 어려울지도 모릅니다만'이라는 말은, 일순은커녕 몇만 년 생 각해도 의미가 통하지 않는다.

물론 인구구성은 거시경제와 관계가 있다. 하지만 현재의 경 제학에서는 디플레이션의 원인과 전혀 연결시킬 수 없다. 여기에 도, 총재의 주저 『현대의 금융정책』*의 여기저기에 나타나 있듯이, 일본은행의 사정 때문에 경제학을 바꿔 써 버리는 일례가 있다.

이런 사이비 수법[まやかしの手法]을 사용한 일은의 정당화를 위 해 과연 국세를 써서 국제회의 같은 것을 개최해도 좋은 것인가.

요컨대 일은은 '금융완화를 충분히 실시하지 않는다'는 추궁 을 피하기 위해 화폐량이 아닌 인구구성이 디플레이션의 원인이 라고 변명하고 있는 것이다.

---

* 白川方明, 『現代の金融政策 理論と失敗』, 日本經濟新聞社, 2008年.

인구구성의 문제만이 아니다. 금융확장을 하지 않는 이유로 재정문제를 사용하는 것도 변명 중 하나이다. 자신의 책임인 통화관리의 문제를 그냥 지나치고, 재무성 소관인 재정파탄을 막기 위해, 부모의 마음으로, 일은이 소관 밖인 재정파탄을 막기 위해 노력하고 있다. 그 때문에 금융정책이 소홀해지고 있다고 변명하는 것이다.

경제학의 현상에서 보면, 노벨경제학상 후보로 자주 이름이 오르는 기요타키 노부히로清瀧信宏 프린스턴대학 교수의 공동연구가 시사하는 것은, 리먼쇼크 이후 영미의 대담한 금융확대가 있었기 때문에 비로소 세계대불황과 같은 파국에서 사람들이 구제되었을 공산이 크다는 내용이다.

거시경제학 분야에서 '저금리는 기업을 취약하게 한다'는 논의는 실질금리와 명목금리를 무시하고 있다. 시카고대학에서는 1학년 때 엄격하게 주의를 환기시키는 오류이다. 그뿐 아니라 연약한 기업은 모두 도태하고, 실업도 전혀 아랑곳하지 않았던, 대공황시대의 이노우에 준노스케 井上準之助 재무대신[藏相]의 '청산주의清算主義"를 생각나게 한다.

---

* 자본주의 경제에서 불황이 발생하는 것은 불가피하며, 오히려 불황이라는 '파괴'를 통해 비로소 비효율적인 기업이나 고용의 토대가 진전되고, 새로운 성장의 기초가 준비된다는 견해이다. 이에 대비되는 개념이 리플레이션주의, 즉 다양한 수단을 통해 경기를 자극하여 경제 전체에 활력을 불어넣는 정책이다. 관련하여 竹森俊平, 『經濟論戰は甦る』, 東洋經濟新報社, 2002年을 참조하기 바란다.

'좋은 일은 日銀'과 '나쁜 일은'

밸런타인데이의 정책 변경으로 일단은 정통적인 정책으로 돌아간 것 같이 보였던 일은이었지만, 그건 마지못해 시행한 것이 아닐까 하는 불안도 있었다. '밸런타인데이 완화'는 나에게 있어 '좋은 일은'이었지만, 총재의 담화 등을 듣고서는 '나쁜 일은'이 아직 숨겨져 있는 것은 아닐까라고도 생각했다.

아니나 다를까, 몇 개월인가 지나면서 내가 '좋은 일은'의 간판에 속고 있었음을 알 수 있었다. '밸런타인데이 완화'가 유효했던 것은 틀림없이 그것이 기대를 잘 부추겼기 때문이다. 그러나 기대효과가 유효하게 작용하기 위해서는 기대가 그럴듯하고 신뢰할 수 있어야 한다.

총재 담화나 강연의 내용은 마치 '금융완화를 외국도 하고 있고, 국내의 비판도 상당하기 때문에, 어쩔 수 없이 선언하고 있지만, 사실은 디플레이션 탈각에는 효과적이지 않습니다'라고 이야기하는 것 같았다. 그리고 실제로 밸런타인데이 이후 약 반 년 동안 일은정책심의위원회는, 매입 자산 5조 엔 증액을 제외하고는, 금융완화를 위한 구체적이거나 혹은 수량적인 뒷받침도 하지 않았다(도표1 참조).

기대가 작용한다고는 해도 그것이 신빙성이 있는 것이 아니면 유효하지 않다. 7월, 8월이 되어 통화 공급에 있어 약간 증가경향을 보인 것 외에는 신빙성을 뒷받침할 만한 것이 거의 없었다.

즉, 밸런타인데이에 초콜릿을 선사하겠다는 국민에 대한 선언은, '장래에 새로운 자산 매입을 10조 엔 추가로 더하겠습니다'

라는 내용이기는 해도, '언제, 어느 정도의 자산을 사겠습니다'라는 것과는 상통하지 않는다. 당연히 목적이 되었어야 할 디플레이션이 전혀 해소되지 않고, 엔도 1달러 70엔대 후반으로 복귀한 것이 무엇보다 명확한 증거이다.

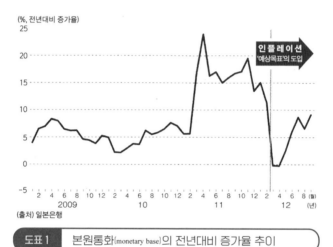

(%, 전년대비 증가율)

인플레이션
'예상목표'의 도입

(출처) 일본은행

| 도표 1 | 본원통화[monetary base]의 전년대비 증가율 추이 |

참고로 '밸런타인데이 완화'로부터 수개월이 지났을 때, 나는 아베 프로젝트에 대한 청취 조사의 일환으로, 도쿄대학 정년 직전인 미와 요시로三輪芳朗 교수를 인터뷰했다. 그는 이사 준비 중에 시간을 할애해 주었고, 금융에 관한 매스컴의 몰이해를 우려하는 나와 크게 의기투합했다.

시라카와 총재와 친한 미와 씨도 '약속만 하고 음료수[眞水]인 화폐를 공급하지 않으면, 완화의 효과는 없다'고 간파하고 있었다.

인플레이션 목표를 달성하지 못한 중앙은행 총재는

그러면 일본의 금융완화는 다른 나라와 어떻게 다른 것일까? 여기에서는 미쓰비시UFJ리서치앤컨설팅 주임연구원인 가타오카 고시片岡剛士 씨의 해설을 참고하면서 최근 일본과 미국의 금융완화를 비교해 보도록 하자.

2012년 9월의 FRB 회합에서는 실업률 개선을 촉진하기 위한 주택론담보증권MBS 의 월간 400억 달러 증액이 결정되었다. 이것이 QE3*으로 알려져 있는 것이다.

일본과 미국이 다른 점은, 우선 금액의 차이이다. 400억 달러는 3조 엔 정도에 해당한다. 미일의 경제규모를 고려하여 일본의 경우에 적용해 보면, 매월 1.5조 엔 정도의 자산을 매입하는 것이 된다. 한편 일은의 매입은, 2012년의 액수를 평균할 경우, 매월 8,300억 엔에 불과하다.

또한 다른 문제는, FRB가 매월 매입을 선언하고 있는데 반해, 일은은 1년 동안 매입할 수 있는 자산의 규모를 보여주고 있는 것에 불과하다는 점이다. 금융정책은 곧 발동할 수 있고, 곧바로 시장에 확산된다는 즉효성卽效性 이 특징이다. 그런데도 그것을 무시하고 내년의 상황을 언급하려는 작전인 것 같다.

아마도 이와타 기쿠오 씨가 말하는 '디플레이션의 파수꾼|番人|' 역할을 철저하게 하기 위해 시간을 벌고자 하는 것이리라. 밸

---

* Quantitative Easing 3, 즉 국채매입을 통해 시중의 유동성을 증가시키는 정책을 가리킨다.

런타인데이에는 인플레이션 '예상목표[目途]'라고 하는 기대를 주어 주식이나 엔 시세에 좋은 영향을 준 일은이, 그 약속을 이행하기 위한 실제상의 금융정책을, 도표1이 보여주듯이, 양으로는 거의 보여주지 못하고 있다.

이러한 사실로도 인플레이션 목표의 존재가 왜 중요한 것인가 알 수 있다. 뉴질랜드와 마찬가지로, 인플레이션 목표를 달성하지 못할 경우 중앙은행 총재가 책임을 져야 하는 나라도 있다. 그렇지 않더라도, 인플레이션 '목표'가 존재하면, 총재는 국회나 기타에 대해 설명해야 할 책임을 지고, 엄중한 질문에 답해야 한다. 그렇게 설명하면, 독자 여러분도, 왜 일은이 '예상목표[目途]'라는 애매한 말을 지키기 위해 분투하고 있는지 알 수 있을 것이다.

하지만 가타오카 고시 씨의 지적을 수용하여, 새롭게 이루어진 일은의 9월 결정을 FRB의 결정과 비교해 보았다. 그러자, 일은의 결정들은, 금융완화를 가장하면서 약속만 하고 어떤 실행을 수반하지 않는, 혹은 실행을 철저하게 연장하는, 말하자면 비판을 피하기 위한 정책에 불과하다는 것을 알 수 있었다.

'좋은 일은'인 것처럼 보이는 간판은 눈가림이었다. 내가 속았으니 그 밖에도 속은 사람이 많을 것이다.

'밸런타인데이 완화'는, 일은이 시장의 기대를 부추기고자 했던 신기축新機軸*이었다. 그러나, 실제의 화폐공급, 그 토대가 되는 자산 매입의 팔로우 업을, 그 후 거의 하지 않았다. 실제로는 초콜

---

* 신기축新機軸이라는 말은 지금까지와는 전혀 다른 새로운 계획이나 고안이라는 뜻이다.

릿을 나눠주지 않은 것이기 때문에, 의리 초코에도 못 미치는, 말하자면 공수표에 불과하다.

그 때문에, 9월 13일에 이루어진 미국의 QE3 결정에 맞춰, 19일에 일은이 완화를 선언해도 주가나 엔의 시세에 대한 영향은 매우 약한 것이 되고 말았다. FRB의 행동에 어쩔 수 없이 추종하면서, 일본만이 아니라 세상을 향해 '금융정책으로 디플레이션은 해소되지 않습니다'라고 강연하며 돌아다닌 총재 덕분에, 당연히 효과가 있을 완화정책도 효과 없이 끝나고 말았던 것이다.

일은의 의식에 '서민의 생활'은 없다

매일같이 통근전차를 멈추게 하는 투신자살. 그 일부는 명확히 경제적 요인으로 설명할 수 있다. 그러나 일은정책위원회를 방청한 사람에 의하면, 일본은행에는, 금융정책이 실업, 도산, 그리고 자살을 증가시키는 형태로 서민의 생활에 밀착해 있다는 의식이 없는 것 같다.

엔고정책은 약한 기업을 괴롭히는 정책이다. 경제의 공동화 空洞化 를 추진하는 정책인 것은 물론, 지방을 버리는 정책이기도 하다. 공동화의 흐름으로 기업이 외국으로 공장을 이전해도 도쿄의 헤드쿼터는 남는다. 그 결과, 공장이 있었던 지방은 피폐해진다. 도쿄는 초엔고현상을 버틸 수 있어도, 지방은 그렇지 않다.

그렇게 생각한다면 '오사카이신노카이 大阪維新の会"'의 지지자가 많았던 이유도 납득할 수 있는 이야기이다.

이런 메커니즘을 눈치채지 못하거나, 혹은 눈치채더라도 입을 다물고 있는 학자, 보도하지 않는 매스컴도 공범이라고 해야 할 것이다. 20세기 초에 아시오동산 足尾銅山에 의한 광해 鑛害와 싸운 다나카 쇼조 田中正造가 회의에서 질문했듯이,** '망국에 이르는 것을 모르면 그것이 곧 망국'인 것이다.

또한 영국의 시인 로버트 브라우닝은, '모르는 것은 변명이 되지 않는다. 그 자체가 죄인 것이다'라고 하고 있다. 수학자인 후지와라 마사히코 藤原正彦 씨는 『주간신조 週刊新潮』(2012년 2월 16일자)의 연재 「관견망어 管見妄語」에서, 지금까지 내가 써 온 것을, 정말 간결하게 다음과 같이 표현하고 있다(아직 만난 적은 없지만, 나는 『젊은 수학자의 아메리카 若き数学者のアメリカ』 등에서 수학자의 꿈과 청춘을 선명하게 그린 후지와라 씨의 숨은 팬이다).

* 오사카부 大阪府에 기반을 둔 일본의 지역정당이다. 당시의 오사카부 지사 하시모토 도루 橋下徹와 자민당을 이탈한 부의원과 시의원들에 의해 2010년 4월 결성되었다. 전국 정당인 니혼이신노카이 日本維新の会의 모체이다.

** 아시오동산은 이른바 광독사건이 유명하다. 이것은 1890년의 대홍수로 아시오동산을 흐르는 와타라세가와 渡良瀬川의 제방이 터져 동산에서 유출된 독성물질에 의해 하류 지역의 논이 황폐화되었고, 이에 농민이 동산의 조업정지를 요구하며 들고 일어난 사건이다. 특히 도치기현 栃木縣 선출 중의원 의원 다나카 쇼조가 그 운동의 선두에 섰고, 그가 메이지 천황에게 직소하게 되면서 대사건으로 발전했다. 정부는 조사에 근거하여 1896년 아시오동산 예방공사 명령을 내리고, 다음 해에 다시 광독제거공사 명령을 내렸다. 이에 따라 후루카와 측은 연인원 58만 명에 달하는 노동력과 104만 엔의 경비를 들여 예방공사와 탈황장치 脫硫裝置 설치를 행하고, 정부도 와타라세가와 치수공사에 착수함으로써 일단락되었다. 김명수 역, 『일본의 기업가정신』, 논형, 2020년, 272쪽.

그러나 지금 가장 추궁을 당해야 하는 것은 재무성이나 재계, 정부라기보다 일은이라고 해야 할 것이다. 디플레이션 불황을 수십 년이나 방치해 온 책임의 대부분은 일은에 있다. 리먼쇼크 이후, 미국은 통화 공급량을 3배로 늘리는 등 미국, 영국, 중국, 한국, 기타 주요국의 중앙은행은 맹렬하게 화폐를 찍어 내서 경기를 자극했다. 일은은 약간 증가시켰을 뿐으로 정관靜觀하기로 결정했다. 최근 3년 동안 엔이 달러, 유로, 원 등에 대해 30%에서 40%나 높아진 것은 주로 이 때문이다. 지금 해야 하는 것은, 일은이 수십 조 엔의 지폐를 찍어 국채를 사고, 정부가 그 돈으로 진재부흥震災復興 등 공공투자를 대대적으로 행하여 명목성장률을 올리는 것이다. 지폐가 늘어나기 때문에 엔저현상이 되기도 한다. 공장의 해외이전도 멈추게 될 것이다. 최근 14년 동안 경제적 곤궁으로 인한 자살자가 매년 1만 명이나 나오고 있다. 일은은 움직이지 않는다.

경제학의 전문가가 아닌 후지와라 씨도 알 수 있는 것을, 어째서 이코노미스트, 학자, 정치가, 매스컴은 모르는 것일까? 일은은 이제부터 무엇을 해야 하고, 지금까지 무엇을 틀렸던 것일까? 그리고 학자, 이코노미스트, 정치가, 매스컴은 그것을 왜 온존시켜 온 것일까? 이것을 상세하게 검증함으로써, 일본경제의 미래가 확실하게 보이게 될 것이다.

아니다, 미국을 비롯한 세계의 경제학자들에게는 이미 그것이 보이고 있다. 일본경제의 부활을 알고 있는 것이다.

제1장

경제학 200년의 상식을
무시하는 나라

관료들은 '돌팔이의사'들이었다

2011년 1월, 일본에 일시 귀국했을 때의 일이다. 샌프란시스코에서 도쿄로 가는 비행기에 착석하자, 기내에서 일본 신문이 배부되었다. 거기에 게재되어 있던 것은 당시 신내각(간 나오토菅直人 수상)의 관료명부였다.

한마디로 말해 경악했다. 좀 더 심하게 말하면 무서우리만치 나를 낙담시켰다.

이때의 심경은 웹사이트 『현대비즈니스』에 게재되어 있는, 오사카시 특별고문인 가에쓰대학 교수 다카하시 요이치 씨와의 대담에서도 밝힌 적이 있는데, 이 책에도 기록해 두고자 한다. 일본 정치에 대한 내 생각이 응축되어 있기 때문이다.

"디플레이션 불황으로 시달리는 일본경제를 치료하려는 의사여야 할 각료에, 용케도 이 정도의 '돌팔이의사'들을 모아 놓았구나 하는 느낌이 들었어요. 놀랐습니다."

아내는 '사람들 앞에서 친구를 잃을 법한 이야기는 하지 마세요'라고 다짐을 받았지만, 국민의 장래를 생각하면 꼭 해야 하는 말은 해야 했다. 일본경제와 일본국민이 이제부터 어떻게 될 것인가를 생각하면, 이 조각組閣에는 암담한 기분이 들었다. 그리고 나중에 돌이켜 보아도 나의 우려는 거의 적중하고 말았다.

각료는, 의사여야 함에도 불구하고, 경제 체계의 해부학, 즉 다카하시 요이치 씨가 강조하는 밸런스 시트(대차대조표)의 기본을 이해하지 못하는 사람들뿐이었다. 경제가 어떤 메커니즘으로 움직이는지를 내용으로 하는 생리학에 대해서는 대부분의 각료가 무지 혹은 오해하고 있었다.

생리학이라는 것은, 예컨대 '디플레이션에 가장 효과가 있는 것은 금융완화이다'라는, 대학 1학년 경제학 교과서에도 나와 있는 기본원리다. 어떤 경제정책으로 대응하면 경제의 어떤 부분에 어떻게 파급되어 갈 것인지를 이해하지 않고, 일본경제라는 큰 배의 키[舵]를 쥐려고 하는 각료들……. 본인들이 보기에는 최강의 내각일지 모르겠지만, 국민에게는 언제 좌초할지 모르는 걱정스러운 내각이었다.

구체적인 이름은 다카하시 씨가 대담에서 언급했는데, 나도 이러한 각료는 일본경제를 오도하는 자라고 생각하고 있기 때문에, 여기서도 기록해 두고자 한다. 그리고 만약 내 의견이 옳은 경제 메커니즘이 아니라고 정말로 생각된다면, 그렇게 밝혀 주었으면 한다. 잘못되었다면 정정할 용의가 있다.

우선 후지이 히로히사 藤井裕久 씨이다. 당시 관방부장관이 된 후지이 씨는, "엔고는 일본에게 있어 좋은 일이다"라고 주장해 온 전 대장관료 大藏官僚 이다. 정치가로서 대장대신과 재무대신도 역임한 적이 있는데, 줄곧 엔고론자 円高論者 였다. *

경제재정담당대신인 요사노 가오루 与謝野馨 씨도 '엔고가 좋다', '디플레이션으로 좋다'는 지론을 가지고 있다. 엔고 디플레이션 때에도 재정금융정책을 쓰지 않아도 괜찮다는, 지금부터 설명하는 세계경제학의 상식에 정면으로 반하는 이해와 정책을 주장

* 오쿠라쇼 大藏省 는 메이지유신 때부터 2001년 1월까지 존재했던 재정과 금융을 담당하던 관청이다. 2001년 1월 이후 오쿠라쇼는 재무성과 금융청으로 분리되었다.

해 왔다.

말하자면, 눈앞에 중환자가 쓰러져 있고, 더구나 자신이 그 병을 치료하기 위한 약을 가지고 있음에도, '약은 사용하지 말라'고 지시하고 있는 것과 마찬가지이다.

이런 상황은, 일은도 완전히 같은 스탠스이다.

디플레이션이나 엔고와 같은 상황, 즉 통화가치가 너무 높아서 곤란한 경우에는, 통화를 늘리는 것이 동서고금을 막론하고 유효한 처방전이다. 이는 현대 경제학의 상식이다. 그러나 일은은 '금융완화는 효과가 없다'라고 계속 말하고 있다. 이는 위가 아프다고 말하는 환자에게, 그 병원에밖에 없는 특효약을 의국醫局의 사정 때문에 내놓지 않고, 호흡기(재정)나 순환기(산업정책) 전문의에게 가라고 하는 것과 같다.

물론 나는 일은이나 정부의 정책담당자에게 개인적 원한이 없다. 내가 도쿄대학 시절이나 예일대학에서 가르치거나 지도했던 사람, 공동연구자였던 사람이 일은, 재무성, 경제산업성 등에 많이 있다. 중요한 지위에 있는 사람도 많다. 모두 지금까지도 친한 친구들이다. 그러나 그들의 업무가 국민생활에 미치는 효과나 폐해를 생각하면, '사람은 미워하지 않지만 정책 결과는 미워한다'고 말하지 않을 수 없다.

수상의 광기 '증세하면 경제가 성장한다'

대신들만이 아니다. 간 나오토菅直人 수상은, 믿을 수 없는 발언인데, "증세하면 경제성장이 이루어진다"고 말했다. '이자율을 인상하면 경기가 회복한다'고 말한 것은 에다노 유키오枝野幸男 관방장관이다.

더 이상 웃음밖에 안 나온다 — 이런 다카하시 씨의 발언에 나도 끄덕일 수밖에 없었다.

신문의 정치면에 의하면, 나가타초永田町*에서는 요사노 씨의 정치신조(일찍이 민주당의 정책을 비판했었는데, 뒤에 민주당 내각에 들어갔다)가 문제시되고 있었다. 하지만 내 생각으로는, 아니 일본국민의 입장에서 그보다 훨씬 문제시될 만한 것이 있었다.

군자(君子, 여기서는 요사노 씨 - 옮긴이)가 표변했다기보다도, 내각의 경제정책에 관한 이해와 주장이, 현대의 상식에 맞지 않는, 제대로 된 '치료'와는 거리가 먼 것이었다는 점이 문제인 것이다.

새로운 내각의 가장 중요한 포지션에, 전혀 맞지 않는, 경제의 상식에서 보자면 정반대의 정책을 실시하고자 하는 사람들이 취임해 있었다. 그 주위도, 관방장관을 비롯해, 모두 디플레이션파이다. 정말 놀랄 만한 포진이었다. 옛날, 나도 근무한 적이 있는 내각부의 경제사회종합연구소장 자리에는 금융정책이 전혀 효과가 없다는 가정으로 거시모델을 만든 인물이 취임해 있었다⋯⋯.

다카하시 씨는 이 대담에서 "거기에 또 한 사람, 꼭 언급해야

---

* 국회의사당과 수상 관저가 있어 보통 정계를 나타내는 말로 쓰인다.

하는 사람이 있습니다. 전 관방장관이었던 센고쿠 요시토仙谷由人 대표대행입니다"라고 말했다.

이때 민주당의 '사회보장과 세금의 발본개혁조사회'의 회장에 취임한 센고쿠 씨는, "수요와 공급에 갭이 있어도 아무것도 하지 말라"고 분명히 말한 적이 있는 인물이었다…….

무시된 경제학 200년의 무게

경제학에는 200년 남짓의 역사가 있다. 그 역사 속에 다양한 경제적 체험이 일어났고, 그에 대해 잡다한 정책이 시도되었으며, 그것을 정합적으로 설명하고자 많은 선배들이 밤낮으로 지혜를 짜내 생각해 왔다.

경제학의 경우, 모든 것을 실험해서 확인할 수 없다. 그 때문에, 앞에서 이야기한 것 같은 생리학적인 측면에 관해서는, 어느 정도 질서를 세워 논리로 설명하고, 수량적 테스트를 하면서, 경제 메커니즘에 대한 이해를 축적해 왔다.

그런 중에 정책을 수력학水力學에 비유하여 '어디로 물을 흐르게 하면 어디로 물이 흐르게 될까'라든가, 의학에 비유하여 '이 경우는 어떤 약을 사용하면 열이 내릴까'와 같은 많은 사실을 알게 되었다.

하지만, 내각은 그 축적된 사실을 전혀 이해하고 있지 않았다. 오히려 경제의 논리와는 정반대의 정책을 시행해 왔다.

경제학에서는, 자연과학처럼 확실하게 예측하는 것이 어렵다. 제어에 관해서도 아직 애매한 측면이 있다. 그렇다고는 해도 많은 학자들이 사실을 축적하면서 생각해 온 200년 이상의 역사가 있는 것은 사실이다.

간 내각과 노다 내각에서는 그 현실이 완전히 무시되어 버린 것이다.* 경제학이 그간 축적해 온 귀중한 역사를 무시한 아이디어에 빠진 사람들로 내각이 형성되었다.

"뭐 훌륭하기는 하죠. 국민에게는 상당히 걱정스러운 일이지만"

다카하시 씨와의 대담 중에 내 입에서 그런 빈정대는 소리가 저절로 입 밖에 튀어나왔다.

그러한 상황이었기에, 나는 비행기 안에서 '이런 내각의 경제 정책을 논의하기 위해 예일대학의 강의까지 보강하며 귀국하는 것은 시간 낭비일지도 모른다'고, 일본에 도착하면 곧바로 미국으로 되돌아갈까도 생각했다. 하지만 일찍이 배웠던 제임스 토빈James Tobin, 프랑코 모딜리아니 Franco Modigliani (둘 다 경제학상 수상자) 같은 선생들의 얼굴을 떠올리자, 그렇게 할 수도 없을 것 같았다.

이런 내 스승들은, 젊은 학자가 소위 실물적 경기순환론에 심취하여 자신들의 사고방식이 고리타분하다고 비판하는 상황이 되어도, 자신들이 맞다고 생각한 것을 열심히 계속 호소해 왔다. 자신들이 일생을 들여 획득한 지혜와 학문에 대해 성실하고 진지했다고 할 수 있을 것이다. 그것이야말로 학자의 역할인 것이다.

---

* 2009년부터 2012년까지 계속된 민주당 정권이다. 당시 내각은 수명이 평균 1년이었다. 하토야마 유키오鳩山由紀夫 수상의 임기가 2009년 9월부터 2010년 6월까지였고, 간 나오토 수상이 2010년 6월부터 2011년 9월까지, 그리고 노다 요시히코 수상이 2011년 9월부터 2012년 11월까지 수상을 지냈다.

그리고 리먼쇼크를 거친 뒤, 현실을 설명하지 못하고 정책이 쓸모없는 유행이론(예컨대 실물적 경기순환론)에, 왜 이들 선생들이 비판적이었는지 납득할 수 있었다. 토빈은, 금융완화가 실물경제에 효과가 없다는 실물적 경기순환론의 비현실성을 소네트 sonnet 라는 14행으로 된 시까지 만들어 풍자하고 있다.*

이하에서 소개하는 정책도 간 내각 시대의 것이지만, 당시의 재무 책임자는 노다 요시히코 野田佳彦 씨, 즉 뒤의 총리대신이다. 노다 내각에서도 경제이론에 반하는 정책이 계속되었다.

일본정부의 공동화 촉진정책

2011년, 여름방학부터 연구실로 돌아왔더니, 그날 예일대학에서 25년 근속 표창을 받는다고 잘 차려 입고 출근한 비서 케이시가, "고이치 선생님, 이것 좀 보시죠"라고 인터넷의 프린트아웃을 건네주었다. 케이시는, 특히 컴퓨터 관계의 일을 자주 알려주는, 주의 깊은 연구보조자이다.

"저는 항상 경제에 흥미가 없지만, 오늘, 일본에서 중요한 결정이 있었던 같아요."

거기에 제시되어 있던 것은 간 내각이 8월 24일에 발표한 '엔고 대응 긴급 패키지'였다.

---

* 유럽 정형시의 한 종류이다. 단어 자체의 의미만으로 소네트는 '작은 노래'라는 뜻이다. 13세기경까지 엄격한 형태와 특정 구조를 갖춘 1줄로 구성된 시를 의미했다.

1000억 달러라고 헤드라인에서 강조하고 있듯이 확실히 대책의 규모는 컸다. 그러나 그 내용을 보고 나는 정말 놀랐다. 이 정도로 경제원리와 동떨어진 대책이 나올 것이라고는 생각조차 못했기 때문이다.

긴급 패키지는 다음과 같은 골자로 되어 있다.

(1) 정부는 일본이 풍부하게 갖고 있는 외화준비를 사용하여 1000억 달러(약 7조 6000억 엔)의 기금을 만들고, 엔고로 시달리는 기업에 긴급하게 저리로 융자한다.

(2) 이 기금은, 국제협력은행을 통해 융자되고, 일본기업이 해외기업이나 자원의 매수를 행할 경우 이를 용이하게 한다.

(3) 그와 동시에 (이는 벌칙을 수반하지 않는 규정이기도 하여 이하에는 논의하지 않겠지만), 금융기관에 외화로 표시된 자산 잔고를 보고하게 한다.

이에 대해 왜 놀랐는가 하면, 전혀 엔고대책이 되지 않기 때문이다.

엔고의 원인이나 그에 대응하는 정책수단에 대해, 대신은 물론이고 관료도, 국제금융론의 초보적인 지식조차 갖고 있지 않은 것이 틀림없다고 느낄 수 있었다.

또한 며칠이 지난 뒤 일본의 친구들이 알려 온 신내각의 면면을 보고는 더 많이 놀랐다. 그 패키지를 만든 대신, 즉 노다 요시히코 씨가, 사정이 있었겠지만 수상이 되었고, 후임 재무대신에는 경력으로 보아 재정과는 인연이 없는 아마추어 아즈미 준 安住淳이 취임했기 때문이다.

'지금까지와 마찬가지로, 앞으로도 재무관료의 안案을 앵무새처럼 말씀드립니다'라고 선언하는 것과 같았다. 오랫동안 잘못된 금융·재정정책에 의해 침체된 일본경제를 재건하기 때문에, 이 내각이 얼마나 '부적재不適材 부적소不適所'인가는 말할 필요도 없다.

여기서는 노다 씨나 아즈미 씨도 이해할 수 있도록 엔고 문제의 기본을 설명하고자 한다. 그렇게 하면 '엔고 대응 긴급 패키지'가 어째서 엔고대책이 될 수 없는지를 이해할 수 있을 것이라고 생각한다.

원래 환율이라는 것은, 한 나라의 통화(예컨대 엔)와 다른 나라의 통화(예컨대 미국 달러) 사이에 형성된 교환비율이다. 만약, 재화시장을 생각하고 사과가 귤에 비해 가치가 상승했다면, 그것은 사과의 공급이 적기 때문이든지, 사과의 수요가 증가했기 때문이다. 통화시장에서도 마찬가지로, 예컨대 엔고가 발생하는 것은, 엔 자산에 대한 수요가 공급을 상회하고 있기 때문이다.

2008년 가을의 리먼쇼크 이후, 국내의 금융파탄에 대항하기 위해, 영국과 미국 양국은 국채 이외의 자산도 대폭 사들이는 비전통적인 통화정책을 실시하여 통화 공급을 증가시켰다. 그 때문에 영국의 파운드나 미국의 달러 공급이 증가하고, 상대적으로 품귀해진 엔이 시장에서 높게 평가받게 되었다. 그것이 엔고의 기본적인 요인-간단한 이야기이다.

그러나 이 극단적인 엔고가 계속되었기 때문에, 소니, 파나소닉, 샤프 등 수출 중심 기업은 세계의 판로를 잃고 쇠퇴를 거듭했다. 일본의 고도성장을 지탱해온 근간산업의 일부가 세계무대에서 낙오될 것 같은 상황에 처한 것이다. 해외에서 생산된 유니클로의 의류 등과 경쟁해야 하는 국내기업도 대외경쟁력을 잃고, 일본 전체가 계속 불황에 시달리고 있다.

이들 산업에서는, 제품의 가격을 떨어뜨리지 않는 한, 수출품의 해외에서의 경쟁, 혹은 수입품의 국내에서의 경쟁에서 패배하고 만다. 이렇게 해서 제품 가격의 인하 경쟁이 일어나고, 국내의 디플레이션 경향도 조장된다.

일본의 디플레이션과 엔고는, 일본은행이 2006년에 양적완화 정책을 해제한 이래, 일관되게 디플레이션 지향의 금융정책을 계속한 결과이다. 이는 국제비교의 그림을 보아도 명확하다(도표2 참조).

도표2가 보여주듯, 일은의 디플레이션 지향 금융정책은, 세계의 주요국에서(인플레이션을 방지하기 위해 환율 가치를 서서히 올리고 있는 중국을 제외하고는) 일본만을 통화 강세의 나라로 만들었다. 그 때문에 실질 GDP의 성장 경로는, 도표3이 나타내듯이, 일본을 세계의 선진국 중에서가 아니라, 아시아 신흥국 중에서도 꼴찌 나라로 만들었다.

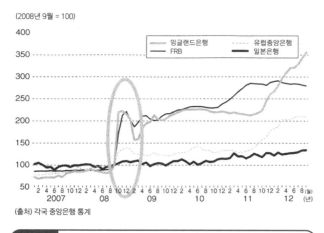

(2008년 9월 = 100)

(출처) 각국 중앙은행 통계

도표 2   선진국 중앙은행의 밸런스 시트

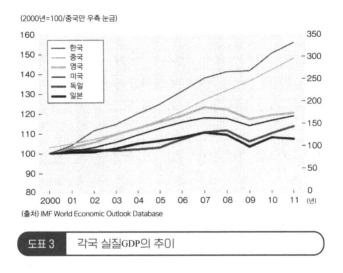

(2000년=100/중국만 우측 눈금)

(출처) IMF World Economic Outlook Database

도표 3   각국 실질GDP의 추이

　　여기서는 게재하지 않지만, 경제의 활력 지표인 주가지수의
국제비교를 보아도, 일본 주株의 침체는 현저하다. 일찍이 기적의
성장을 이룬, 해 뜨는 나라가 조락凋落하는 모습을 생각하면, 정말
비참해진다.

　　그런 경향이 특히 리먼쇼크 이후 그 정도가 심하다. 엔고현상
과 그에 따른 디플레이션 기조는, 메이저 신문의 논조가 말하듯
이, 일본에 닥쳐온 재난이 아니라 일본 스스로 금융정책을 통해
불러들인 것이었다.

유일한 해결책이란 무엇인가

이 사태에서 벗어나기 위해서는 어떻게 하면 좋을까. 대답은 간단하다. 엔 자산이 상대적으로 품귀한 상황이어서 초엔고超円高 현상이 나타나고 있는 것이기 때문에, 엔 자산의 공급을 늘려 주면 된다.

다른 통화에 대해 일본 통화의 가치가 오르는 엔고, 재화에 대한 통화의 가치가 오르는 디플레이션은, 모두 화폐적 현상이다. 사과가 품귀하면 사과의 공급을 늘리면 되는 것과 마찬가지이다. 일본이 엔 통화를 증가시키는 것이야말로 엔고 문제의 근본적인 해결로 연결되는 것이다.

금융정책 없는 엔고대책은 연극 햄릿을 덴마크 왕자 없이 연기하는 것과 같은 것으로 알맹이 없는 연극이다.

물론 엔을 보유할 것인가, 달러를 보유할 것인가는 장래를 염두에 둔 선택이고, 시장에 나오는 자산의 양만이 아니라 그들의 수익률의 차이, 나아가서는 장래에 거둘 수 있는 수익률에 대한 기대에 영향을 미친다.

따라서 엔고 그 자체에 직접 대처하는 기본적 정책으로서 금융을 완화하는 것만으로 불충분하다. 즉 일본은행이 장래를 대비하여 지금까지 취해왔던 디플레이션 지향의 금융정책 자세를 수정할 것, 이것을 확실한 시그널로 보여주는 것이 필요해지는 것이다.

즉 지금까지와 마찬가지로, 엔고현상이 진행되어 환율개입이 화제가 되면, 미국 신문 『월 스트리트 저널』이 '맥 빠진다'고 평가한 명색뿐인 금융완화의 자세로는 엔고를 해소할 수 없다.

구체적으로는, 자민당과 민주당 중의원의원으로 전 대장관료였던 야마모토 고조山本幸三 씨가 주장하듯이, 상당한 금액, 예컨대 20조 엔의 국채를 일본은행이 인수하는 것이 중요한 시그널의 하나이다.

이는 재정법의 조문, 즉 재정법 제5조에 의해 원칙적으로 금지되어 있는 일은의 국채 직접인수인지 아닌지 해석이 분분하다. 하지만 형식논리로 일은에게 유리하게 주장하는 것은 국민복지를 소홀히 한 어용학자의 주장이다.

만약 직접인수가 바람직하지 않다면, 시장에 국채를 발행한 뒤, 같은 액수를 일은이 매입한다고 선언하는 형태도 괜찮다. 인수 또는 대규모 매입을 선언함으로써, 본원통화(Monetary Base, 현금+금융기관의 일은예금 잔고)가 확장되고, 양적 효과로 엔고 경향이 억제된다.

그것만이 아니다. '장래에는 일본은행도 과거 20년에 걸쳐 산업계와 국민에게 강요해 온 긴축정책을 그만둘 것'이라고 시장이 받아들이게 되면 그것이 기대를 불러 엔고현상에 브레이크가 걸린다.

금융론이 전문으로, 일은의 디플레이션 지향 금융정책을 오랫동안 계속 비판해 온 것이 가쿠슈인대학學習院大學의 이와타 기쿠오 교수이다. 나는, 소위 사면초가와 같은 분위기 속에서 철저한 화폐 중시 논조를 계속 견지해 온 이와타 씨의 강한 인내심과 그 자세에는 존경심으로 가득하다. 일본의 밀턴 프리드먼이 누구일까 하면 틀림없이 이와타 교수이다. '법과 경제학'에서도 커다란 업적이 있고, 다음 일은 총재의 유력 후보로 거론되어야 할 인물이다.

전 재무관료인 다카하시 요이치 씨는, 이와타 씨의 쇼와공황연구 그룹에서도 활약했는데, 그 수학과 출신의 명석한 논리와 관료생활에서 얻은 체험을 연결시켜, 역시 이와타 기쿠오 씨나 본서의 입장에 가깝다. 본서에서도 내가 잘 모르는 관계官界의 계략에 대해서는, 다카하시 씨의 글에서 많은 것을 배우고 본서에도 인용했다.

그 이와타나 다카하시 두 분도 주장하듯이, 디플레이션 엔고를 저지하기 위해서는, 간단한 일이지만, 본원통화를 증가시키면 되는 것이다. 그것이 시중의 통화량을 증가시켜 엔고현상을 저지하고, 디플레이션을 완화시킬 뿐만 아니라, 장래의 인플레이션 기대에도 직접 작용하여 엔고현상을 막게 된다.

변동환율제하에서는 기본적으로 자국의 물가, 환율, 고용은 금융정책으로 좌우할 수 있다. 변동환율제 룰하에서는 각국이 자유롭게 금융완화나 환율개입을 행하면 되기 때문에, 협조개입의 필요는 없다.

또한 금융완화를 하게 되면, 재정재건도 비교적 용이하다. 디플레이션을 그냥 둔 채 증세하면, 하시모토 류타로橋本龍太郎 내각에서 실시했던 소비세 증세의 전철을 답습하게 될 것이다.[*] 세율

---

[*] 하시모토 수상은 소비세율을 5%로 인상하고 재정구조계획을 표방했으나 1997년 가을에 야마이치증권山一證券 파탄 등의 금융 불안과 아시아통화위기가 겹치면서 일본경제는 불황에 빠졌다. 1998년 7월 참의원 선거에서 패해 사임했다. 소비세 증세는 일본을 디플레이션 불황에 떨어뜨린 실정失政이었다는 비판을 받았다.

을 올려도 생산소득의 감소로 당초의 목적이었던 세수가 감소해
버릴 가능성이 크기 때문이다.

디플레이션의 정의 — 세계의 상식은

증세 전에 해야 하는 것은 디플레이션을 탈각하는 일이다. 그
러면 '디플레이션'이라는 것은 어떤 상태를 가리키는 것일까? 이에
대해서는 사실 애매한 경우가 많다.

정의定義라는 것은 일정한 목적을 위해 정하는 것이다. 디플
레이션의 경우도 나름의 목적에 의한다. 예컨대 식료, 의료, 컴퓨
터 이 세 가지에 한정하여 생각해 보도록 하자.

우리가 생활하고 있는 사회는 화폐경제하에 있기 때문에, 하
나하나의 물건에는 화폐로 표시되는 가치, 즉 가격이 있다. 그 가
격 중에서 어떤 것은 오르고 다른 어떤 것은 내릴 경우, 전체적으
로는 '물가수준이 떨어지고 있다'고 말할 수 없다.

하지만 전체, 즉 식료도 의료도 컴퓨터도 모든 가격이 떨어지
고 있다고 한다면, 이는 '물건의 가격이 떨어지고, 화폐의 가치가
오른' 상태이다. 이것이 디플레이션을 파악하는 방식 중 하나이다.

혹은 식료 가격만이 오르고, 의료와 컴퓨터 가격이 떨어졌다
고 하자. 그리고 의료와 컴퓨터 가격의 하락세가 식료 가격의 상
승세보다 현저하다면, 이것도 디플레이션이라고 할 수 있다.

일찍이 일본정부는 디플레이션을 '물가수준의 하락을 동반한
경기침체'라고 정의하고 있었다. 사실 나는 일본에서 '디플레이션'

이 그런 의미로 사용되고 있는지 몰랐다. 세계경제학의 상식에서는, 디플레이션이라는 것은 '물가수준이 하락하고 있는 상태'라고 정의되기 때문이다.

일본에서의 정의와 세계에서 통용되는 정의가 달랐던 것이다. 내가 그런 상황을 알게 된 것은 2001년에 내각부경제사회종합연구소 소장이 된 뒤였다.

2001년 3월부터는 일본정부도 세계의 상식을 따라 디플레이션의 정의를 바꿨다. '물가수준이 하락하고 있는 상태'와 '경기가 악화되어 생산이 정체하는 상황'을 나누어 생각하게 되어 논의하기 쉽게 되었다. 변경의 중심 역할은 내각부정책총괄관이었던 이와타 가즈마사 씨였다.

도쿄대학 교수를 지낸 적도 있는 이와타 가즈마사 씨는, 일본은행 부총재에 취임하였고, 내각부경제사회종합연구소 소장도 역임했다. 이와타 가즈마사 씨는, 내가 경제기획청에 객원으로서 재적하고 있던 시절의 공동연구자였고, 『금융정책과 은행행동』*과, 영문으로 된 논문의 공동저자이기도 하다. 끊임없이 경제학의 프런티어를 명확히 분별하면서, 일은정책위원회에서도 올바른 금융이론에 입각하여 소수표를 던지는 상당히 귀중한 존재이다. 일은 총재의 유력한 후보이다.

마오쩌둥 毛澤東 체제 내에서 자복 雌伏 하던 덩샤오핑 鄧小平 이 최후에는 중국 근대화의 견인차가 되었듯이, 이와타 가즈마사 씨는 체제 속에서 개혁할 수 있는 사람이라고 기대하고 있다.

---

* 岩田一政·浜田宏一,『金融政策と銀行行動』, 東洋經濟新報社, 1980年.

본론으로 돌아가면, 과거의 일본에서는, 디플레이션의 정의 그 자체가 세계의 상식과 달랐다. 그 때문에 '디플레이션 상황이 되어도 개의치 않는다'고 생각하는 정치가가 나오게 된 것이리라. '디플레이션 상황이 되어도 생산이 침체되지 않는 이상은 문제가 없다'고 보는 것이다.

'좋은 디플레이션'은 존재할까

또 일은 안에서는 '좋은 디플레이션'과 '나쁜 디플레이션'을 나누어 생각하는 사람도 있다고 한다.

좋은 디플레이션이라는 것은, 물가하락이 경기악화를 동반하지 않는 것. 나쁜 디플레이션이라는 것은, 물가하락이 경기악화를 동반하는 것이다. '물가하락'과 '경기정체'를 나누어 생각하게 되었지만, 이번에는 그것을 '좋은'과 '나쁜'이라는 기준으로 판단하게 된 것이다.

좋은 디플레이션의 예로 되어 있는 것이 컴퓨터이다.

컴퓨터는 현재 수년 전에는 생각할 수 없을 정도로 싸졌다. 가전 양판점에 가면 5만 엔 이하로 입수하는 경우도 있을 정도다. 예전에는 10만 엔 이상이 당연했고, 그 전에는 훨씬 고가였던 것이 비약적으로 구입하기 쉬워지고 있는 것이다.

하지만 그것은 경기와는 관계가 없는 일이다. 수요 수축이 가격 하락의 원인이 아니다. 컴퓨터가 싸진 이유, 그것은 우선 첫째로 기술혁신과 생산성의 향상 때문이다.

일은의 '좋은 디플레이션'과 '나쁜 디플레이션'론은, 하나하나의 물건 가격과, 경제 전체의 가격을 혼동하고 있다. 컴퓨터의 가격이 떨어졌다고 해서 그것이 물가 전체의 하락으로 연결되는 것은 아니다. 디플레이션이라는 것은 물가 전체가 계속적으로 떨어지는 상태를 가리키기 때문이다.

일본에는 이렇게 디플레이션을 용인하는 사람이 많이 있다. 일은에도, 정치의 세계에도.

다른 나라에서는, 후술하는 리플레이션reflation* 정책까지 실시하여 디플레이션을 막아도 소용없다고 하는 학자가, 열 명 중 한두 사람 정도 있을 것이다. 하지만 디플레이션이 좋은 것이라는 주장은 들어본 적이 없다. 그와 달리 일본에서는 거의 모든 학자가 일은의 정책을 옹호하는 일이 많고, 열 명 중 한두 사람만이 '디플레이션은 곤란하다, 디플레이션을 막아 완만한 인플레이션이 나타날 정도로 경제를 이끌라'고 제대로 말하고 있다. 금융정책은 효과가 없다고 믿고 있는 인간이 수년 전까지 다수를 점하고 있었다.

아마도 와카타베·가쓰마 두 사람과 내가 쓴 『전설의 교수에게 배워라!』**라는 책의 영향도 있어서 그럴 테지만, 2011년 일본경제학회원의 조사에서는 반수 정도가 디플레이션의 폐해와 금융정책의 중요성을 이해하기 시작했던 것 같다. 하지만 그 바로 전까지는 완전히 중과부적이었다.

---

* 리플레이션이라는 것은, 통화 재팽창이나 통제 인플레이션이라고도 하는데, 경기를 자극시키기 위해 인플레이션이 발생하지 않을 정도로만 통화 공급량을 늘리는 것을 말한다.

** 浜田宏一·若田部昌澄·勝間和代, 『傳說の敎授に學べ！』, 東洋經濟新報社, 2010年.

디플레이션하에서는 '물건의 가격이 하락하여 보다 많은 물건을 살 수 있다고 생각했더니 자신이나 가족의 일이 없어져 버렸다'라든가, 혹은 '집값이 떨어져 버려 상대적으로 주택론의 금리부담이 무거워져 버렸다'는 식의 사태가 일어날 수 있다. 사실 현재 일본의 상황이다.

그렇게 생각하면 디플레이션으로 피해를 받는 것이 누구인지 알 수 있다. 시정市井에 사는 이름도 없는 일반 서민들이다. 디플레이션을 용인하는 것은 서민의 편이 아님을 공언하는 것과 같다.

예전에 나는 내각부경제사회종합연구소 소장으로서 경제재정자문회의에 옵서버로 참가하고 있었다. 이 자문회의에서도 역시 처음에는 디플레이션을 막는 데 소극적인 사람들이 다수파였다. 어떤 때는 자문회의에서 '디플레이션의 어떤 부분이 잘못 되었는가'라며 대합창을 하는 상황에서 허가 없이 발언할 수 없는 내가 그나마 항의로 가방의 지퍼를 큰 소리를 내며 열었다 닫았다 했을 정도다.

단 이러한 행동을 항의라고 깨달은 사람은 없었을 것이다. 자문회의의 멤버인 정치가나 실업가, 혹은 대학교수는 안정된 직업을 가지고 있다. 수입이 보증되어 있는 것이다. 그러한 사람들에게는 디플레이션이 좋은 것일 수 있다.

디플레이션이라고 하는 것은 돈의 가치가 오르는 것이다. 그것은 엔의 가치가 오르는 것이기도 해서, 디플레이션 때에는 엔고 경향이 나타난다. 높은 수입이 안정되어 있는 사람, 즉 쉽게 해외여행을 갈 수 있는 사람은, 엔고를 초래하는 디플레이션이 그야말로 '좋은' 것이 된다.

하지만 겨우 하루하루를 연명해 가는 사람에게는 어떨까? 생각해야 하는 것은 그것이 아닐까?(참고로 미국에 살고, 가끔 일본에 오는 나로서도, 엔고는 결코 좋은 것이라고 할 수 없다. 일본정부로부터 받고 있는 연금을 제외하면, 수입은 달러로 받고, 귀국 때 지불은 일본 엔으로 하기 때문이다)

일은에 무너진 엘피다

엔고는 부자뿐 아니라 수입기업에게도 이득이 아닐까 — 라고 생각하는 사람도 많을 것이다. 하지만 그것은 100퍼센트 정답이 아니다.

확실히 석유산업과 같이 거의 모든 것을 수입에 의존하고 있는 순전한 수입산업에는 디플레이션과 엔고가 유리하게 작용한다. 그러나 그러한 분야는 오히려 드물다. 많은 산업에서는 국내제품이 수입제품과 경합하고 있는 상태에 있다. 그 경우 당연하게 엔고는 불리하게 작용한다.

해외의 기업이 라이벌이 되면 엄청난 가격인하 경쟁에 직면하게 된다. 그 전형적인 예는 의료衣料 분야이다. 그곳에서의 엔고 마이너스를 무시하고 '수입기업에는 엔고가 유리'하다고만 말할 수 없는 것이다.

'히노마루 반도체의 몰락'으로 기억에 새로운 것은 엘피다 메모리Elpida Memory 의 파탄이다. 주요 신문은 유럽 경기나 경영의 오산을 강조하지만, 기본적인 요인은, 경영자의 기자회견에 나와 있듯이, 엔고가 전부이다.*

리먼쇼크 이후 엔은 달러에 대해 30%나 가치가 상승했다. 한편 한국의 원은 달러에 대해 30%나 싸졌다. 따라서 엘피다(라기보다는 일본의 수출기업의 다수가 그렇지만)는, 한국 제품과의 경쟁에서 60%나 핸디캡을 등지게 되는 것이다.

60%나 되는 핸디캡을 등지고서는, 산업정책이나 생산성 향상 노력으로는 절대로 맞설 수 없다. 즉 엘피다는 엔고 때문에 파탄한 것이라고 할 수 있다.

엔고를 방치해 온 것은, 그것을 막을 수 있었음에도 불구하고 무대책으로 일관한 일은이다. 그렇다, 엘피다는 일은 때문에 도산한 것이다.

'광의의 매입시장조작'을

이렇게 디플레이션을 방치한 채 소비증세를 행하는 것은 일본경제를 구멍 뚫린 풍선과 같이 수축시켜버리는 정책이다. 현재의 일본에 요구되고 있는 것은 '리플레이션 정책'이다.

리플레이션 정책이라는 것은, 디플레이션으로부터의 탈각을 목표로 2% 혹은 3%라는, 안정적이고 완만한 인플레이션율로 되돌리기 위한 정책을 가리킨다. 그 주요한 수단이 적극적인 금융완

---

* Elpida는 1999년 12월 20일 일본전기NEC와 히타치제작소日立製作所의 DRAM 사업부문이 통합하여 설립된 NEC히타치메모리이다.

화이다.

이 리플레이션 정책에 비판적인 학자들도 있다. 그들이 주장하는 것은 '제로금리의 상태에서는 「유동성 함정」에 빠져 있기 때문에, 화폐 증가가 곧바로 비례적으로 물가에 영향을 미치는 것은 아니다'라는 점이다.

단기 명목금리가 제로 혹은 그에 가까운 수준이 되면, 장래의 채권가격 변동에 의한 손실이 금리수익보다 커질 리스크가 증가한다. 그 때문에 누구도 채권을 보유하고자 하지 않을 것이고, 그렇게 되면 채권 대신에 화폐를 보유하고자 한다. 그것이 케인스가 설명하는 그 유명한 '유동성 함정'이다.

즉 제로금리 상황에서는 단기국채와 화폐가 거의 같은 조건이 되어 버린다. '거의 같다'라는 것은, 경제학의 용어로 말하면 '거의 완전 대체 자산'이라는 뜻이다. 자산으로서는 화폐를 보유하더라도 단기국채를 보유하더라도 큰 차이가 없다는 것이다.

따라서 제로금리 상황에서는 일은이 화폐를 증가시키고자 단기국채를 사들이더라도, 사람들의 경제행동에 커다란 변화를 주지 않을 가능성이 대두한다. 따라서 제로금리 상황에서는, 단기국채나 잔존기간이 짧은 장기국채가 아니라, 장기국채 또는 민간주식이나 채권을 구입해야 하고, 혹은 외환시장에 있어서 엔 매각에 개입하는 것이 디플레이션을 막기 위해서 보다 유효하다는 설명이 된다(참고로 일은이 오로지 사들이고 있는 것은 장기국채라고 하더라도 잔존기간이 짧은 장기국채이다).

나는 이것을 광의의 '매입시장조작'(중앙은행이 은행으로부터 국채 등을 사는 일. 대금이 중앙은행에서 은행으로 지불되기 때문에 통화량이 증가한다)이라 부르고 싶다.

제로금리하에서 화폐를 증가시키면 디플레이션은 멈추겠지만, 그 효과는 약해진다. 거기에 '광의의 매입시장조작을 행하면 효과는 더욱 좋아질 것'이라는 설명을 부언하면 완벽해지는 것이 아닐까?

실제로, 예컨대 2010년 3월의 금융정책회합에서는, 금융기관에 단기자금을 대출하는 '신형시장조작'의 규모를 확대한다는 내용을 정책의 중심에 두었다. 그러나 이러한 단기금융시장에 작용하는 시장조작은 이론상 별로 효과가 없다. 장기금리, 엔 달러 환율, 그리고 물가수준에는 그다지 영향을 미치지 않는 것이다.

즉 그다지 효과가 없다는 사실을 알고 있는 약을 처방해 두고 '역시 소용 없군'이라고 하는, 일은이 잘 사용하는 트릭이었던 것이다. 어떤 신문은 그런 방법을 '완화의 제스처'만 하고 있다고 평했다. 정말이지 그대로이다.

제로금리하에서 디플레이션이 멈출 조건

이론적으로 제로금리하에서는 단기국채와 화폐가 자산으로서 거의 같은 것이 된다. 그 때문에 장기국채시장조작이나, 주식이나 사채社債 등 다른 증권의 매입시장조작을 행하는 편이 경기대책으로서는 유효하다.

그러나 단기국채가 자산으로서 화폐와 거의 같아진다고 해도 완전히 같지는 않다. 단기국채로 물건을 살 수 없는 것이기 때문에, 화폐와 같은 유동성을 갖는 것은 아니다. 따라서 엄밀하게 말하면, 단기국채시장조작도 전혀 효과가 없는 것은 아니다.

그래서 매우 흥미로운 것이 혼다 유조本多佑三, 구로키 요시히로黒木祥弘, 다치바나 미노루立花実 등에 의한 연구이다. '양적완화정책 — 2001년부터 2006년에 걸친 일본의 경험에 기반한 실증분석'(「파이낸셜 리뷰」 제99호 게재)*이라는 제목의 이 논문은 2001년 3월부터 2006년 3월까지의 제로금리하에서 실시된 양적완화정책이 경기회복에 유효했음을 보여주고 있다.

나도 모르고 있었지만, 2010년 2월 16일의 중의원예산위원회에서는, 학자보다 더 열심히 공부하는 야마모토 고조 중의원의원이 시라카와 일은 총재에게 이 연구에 대해 질문하고 있다.

세 사람의 이 연구에서는 본원통화(현금과 일은 당좌예금을 더한 것)의 증가가 단기국채시장조작에 의한 것인지, 장기국채시장조작에 의한 것인지가 구별되지 않고 있는데, 당시 시장조작의 대부분은 단기국채 및 만기가 곧 도래할 장기국채로 공급되고 있었다. 만기가 곧 도래할 장기국채는 사실상의 단기국채이다. 그렇게 생각하면 단기국채시장조작에 의한 양적완화도 경기회복에 착실한 효과가 있었음을 알 수 있다.

확실히 말할 수 있는 것은 일은 당좌예금 잔고의 증가는 광공업생산에 확실히 영향을 미치고 있다는 점이다.

더구나 이 연구에서는 양적완화정책이 주가의 움직임을 통해

* 원래 제목과 출처는 다음과 같다. 「量的緩和政策—2001年から2006年にかけての日本の経験に基づく実証分析」, 『フィナンシャル・レビュー』第九九号.

국민경제에 영향을 미치고 있는 점도 명확히 드러나고 있다. 이는 나의 스승 제임스 토빈이 주장한 '화폐량의 변화가 경제주체의 자산선택을 통해 국민경제에 영향을 주는 효과'에 다름 아니다.

'화폐를 증가시키면 디플레이션은 멈춘다'는 것은 제로금리하에서도 충분히 올바른 진리인 것이다.

또한 광의의 매입시장조작, 즉 화폐를 증가시킬 때 온갖 증권을 매입할 경우 그 효과가 확대된다는 사실은, FRB의 버냉키 의장의 QE3에 있어서 저당담보증권 MBS 에 대한 개입성과가 증명하고 있다.

광의의 '매입시장조작'을 '포괄완화 包括緩和'라는 이름으로 실시한 것은 일본이 빨랐다는 것이 일은의 자랑이지만, 사실 그 규모는 너무 작은 것이었다. 그 때문에 물가, 엔 시세, 그리고 주가에는 거의 효과가 없었다.

제2장

일은과 재무성을 위한 경제정책

일은과 FRB, 그 근성의 차이

현재 일본에서는 '자산이 있음에도 경제가 정체되어 있는 것'이 종종 토론의 대상이 된다. 누구나 화폐에 매달려 있는 것 같은 상황이다.

그러한 상황에서는 일은이 화폐를 증가시켰다고 해도, 장롱예금이 늘어날 뿐, 물가는 오르지 않는다는 것이 반反 리플레이션파의 주장이다. 일은이 화폐 같은 단기국채만을 사고 있는 한 그렇게 될 가능성도 있다.

그렇다면, 예컨대 일은이 자금조달로 곤란해 하고 있는 중소기업의 사채를 사는 것도 하나의 방법일 것이다. 장롱예금이 아니라, 무엇인가에 사용될 가능성이 높다. 그들의 투자활동 등에 자금을 공급하는 것이 되기 때문이다.

2012년 9월, FRB는, 미국의 약점인 주택시장에서, 매월 400억 달러(약 3.3조 엔) 규모의 주택론담보증권MBS 매입을 결정했다. 금융정책을 통해 자산시장에 영향을 미치고자 하는 것이다.

물론 일은이 실물경제에 개입해 가면 '부작용'도 있을 수 있다. 일은이 어떤 기업을 구할 것인가를 선택하게 되기 때문에 문제가 될 것이다. 그러나 디플레이션에서 벗어나지 못하는 일본경제를 구하기 위해서는, FRB와 같이, 어느 정도의 위험을 감수할 근성도 필요하다.

일은이 화폐와 대체적이지 않은 채권을 매입할 경우 커다란 효과를 기대할 수 있다. 이와타 가즈마사 씨도 그것을 적극적으로 장려하고 있다. 가장 두드러진 것이 달러나 유로 등으로 표시된

외채이다.

'그렇게 해서 일은이 자산을 계속해서 사들이면, 결국 하이퍼인플레이션이 발생하지 않을까.'

그런 비판도 있다. 하지만 그에 대해서는 이렇다.

'여러 가지로 생각해 보더라도 곧 하이퍼인플레이션이 되는 것은 아니다.'

원래 디플레이션 상태라는 것은 물가가 떨어지고 있는 상태이다. 한편 하이퍼인플레이션은 물기상승률에 브레이크가 없어지는 것을 의미한다. 그것은 완만한 인플레이션, 달음박질 인플레이션 등을 거쳐 서서히 찾아오리라는 것을 알고 있다.

마이너스 물가상승률이 무한대의 플러스가 되기 위해서는 반드시 제로를 통과하게 된다. 따라서 그렇게 되고 나서 생각하면 된다. 그리고, 나중에 검토하겠지만, 일본은행은 훌륭한 인플레이션 퇴치의 명수이다.

혹은 다소 극단적이지만, 이렇게 말해 버리면 좋을지도 모르겠다. 크루그먼의 말이다.

'지금은 디플레이션이면서 불황이다. 홍수와 같은 상황임에도 화재(하이퍼인플레이션)를 우려하는 사람이 어디에 있을 것인가.'

하이퍼인플레이션의 조건인 '패전'과 '혁명'

대불황으로부터 회복할 때, 하이퍼인플레이션이 실제로 일어날 것인가? 역사적인 견지에서의 의견으로, 와카타베 마사즈미 교수는『전설의 교수에게 배워라!』에서 이렇게 말했다. 조금 길지만 인용해 보도록 하자.

> 1930년대 세계대불황으로부터 회복하는 과정에서도, 그 후에도 하이퍼인플레이션은 일어나지 않았습니다. 실제로 하이퍼인플레이션이 일어나는 것은, 패전이나 혁명과 같은 시기입니다. 역사상 아마 최초의 하이퍼인플레이션이라고 알려져 있는 것은, 프랑스혁명 때로, 귀금속의 뒷받침 없는 불환지폐(앗시니아지폐)의 증발이 원인이었습니다. 그 정도로 사회경제적으로 혼란을 겪고 있던 시기에, 지폐 증발로 재정지출을 조달하면, 하이퍼인플레이션이 되는 것은 확실하다고 생각합니다.

확실히 전간기戰間期*의 독일에서 발생한 대大인플레이션도 나치스가 대두하기 전의 정치 불안 때 발생했다. 와카타베 교수는 이렇게도 말하고 있다.

> 그러나, 대불황과 같이 물건이 남아도는 상황에서, 실업자가 넘치고 생산력이 남아돌 때 화폐를 증가시켜도, 얼마간의 인플레이션이 발생하기는 했지만, 하이퍼인플레이션으로 발전하지는 않았습니다. 현재의 관점에서 보면, 오히려 화폐 증가가 적어서 대불황으로부터의 회복이 늦어졌다고 말해도 좋을

---

* '전간기'라는 표현은 일본에서 주로 많이 쓰인다. 제1차 세계대전이 끝나는 시점부터 제2차 세계대전이 발발하는 시점까지를 가리키는데, 보통 1919년부터 1939년까지를 의미한다.

정도입니다.

(일은이) 장기국채를 매입해 가면, 그만큼 재정이 한숨을 돌리게
된다. 그리고 마일드한 인플레이션이 되면, 경제 전체에는 훨
씬 좋은 일이 일어날 것이라고 생각합니다.

실제로 전쟁, 내란, 대규모 재해 뒤의 상황처럼, 국민생산에
큰 타격이 가해지면, 물건과 화폐의 밸런스가 무너져 하이퍼인플
레이션으로 발전하는 일이 있다. 두 차례 세계대전 사이의 유럽
국가들이나 현재의 개발도상국에도 그런 예를 찾아볼 수 있다.

하지만 동일본대진재 이후의 일본에서는 역으로 디플레이션
압력이 바로잡히지 않았다. 이는 일은이 공급하는 통화량이 너무
적고, 더구나 그 공급 방법이 어설펐기 때문이다.

전후 일본에서는, 일은이, 육박해 오는 인플레이션 앞에 금융
을 긴축하여 잘 대응해 왔다. 이 점은 크게 칭찬받아 마땅하다. 인
플레이션이 시작되고 물가가 상승(혹은 상승할 것이라고 예상)하면, 금리
가 오르기 시작할 가능성도 있다. 일은이 그것을 불안시하고 있는
것은 알겠다. 또한 반리플레이션파 사람들은 경제를 자극하고 인
플레이션 기대가 높아짐으로써 금리가 오르는 것을 걱정한다.

그러나 금리는 예상 인플레이션율만큼 오르지 않고 실질금리
가 낮아져 경제에 플러스 효과가 있다. 이런 내용은 이미 노벨경
제학상 수상자인 로버트 먼델 Robert Alexander Mundell 에 의해 증명되
고 있다.

차트로 보여주는 일은 무대책의 폐해

여기에서 말한 것과 일본경제의 현상을 차트에 보인 것이 앞에서 언급한 도표2이다. 이런 인상적인 차트를 그려준 것은 친구이면서 내각부경제사회종합연구소 주임연구관인 고故 오카다 야스시岡田靖 씨이다.

일은의 자산은 거의 변동하지 않았지만, 고명한 화폐경제학자인 머빈 킹Mervyn Allister King이 이끄는 잉글랜드은행의 경우는 단호한 행동을 취하고, 자산을 극적으로 늘렸다. 통화 공급량money supply을 측정하는 것으로도 금융정책의 강도를 비판할 수 있지만, 유로 국가들의 중앙은행의 경우 중앙은행의 밸런스 시트로 비교하고 있다.* 화폐 총량을 계산하는 것이 약간 귀찮은 일이기 때문이다.

미국의 경우, 대공황 연구의 권위자인 벤 버냉키가 이끄는 FRB도 밸런스 시트를 대폭 증가시켰다. 금융자극책에 관해 매우 보수적인 스탠스로 알려진 유럽중앙은행조차 그 화폐 총량을 증가시키고 있다. 그러나 일은은, 앞 장의 도표2에 나타냈듯이, 침묵을 지키기로 작정했다. 일은은 2006년에 양적 금융완화를 그만두고 나서 금융정책의 긴축적 스탠스를 계속 유지하고 있고, 밸런스 시트를 거의 증가시키고 있지 않다.

이 결과 엔의 가치가 영국 파운드와 미국 달러에 대해 급등했다. 물가상승률을 고려한 실질실효환율을 비교해 보면 도표4와 같다.

---

* 중앙은행의 밸런스 시트는 중앙은행이 보유한 총 자산을 말하는데, 시장에 공급하는 통화를 늘리면 확대하는 것이 일반적이다.

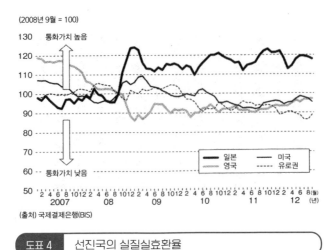

(2008년 9월 = 100)

130   통화가치 높음

	일본	미국
	영국	유로권

(출처) 국제결제은행(BIS)

도표 4   선진국의 실질실효환율

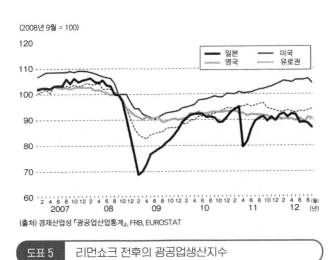

(2008년 9월 = 100)

	일본	미국
	영국	유로권

(출처) 경제산업성 『광공업산업통계』, FRB, EUROSTAT

도표 5   리먼쇼크 전후의 광공업생산지수

영국경제는 재정문제가 어느 정도 남아 있지만, 이미 경기회복을 시작하고 있다. 미국은 환율을 상당히 낮은 수준으로 유지하고 있고, 경제는 신음하면서도 경기회복의 고비를 넘고 있다. 일본은 긴축정책 덕분에 실질환율이 한때 30% 가까이 상승했고, 수출입 경쟁력은 직격탄을 맞았다. 산업계는 30%의 가격인하를 흡수할 필요가 있었고, 그만큼은 생산성의 상승이나 비용(임금) 삭감으로 상쇄하지 않으면 안 되었다.

　　오카다 야스시 씨가 이 광공업생산을 나타내는 도표5를 만들어 흥분해서 나에게 보였을 때의 일은 잊을 수 없다. 놀랄 만한 것은 리먼쇼크 이후 서브프라임 위기의 진원지인 미국이나 영국에서 나타난 광공업생산의 하락보다 진원지가 아닌 일본 쪽의 하락폭이 더 크다는 사실이다. 왜 이렇게 된 것일까?

　　시라카와 총재는 '일본은 금융시스템이 안정되어 있기 때문에 금융정책을 확장할 필요는 없었다'고 한다. 그렇다면 일본 광공업생산의 하락폭이 진원지인 나라들보다 커도 괜찮은 것일까? 금융정책이 광공업생산의 하락을 멈출 수 있음에도 불구하고 그렇게 하지 않아도 되는 것일까?

재해지역에 대한 융자에 수반되는 일은 이권 利權

　　지금까지 디플레이션이 무엇인지를 해설했다. 그렇게 해 놓고 보면, 일은의 정책은, 엔고의 직접적인 원인에 대한 정책을 방기하고, '엔고는 불가항력으로 피할 수 없으니 엔고를 전제로 그

대증요법만 생각하겠다'고 선언하는 것과 같다.

우리들을 힘들게 하고 있는 근본, 즉 엔고 그 자체를 막으려는 자세는 아무리 해도 찾아볼 수 없다.

세계경제라는 망망대해를 표류하는 '일본호[日本丸]'. 확실히 고도성장시대의 영광은 지난 지 오래이지만, 여전히 1인당 소득은 높고, 세계 최대의 대외채권액을 자랑하고 있다. 더더욱 빛나도 좋은 경제이다.

그러나 그것을 조종하는 선장이나 스태프는 제대로 된 해도海圖도 갖고 있지 못하고, 재정금융정책이라는 정책수단, 즉 엔진이나 키[舵]의 사용방법도 모르고 항해하고 있다. '일본호'가 이대로 항해를 계속한다면, 승객인 국민은, 10년 이상 계속되어 온 디플레이션, 엔고, 불황의 거센 파도로부터 벗어날 수 없을 것이다. 와그너의 오페라 〈방황하는 네덜란드인〉의 선장같이 일본경제는 다시 햇빛을 보지 못한 채 항해를 계속해야 하는 것일까?

그뿐만이 아니다. 앞에서 이야기한 일은의 '엔고 대응 긴급 패키지'라는 이름의 대증요법 그 자체에도 다양한 부작용이 있다. 이는 기업에 엔고에 대한 내성을 갖게 하려는 의도에서 마련되었지만, 그렇게 함으로써 엔고 시정에 대한 기업의 요청도 약해지기 때문에, 보다 강력한 환율개입을 통해 엔고 저지의 자세를 취해도 좋을 것이다. 그러나 모처럼 재무성이 달러나 달러 표시 증권을 사서 엔저를 유도하고자 해도, 일은이 매각시장개입을 해서 금융을 긴축해 버리면(이를 불태화조작不胎化操作이라고 한다), 엔고는 수습되지 않는다. 요컨대 개입만하고 금융완화가 동반되지 않으면, 엔고는 멈추지 않을 것이다.

그럼에도 불구하고 일은의 야마구치 히로히데山口廣秀 부총재
가 '일은은 금융정책을 환율에 영향을 주기 위해 사용할 의도가 없
다'고 말하고 있는 것에는 아연할 수밖에 없다. 일본경제의 병근病
根인 디플레이션, 엔고, 불황 어느 쪽에나 곧 효과가 나타날 수 있
는 화폐공급을 장악하고 있는 일은이, 이 약은 사용할 수 없다고
하고 있는 것과 같다.

'엔고 대응 긴급 패키지'에 나타나는 정부 내의 분위기, 즉 '금
융정책을 제외하고 오로지 재정정책만 염두에 두는' 경향은, 변동
환율제하의 정책수단으로서 오류인 동시에, 재정적자 누적을 발
생시키는 이유 중 하나이기도 하다.

또한 국제협력은행을 통해 개별 융자를 행하려고 하면, 그 결
과로 정부 관계 기관에 이권이 생기게 되고, 낙하산 인사 등을 조
장할 우려도 있다.

이야기가 옆으로 새는데, 일은은 경제 전체에 화폐를 공급하
는 본래의 임무를 게을리하기 쉬운 경향이 있음에도, 재해지역 기
업에 융자하는 일에는 열심이다. 물론 재해지역의 부흥도 중요하
지만, '본래'의 업무가 소홀해지는 현재 상황에서 보면, '융자에 수
반되는 일은의 이권을 고려하고 있기 때문이 아닐까'하고 의심암
귀疑心暗鬼까지 생긴다.

그리고 일은정책의 최대 문제점은, 일본의 공동화를 촉진하
는 정책이라는 점이다.

2012년 여름에 일시 귀국했을 때, 토요일임에도, 도쿄 간다神
田역 앞 상점가 대부분의 가게가 셔터를 내리고 있는 모습을 보고
놀랐다. 예전의 기억이 되살아났다. 예전에 비와호琵琶湖 근처에

서 개최된 학회에 가려고 하다가 도중에 잘못 하차한 역에서 사람 하나 찾아볼 수 없었을 때의 쇼크다…….

이러한 공동화 현상은 엔고에 의해 촉진되고 있다. '엔고 대응 긴급 패키지'는 정부가 대규모 외화준비를 통해 외국기업의 매수를 돕고, 그렇게 함으로써 일본의 공동화를 더욱 부채질하게 된다.

엔고와 공동화의 메커니즘

이 시점에서 공동화 현상을 이해하기 위해서라도, 왜 엔고가 피해를 초래하는가를 복습해 두자.

예컨대 엔의 명목환율이 30% 상승했다고 하면, 달러로 수취하는 수출대금은 30%의 가치가 줄어들게 된다. 수출업자에게는 수출가격이 30% 낮아지는 것과 같다. 동시에 일본 제품의 생산 코스트가 30% 하락하게 된다면 수출업자는 어떤 영향도 받지 않겠지만, 제품 코스트 중 특히 임금에는 하방경직성이 있기 때문에, 수출산업은 큰 타격을 받는다.

앞에서 언급했듯이, 유니클로와 경쟁하는 섬유회사들도 외국과의 경쟁에서 핸디캡을 지게 되는데, 그 원리는 같다.

물론 산업 중에는 수입 에너지나 수입 원료에 의존하고 있는 업종도 있다. 도쿄전력 등 화력발전을 업으로 하는 회사에게는 엔고가 유리해진다. 하지만 어째서 일본 전체가 엔고로 비명을 지르고 있는가 하면, 엔고로 이득을 얻는 기업의 이익을, 손해를 보는 기업의 손실이 크게 상회하고 있기 때문이다.

엔고로 불리한 상황에 처한 기업은 어떻게 대처하는가? 도산까지는 하지 않더라도 국내의 생산을 축소하고 고용정리를 단행한다. 그것이 엔고가 불황을 낳는 메커니즘이다. 또 하나의 대처방법은 외국으로 생산거점을 옮기는 것이다. 그렇게 함으로써 엔고로 비교적 더 싸진 외국의 노동력을 써서 기업의 수익이 회복하게 된다.

확실히 대외로 진출하는 기업에게는 합리적인 선택일 것이다. 그러나 한편으로 정리되고 해고되는 국내의 노동자에게는 너무 가혹하다. 이것이야말로 국내산업의 '공동화' 프로세스인 것이다. 경제메커니즘의 결과로 기업의 대외이전이 촉진되는 것이라면 그런대로 괜찮지만, 정부가 세금, 즉 국민의 돈을 써서 '공동화' 경향을 가속화해도 좋을 이유는 전혀 없다.

일본의 산업이 지방만이 아니라 도쿄에서도 자취를 감추었고, 고용기회가 줄어드는 대책이 '긴급대책'이라고 평가를 받고 있다. 민주당 내각에는, 원래 사회당계로, 본래 '노동자의 편'이어야 할 각료가 많이 포함되어 있다. 그들은 '엔고 대응 긴급 패키지'가 일본의 노동자에게 최악의 정책이라는 사실을 몰랐을까?

'엔고 대응 긴급 패키지'는, 재무성이나 일본은행의 이해에 기초한, 경제 합리성에 반하는 제안을 그대로 받아들인 것에 불과하다. 엔고의 근본원인을 바로잡을 수 있는 금융정책은 일절 언급하지 않고, 이권을 낳는 대증요법으로 일관하여, 재정정책만으로 대책을 세우려고 한다. 그 대증요법의 가장 직접적인 효과가 일본기업의 해외이전, 즉 일본 열도의 공동화인 것이다.

엔고정책은 공동화 정책인 동시에 지방을 도외시하는 정책이기도 하다. 많은 기업이 국내에서 생산하지 못하고 국외로 생산거점을 옮긴다. 일본 각지의 공장은 폐쇄된다. 그러나 다국적기업이 된 기업의 헤드쿼터는 일본(많은 경우에는 도쿄)에 남는다. 따라서 도쿄는 그다지 타격을 받지 않을지도 모르지만, 지방은 점점 더 도외시된다.

정책 변경의 효과가 계속되지 않은 이유

내 의견에 대해 일은의 대변인은 아마 다음과 같이 대답할 것이다.

"2012년 2월 14일, 우리는 마침내 인플레이션의 예상목표(目途)를 발표했습니다. 매입시장조작의 예비기금도 확충했습니다. 그것은 모든 분들의 비판에 응했기 때문입니다. 그러나 반년 이상 지나보아도 엔고는 계속되고 있고, 디플레이션도 시정되지 않았습니다. 이는 모든 분들의 비판이 틀렸음을 보여주고 있습니다."

얼핏 보면 과연 그렇다고 생각할지 모르지만, 그것은 일은이 잘하는 궤변이다. 내 생각으로는 '나쁜 일은'의 정체를 숨기려고 하여 '좋은 일은'을 어필하기 위한 주장인 것이다.

먼저 일은은 인플레이션 '목표'라고 하지 않고 (영어 번역으로는 '골 goal'이라 하고 있는데), '예상목표(目途)'라는 애매한 표현을 사용했다. 이는 달성되지 않았을 때 일은 총재의 책임을 유야무야 처리하기 위함이다. 그러면 국민이 확실하게 신뢰할 수 없게 된다. 즉, 각국이 2% 이상의 목표를 걸고 있을 때에 1%의 인플레이션 '예상목표

|目途]'로는 너무 작은 것이다.

또한 디플레이션 엔고 방지의 핵심이 금융정책임에도 불구하고, 2012년 3월의 머니 서플라이는, 전년도에 지진 피해 때문에 확장했다고 해서 감소시켰다. 이렇게 해서는 물가가 오를 리가 없다.

리먼쇼크 이전, 미국 달러 환율은 100엔 전후였다. 그 후 물가도 각국에서 변하고 있어 나도 110엔의 수준으로 돌리라고는 하지 않는다. 하지만 최소한 1달러 90엔 수준으로 돌리는 것이, 일은이 열의를 가지고 디플레이션이나 엔고에 대처하고 있는지 어떤지를 판단할 바로미터가 된다.

새로워진 것처럼 보이는 일은의 금융정책은, 방향성은 그만두고라도, 아직 눈가림에 불과할 뿐 성과를 수반하고 있지 않다.

'여러 가지로 시험해 봐도 잘 되지 않는다.' — 그것이 일은의 변명인데, 요컨대 금융완화의 규모가 너무 적은 것이다. 그러나 일은의 변명은 여전히 계속되고 있으며, 향후에도 에스컬레이트하게 될 것이다.

"우리는 국채 이외의 주식이나 토지저당증권MBS 을 대상으로 하는 매입시장조작을, 세계에서도 누구보다 빨리 시작했습니다. 그러나 화폐를 증가시켜도 물가는 오르지 않습니다. 금융정책이 나쁜 것이 아니라 일본경제가 세계 각국에 비해 이질적인 것입니다."

이에 대해서는 '일본은행의 수장이 틀린 것을, 일본경제 때문이라고 하지 말아주세요'라고 말하고 싶다. 이 책을 읽고 있는 독자께서는 이런 점을 충분히 이해해 줄 것이라고 생각한다.

'경제학 서적은 이와나미신서를 하나 읽은 것 뿐'인 경제재정상

'엔고 대응 긴급 패키지'는 세계에 통용되는 경제학의 기본을 짓밟은 것이었다. 누가 짓밟았는가 하면, 대책을 기초하는 공무원이고, 그것을 통할하는 대신이고, 정당의 수뇌이다. 또한 정부·일은의 주장을 그대로 보도하는 매스미디어나, 충분한 비판을 하지 않는 학자, 이코노미스트도 같은 죄를 범했다.

유감스럽게도 2011년 9월 2일에 발족한 노다 내각의 포진으로는 '엔고 대응 긴급 패키지'와 같은 부조리한 경제정책을 철회하고, 엔고 그 자체를 타깃으로 한 금융정책으로 전환할 수 없어 절망적이었다.

일본에서 나오는 보도나 친구가 보내주는 정보를 기초로 노다 내각의 성격을 한마디로 평하면, 정말이지 부적재不適材·부적소不適所의 부적격不適格 내각이었다.

최근 일본이 직면한 중요한 과제는 엔고와 디플레이션을 극복하고, 동일본대진재라는 국난을 극복하는 일이다. 그를 위해서는 경제에 밝고, 일은이나 재무성에 조종당하지 않는 내각을 만들어야 한다.

하지만 노다 내각은, 수상부터해서 완전히 재무성의 꼭두각시 인형이 되어 있었다. 노다 수상은 마쓰시타정경숙松下政經塾 출신. (정부의 낭비를 줄임으로써) '무세국가론無稅國家論'을 주창한 마쓰시타 고노스케松下幸之助 씨로부터 직접 배웠다고 하는데, '출세'한 뒤 얼마나 표변했는지를, 은사는 천국에서 어떤 기분으로 지켜보고 있을까?

그 수상이 임명한 후임 재무상도 경제학적 식견을 거의 느낄 수 없었다. 나의 감각으로 보자면 이미 이해불능의 인사이다.

그 재무상, 아즈미 준 씨 본인의 홈페이지에 의하면, 감명을 받은 책이『오니헤이한카초 鬼平犯科帳』(문예춘추)라고 하는데,* 경제서 종류는 안 읽는 것일까? 와카타베 마사즈미 교수에 의하면, 문인 정치가로 유명한 경제재정상 요사노 가오루 씨조차 "경제서는 일은 OB인 요시노 도시히코 吉野俊彦 씨의 이와나미신서를 한 권 읽었을 뿐"이라고 고백했다고 하니 미루어 짐작할 수 있을 것이다.

또한 기자회견 같은 곳에서도 아즈미 대신은 '재무성 사람과 사이가 좋아졌으니 맡은 바 임무를 잘 감당해 낼 수 있을 것'이라는 취지의 발언을 했다고 한다. 대신은 소학교의 학급위원장과는 다르다. 일본의 산업, 국민의 생활이 그의 판단에 달려 있는 것이다.

재무상은 취임 7일째에 G7에 출석, 국제적으로 데뷔했지만, 본인도 "나에게 발언을 요청한 나라는 없었다"고 인정하듯이, 완전히 배제당한 것처럼 보였다. 실언 때문에 사임할 수밖에 없었던 경제산업상에 대해서는 말할 필요도 없을 것이다.

이러한 내각에서는, 진정 국민을 위한 정치를 기대할 수 없었다. 일은과 재무성의, 일은과 재무성에 의한, 일은과 재무성을 위한 정치가 이루어지고 있을 뿐이다. 관저는 재무관료에게 탈취되어 버린 것이다.

나는 국민에게 묻고 싶다.

---

* 鬼平犯科帳는 1968년에 간행된 이케나미 쇼타로 池波正太郎 의 역사소설 시리즈로, 약칭은 鬼平이다. 이 소설은 뒤에 일본의 TV 시대극으로 만들어져 후지 TV 계열에서 1989년부터 2001년에 걸쳐 총 9편의 시리즈로 방영되었다.

"이 정도로 불황이 계속되고 많은 국민이 힘들어하고 있습니다. 그럼에도 당신은 일은이나 재무성 사람들에게 계속 속고 싶습니까?"

그리고 매스컴 사람들에게는 이렇게 묻고 싶다.

"신문, 텔레비전에 의한 '디플레이션·엔고' 예찬 덕분에 불황이 계속되고, 신문의 매출이나 광고수입이 감소하는 데도, 일은 기자클럽 회원이라는 특권을 지키고 싶습니까? 이 현상은 소비세 증세로 경기가 악화되면 더 심해질 것인데, 그럼에도 불구하고 신문은 소비세 면세를 기대하고 소비세 인상 응원단이 되겠다고요?"

국민에게는 제한된 기회이지만, 선거에서 정치가를 뽑을 권리가 있다. 그때가 오면 이 물음을 상기시켰으면 좋겠다.

"어째서 국제수준의 경제학에 입각하여 디플레이션이나 엔고 문제에 대처할 정치가를 뽑지 않고, 일은이나 재무성에게 유리한 핑계로 세뇌당해, 그것을 앵무새처럼 주장하는 정치가를 뽑는 것입니까? 그 결과 실업이나 도산으로 고통당하는 것은 당신 자신입니다."

수십 년 전의 지식으로 움직이는 정치가들

경제학에는 케인스경제학이나 통화주의 monetarism 등 다양한 학설의 흐름이 있다. 서로 대립하는 학설도 있지만, 경제학 전체로서, 세계적으로, 불황이나 디플레이션에 관한 공통인식의 축적이 엄연하게 존재한다.

불황에 관해서 말하면, 경제학에서는 다음과 같은 대공황시대의 교훈이 중요하게 여겨지고 있다.

'금본위제를 그대로 유지하고 있었기 때문에 경제가 더욱 악화되었다.'

'미국도 조금 더 빨리 금본위제를 이탈했더라면, 그리고 화폐 공급을 증가시켰더라면, 대불황을 완화시킬 수 있었을 것이다.'

이런 내용은 현재의 통설이다. 하지만 우리들이 젊은 시절에 배운 마르크스경제학에서는 '금본위제가 붕괴되었기 때문에 자본주의가 망가졌다'고 설명하고 있다. 완전히 상반된 설명방식이다.

정치가들, 그리고 금융정책무효설을 제창하는 학자들에게 지금까지도 마르크스경제학의 영향이 남아 있는 것이 아닐까? 적어도 고정환율제하의 기성관념에 붙잡혀 있는 것처럼 보인다. 젊은 시절에 배운, 즉 수십 년 전의 지식으로, 현재의 정치나 경제를 관리하고자 하는 것이다.

이는 의사에 비유하자면, 역시 '돌팔이의사'일 것이다. 자신이 젊은 시절에 배운 지식만을 의지하여 환자를 치료하려는 것이기 때문이다.

무엇보다 여기서 자기비판도 해야 할 것 같다. 지금까지 면식이 없다고 생각하고 있던 정계의 실력자나 일본은행의 간부로부터 "실은 하마다 선생의 법학부 『근대경제학』을 수강했습니다" 혹은 "교양과정의 소인수小人數 제미에 있었습니다"라고 말을 거는 일이 많기 때문이다.

그런 사람들이 반드시 올바른 경제학에 따른 정책을 신봉하고 있는 것은 아니다. 현재의 경제정책이 잘못된 책임은, 마르크스경제학의 강한 영향하에 있던 학생에게 올바른 경제이론을 심어주지 못한 나에게도 있다는 사실을 인정한다.

다시 한번 의학에 비유해 보자. 다른 나라에서는 다양한 동물실험이나 임상실험이 반복되고, 그 결과를 가지고 많은 것을 판명하고 있다. 그에 따라 치료법, 즉 정책이 결정되는 것이다.

그러나 일본에서는, 옛날 지식에 집착하는 의사가, 최신의 연구결과를 전혀 이용하려 하지 않고 치료법을 정하고 있다. 그리고 '금리가 낮아지면 일본은행이 불리해진다', 혹은 '세금이 줄어들면 재무성의 권한이 작아진다'와 같은 불순한 생각을 가지고, 중앙은행이나 경제관청의 이해를 우선시하여, 경제학자가 몇 세기나 걸쳐서 쌓아 온 경제정책 이론이 왜곡되어 버리는 것이다.

그런 잘못된 학문이나 정치의 내용을 바꿔가기 위해 우리들의 선배, 학자들은 진지하게 배우고 연구해 왔다.

우리들은 200년 남짓 되는 경제학 역사의 축적된 성과를 헛된 것으로 만들지 않기 위해, 일본에서만 미신에 가까운 학설이 횡행하지 않도록, 그리고 무엇보다 국민의 생활을 위해, 열심히 노력해야 한다.

'디플레이션의 정체'는 인구감소인가

물론, 일본에서도 '선배' '동지'라고 부를 수 있는 존재가 있다. 디플레이션 문제에 관해서는 이미 말한 가쿠슈인대학의 이와타 기쿠오 교수 등이 '쇼와공황昭和恐慌 연구회'를 만들어 전간기 일본에 있어서 쇼와공황의 원인에 대해 연구하고, 현재의 정책문제에 응용하려는 노력을 기울여 왔다.

그 연구성과는 현재의 정책문제에도 직접적으로 도움이 된다. 연구회 속에서 성장한 와세다대학 早稻田大學의 와카타베 마사즈미 교수나 가에쓰대학의 다카하시 요이치 교수 같은 사람들은 본서에도 자주 등장하고 있다.

또한 민주당에도 '탈脫 디플레이션 의련議連*'이 생겼다. 최근 수년 동안 우리들처럼 생각하는 사람이 정말이지 더 이상 소수파가 아닌 상황으로 바뀐 것이다(물론 세계적 추세는 우리들의 사고방식이 주류이지만). 그 힘을 합쳐서 미국과 세계가 이미 알고 있는 일본의 부활을 앞당길 수 있을 것이다.

그런 것을 생각하면서 다카하시 씨와 대담한 2011년 당시, 일본에서는 '디플레이션의 원인은 인구감소이다'라는 내용의 모타니 고스케藻谷浩介 씨의 경제서가 베스트셀러가 되었다. 듣기에는 간 수상도 구입했다고 해서 화제가 되기도 했다.

이러한 '속류경제학'이 예나 지금이나 인기를 끌기 쉬운 것은 확실하다. 그렇다고는 해도 '디플레이션'이라는 말의 정의를 경제학과는 다른 형태로 사용하고 있는 것만으로도 올바른 경제학에 의거한 책이라고 하기 어렵다. 경제학의 꾸밈없는 논의라는 측면에서 보자면, 인구감소는 인플레이션의 원인이기는 해도 디플레이션의 원인이 될 수 없다.

나는 모타니 씨에게 어떤 개인적인 반감이 없다. 오히려 상당

---

* 의련은 의원연맹의 줄임말이다.

히 읽기 쉽고 재미있는 책을 쓰신 분으로 이해하고 있다. 어떤 편집자로부터는 하마다 씨도 베스트셀러를 쓰게 된다면『디플레이션의 정체』를 참고하시기 바랍니다, 라는 말을 듣고 있을 정도다.

그러나 모타니 씨가 경제학적으로 비판받게 되자, "나의 디플레이션이라는 것은, 자동차나 전기용품의 가격이 하락하는 것으로, 경제학상의 디플레이션, 즉 일반가격 수준의 하락과는 다르다"고 대답하는 점은 승복할 수 없다. 혈압의 아마추어 치료법을 발견했다고 하는 의사가 "단, 여기서 말하는 고혈압의 정의는, 세계 공통의 정의와 다릅니다"라고 하면 곤란한 것이다.

돈이 남아 있을 때의 금융완화는

FRB 의장인 버냉키는 "화폐가 경제에 잘 작용하기 위해서는 대출이 잘 이루어지고, 원만한 차입이 가능해야 하지만, 화폐량을 늘리는 것도 필요하다"고 지적하고 있다.

사람들은 모두 화폐를 써서 생활하고 있다. 지갑 속에 있는 화폐가 소비나 투자로 잘 이어지기 위해서는, 물론 조건이 필요하다. 그러나 통화money를 공급하지 않는 한, 수요는 곧 생겨나지 않는다.

한편 통화량을 늘려도 정책이 유효하게 작용하지 않는다는 의견도 있다. '일본에서는 현재 돈이 남아 돈다. 돈이 은행에 남아

---

* 藻谷浩介,『デフレの正体─経済は「人口の波」で動く』, 角川書店, 2010年.

있어도 그것을 차입할 사람이 없는 것이다. 따라서 금융완화는 무의미하다'는 논리이다. 전문 은행가 중에도 그런 의견을 가진 사람이 많다.

그러나 이것은 두 가지 점에서 틀리다.

첫째, 디플레이션의 세계에서는, 예컨대 금리가 제로라고 해도 물건에 대해 화폐의 가치가 오르고 있기 때문에, 물가가 하락한 만큼 차입한 쪽이 많은 돈을 변제해야 한다. 그 때문에 차입한 쪽은 물가하락률만큼 손실을 입는다. 이 차입한 쪽의 부담을 경제학에서는 실질이자율이라고 한다.

디플레이션하에서는 금리가 제로여도 실제로는 차입한 쪽이 손실을 지불하게 된다. 동일한 금액을 변제하는 것으로도, 변제하는 금액이 실질적으로 큰 부담이 되는 것이다. 즉 실질이자율은 제로가 아니다.

둘째, 돈이 철철 넘치고, 금리가 제로여도 차입할 사람이 없다, 라는 것은 정확하지 않다. 누구라도 금리가 제로이면 빌리고 싶어 할 것이다. 만지는 모든 것이 황금으로 변한 마이더스왕이 아닌 이상, 빌리게 되면 소비하거나 투자하겠다는 것은 당연하다.

그러나 금리가 제로인 사회에서도 차입하는 쪽이 확실하게 빌린 돈을 변제해 줄 것이라는 보장이 없다. 차주가 확실하게 변제할 수 있도록 하기 위해서는 담보를 잡아야 한다. 여기서 화폐 공급, 나아가 비전통적인 증권의 매입시장조작이 중요해진다.

금융긴축을 계속하고 있으면 부동산 가격이나 증권 가격이 하락해 버린다. 역으로 만약 부동산이나 증권 가격이 하락해 버리면, 담보자산의 가격이 하락하게 되어 담보를 제공할 수 없게 되어 버린다. 즉 차입할 수도 없게 된다.

당연한 이야기이지만, 차입에 담보가 필요한 것은 '상대가 정말로 변제할 것인지 알 수 없기' 때문이다. 따라서 부동산 가격이 하락하면, 담보가치의 감소 때문에, 지금까지는 가능했던 대출도 불가능해져버리는 것이다.

이러한 디플레이션이나 불황에 관한 연구를 버냉키 등 저명한 경제학자들이 진지하게 프로로서의 명예를 걸고 수행하고 있다.

하지만 일본에서는 '경제학을 제대로 공부한 적이 없을 것 같은' 사람이 쓴 '인구가 늘어나면 디플레이션은 해소된다'는 내용의 책이 베스트셀러로서 인기를 끌었다…….

인구감소나 인구구성의 변화가 확실히 성장률 저하의 요인이기는 하다. 하지만 인구감소나 인구구성의 변화는, 인플레이션의 요인이 되어도 디플레이션의 요인은 될 수 없다는 것이 경제학, 경제의 생리학에서 나온 유일한 결론이다.

이미 말했듯이, 이 논의를 성실하게(라기보다 자기의 무작위를 변호하기 위해) 연구하고, 국제회의까지 수행하는 일은, 마치 의학 전문가가 건강에 대한 '이발소 잡담床屋談義'을 돈과 시간을 들여 하고 있는 것과 같다.

백 보 양보해서, 가령 인구구성이 디플레이션의 원인이라고 해 보자. 인구구성이 변하고, 그것이 디플레이션을 저지하는 데는 20년이나 되는 시간이 필요하다. 하지만 자신이 갖고 있는 약을 사용하면 금융완화는 그날 중에도 가능하다. 그것을 하지 않기 위한 구실을 찾기 위해 20년이나 걸리는 수단을 열심히 고찰하고 있는 것일까?

그런 상황을 미디어는 비판하지 않는다. 산업계도, 일본의 수출산업을 엔고로 파괴하고, 일본의 공동화를 추진하는 노다 내각을 환영한다고 했다. 환자 자신이 '좋은 의사'라고 돌팔이의사를 칭찬하고 있는 것과 같은 상태이다.

또한 기자들도, 정치가와 마찬가지로 경제음치인 것일까? 아니면 정부가 안고 있는 잘못된 경제상經濟像에 대한 이해, 정책효과에 대한 이해를 바로잡을 근성이 없는 것인가……

내가 아는 한, 정확하게 경제를 이해하고 적확한 평론을 하고 있는 것은, 산케이신문産經新聞 특별기자인 다무라 히데오田村秀男 씨 정도에 불과하다. 다무라 씨는 이 '엔고 대응 긴급 패키지'가 엔고 방지에는 쓸모가 없고, 재무성의 이권을 강화할 뿐이며, 일본의 공동화를 조장한다는 것을 명쾌하게 논하고 있다.

고이즈미 수상에게 전한 중요한 내용

그보다 앞서 고이즈미 준이치로小泉純一郎 수상과 다케나카 헤이조 씨가 경제정책을 담당하고 있던 시대는, 민주당 정권보다 훨씬 나았다. 당시 나는 내각부의 경제사회종합연구소에서 소장을 맡고 있었는데, 그 직을 사임하고 미국으로 돌아갈 때의 일이다. 송구스럽지만 고이즈미 수상은 일품 요릿집小料理屋에서 송별 식사회를 마련해 주었다.

이때 임기가 끝나가던 하야미 마사루 일은 총재의 후임인사에 관한 이야기도 나왔다. 지금이니까 이야기할 수 있지만, 사전에 이와타 기쿠오 씨가 '일은정책위원회의 멤버로서 제로금리 해제에 반대한 나카하라 노부유키 씨를 추천해야 한다'고 말해 주었다. 이를 전한 후 고이즈미 수상에게, 어찌 되었건 '디플레이션에 대해 진지하게 대응할 수 있는 분을 지명해 주십시오'라고 강하게 요청했다.

또 하나 전한 것이 있는데, '디플레이션을 탈각하기 위해서는 예상도 중요한 요소입니다'라는 내용이었다. 금융정책은 다양한 경로로 작용하는데, 무엇보다 빨리 효과를 볼 수 있는 것은 예상을 통해서이다. '예상, 기대형성에 주의해 주시기 바랍니다'라고 고이즈미 수상에게 전달했다.

동석한 이와타 가즈마사 씨는 숫자를 들어가며 진지한 이야기를 하고 있었는데, 나는 수상과 같은 페이스로 마셔서인지, 또 미국으로 돌아가기 전에 초대를 받은 것에 감격해서인지, 약간 취해 버렸다. 그때 오페라를 좋아하는 수상에게 한 예화가 도니체티 Gaetano Donizetti 의 오페라 〈사랑의 묘약〉이다.

이는 '보르도의 평범한 와인이라도, 본인이 마음에 둔 사람(意中の相手)을 홀릴 수 있는 미약 媚藥 이 들어 있다고 믿고 마시고 열심히 구애하면, 무너뜨리지 못한 상대도 무너뜨릴 수 있게 된다'는 내용의 이야기이다. 기대가 어떠하냐에 따라 상황이 변해, 기대한 대로 상황이 실현된다는 내용의 예화이다. 당시 원숙한 오십 전후의 나이에 오페라 가수로 데뷔한 만화가 이케다 리요코 池田理代子 씨가 부른 오페라이기도 하다.

고이즈미 수상에게는 '그런 일이 실제로도 있으니, 정부와 일은이 디플레이션을 해소할 것이라는 강한 태도를 보이고, 국민에게 디플레이션 탈각의 희망이나 예상을 주는 것이 중요합니다'라고 말했다.

총리와 만난다는 것은 상당히 어려운 일인 것 같다. 식사회가 끝나자, 몇십 명이나 되는 총리 담당 기자들에게 둘러싸였다. 하지만 아무리 그렇다고 하더라도 일은 총재 인사의 구체적인 화제가 나왔다고도 말할 수 없다. 그래서 오페라 이야기를 했다고 연막을 폈다. 참고로 어떻게 방으로 돌아왔는지는 전혀 기억이 없다.

그런 이야기가 전해지자, 중의원 내각위원회에서, 당시 민주당의 오자와 사키히토小澤鋭仁 씨가 〈사랑의 묘약〉을 관련지어 디플레이션 대책에 대해 질문했다. 고이즈미 수상은 '디플레이션으로는 안 된다'고 답변했다. 오페라 팬인 수상은 내가 말한 것을 잘 이해해 주었던 것이다.

그러나 수상 답변 도중에 '그럼에도 물가가 하락해 좋아하는 사람도 있다'는 아마도 '본심本音'이 나와 버린 것 같은데, 그것을 오자와 씨가 추궁한 일도 있었다. 그러한 흥미로운 대화를 포함해, 이때는 국회에서 '디플레이션은 악'이라는 전제로 그에 대한 대책이 진지하게 이야기되고 있었던 것이다.

그런 일이 있었기 때문일까. 그 후, 일은의 신 총재에 후쿠이 도시히코福井俊彦 씨가 취임했다. 후쿠이 씨는 디플레이션 탈각을 고이즈미 정권에 약속했다고 한다. 이는 내가 예상한 부분으로, 자민당 간사장을 지낸 나카가와 히데나오中川秀直 씨가, 약속이 실제로 있었다고 증언하고 있다.

나카가와 씨가 '디플레이션 탈각 국민회의'에서 행한 증언에 의하면, (구체적으로는 전년대비 소비자물가지수가 안정적으로 제로 퍼센트 이상이 될 때까지) 양적완화를 계속하겠다고 약속했다.

긴축으로 전환한 일은의 속셈

후쿠이 씨는 총재로 취임한 2003년부터 3년 정도는 그 약속
을 지켰다. 하지만 나카가와 씨에 의하면, 2006년, 고이즈미 내각
이 끝날 무렵 경기가 조금 나아지게 되니까, 약속을 저버리고 긴
축으로 전환해 버렸다. 아직 소비자물가지수는 마이너스였음에도
말이다.

이건 아마도 일은 맨들이 내부에서 압력을 가했기 때문이 아
닐까? 그리고 시라카와 총재는 일은의 사령탑이라고도 할 수 있
는 기획부의 리더 중 하나였다. 아마도 당시의 경기진행 景氣進
行을 뒷받침하고 있던 제로금리정책을 중지시켜 일본경제를 디플
레이션의 시련으로 되돌린 것은 시라카와 씨를 포함한 일은 간부
였을 것이다.

다카하시 요이치 씨는 당시의 상황을 이렇게 말한다.

"왜 마이너스일 때에 긴축할 수 있었냐면, 사실 당시의 경제재
정담당대신이었던 요사노 与謝野 씨가 고go 사인을 내버렸기
때문입니다. 총무대신인 다케나카 헤이조 竹中平蔵 씨는 반대했
지만, 자신의 관할이 아니었기 때문에 강하게 이야기할 수 없
었다. 일은이 긴축으로 돌아선 2006년의 상황을 좀 더 상세하
게 살펴보면, 그때 소비자물가지수는 0.5의 플러스였습니다.

다만, 여기에는 통계상의 상방上方 바이어스가 있었다. 그 때문에 총무성에 있던 나를 포함한 사람들은 그 해 여름에 개정된 최종적인 숫자가 마이너스가 될 것이라는 사실을 확실하게 알고 있었다. 따라서 "외견상 플러스여도 반드시 마이너스가 될 것입니다"라고 내각에서도 논의했었습니다. 그러나 '마이너스라도 양적완화를 해제해도 괜찮다'라고 요사노 씨는 판단하셨습니다."

다카하시高橋 씨는 또 이런 말도 했다.

"다케나카竹中 씨가 경제재정담당대신일 때는, 후쿠이 총재와 자주 만나 일은에 대해 의견을 교환했습니다. 일은의 결정에 대한 정부의 창구는 재무성과 경제재정담당대신입니다. 만약 일은의 태도가 정부의 의향에 반하는 것이라면, 정책결정 회합 때에, 의결 연기 청구권을 사용해서 결정을 스톱시키는 것도 가능합니다. 다케나카 씨는 그것도 신중하게 검토하고 있었습니다."

하지만 다케나카 씨가 떠나자, 후쿠이 씨도 긴축으로 전환해 버렸다고 한다. 통계가 발표되기 전에 날치기로 일은이 좋아할 만한 긴축으로 전환해 버리겠다는 속셈이었던 것 같다.

2006년의 긴축 이래, 일은은 느슨한 긴축을 꾸준히 계속했다. 그리고 2008년에는 일본도 리먼쇼크에 타격을 받게 된다.

이 당시 일본에서는, 금융기관 등의 손상이 비교적 적었다.

일은이 행한 느슨한 긴축으로 버블이 과도하게 진행되지 않았기 때문이다. 이는 일은정책의 장점이었다고 할 수 있다. 하지만 커다란 금융위기가 일어나 엔고가 급하게 진행되었음에도 불구하고, 그 뒤에는 어떤 금융적 대응도 하고 있지 않다. 시라카와 총재가 예전에 논문으로 쓴 '환율의 화폐적 결정이론'을 잊었던지, 완전히 무시한 것이다.

엔고가 되는 것은 알고 있었고, 실제로 엔고는 진행되었다. 하지만 디플레이션이 되는 것을 좋아하는 DNA가 그것을 이겨내고 엔고를 방치했다고밖에 할 수 없을 것 같다. 그 엔고는 국민에게 큰 타격을 주었다.

반복하지만, 나는 요사노 씨에게 개인적인 감정 따위 없다. 과거에, 적은 기회이기는 하지만, 실제로 이야기를 들은 인상으로는, 센스가 있고, 논리도 상당히 깔끔했다. 많은 사람을 끄는 매력이 있었다. 나의 학자 친구 중에도 요사노 팬이 많다. 사람 됨됨이에 반해 요사노 씨의 그릇된 경제학설에 귀의해 버린 학자도 있다. 그런 의미에서 요사노 씨에게는 인덕이 있다.

단지 경제재정담당대신으로서 일은을 금융긴축으로 전환시켜버린 행위에는 커다란 책임이 있다. 더구나 그는 일은을 너무 옹호하고 있다. 걱정이 될 정도로 일은을 극구 칭찬한다. 그런 대신은 달리 찾아볼 수 없다.

예컨대, 2009년 5월, 후지TV의 '신보도 新報道 2001'이라는 프로그램에 요사노 씨가 출연했을 때에는, 노벨경제학상 수상자인 폴 크루그먼과의 대담에서 '일본은행은 할 수 있을 만큼의 일을 해주고 있다'고 노골적으로 감사하고 있었다.

일은의 긴축 전향은, 현재의 일본경제에 있어서 가장 필요한 '약'인 화폐, 그리고 신용 공급을 어렵게 만드는 정책이다. 요사노 씨는, 일은이 국민에게 줘야하는 약을 주지 않았음을 절찬하고 있었던 것이다.

다카하시 씨에 의하면, 요사노 씨는, '디플레이션 쪽이 좋다. 인플레이션은 절대악이다. 따라서 물가상승률이 플러스가 되면 악마'라고도 했다.

"하지만 소비자물가지수가 조금 플러스가 되는 것을 악마라고 한다면, 세계 곳곳이 악마 투성이겠네요."

다카하시 씨는 그렇게 말하고 웃었다.

중요한 것이 일은의 조직 방어인가

FRB의 버냉키 의장은 대공황 연구의 전문가, 그것도 세계적인 권위자로 부를 수 있는 인물이다(나도 한 번 만난 적이 있지만, 다카하시 씨가 더 친하다). 리먼쇼크 후, FRB에서는 대폭 밸런스 시트를 팽창시켰다. 말하자면 화폐공급량을 늘린 것이다.

이는 다른 나라에서도 마찬가지였다. 머빈 킹(세계적으로 존경받는 파이낸스 학자)이 총재를 맡고 있는 잉글랜드은행에서는, 미국 이상으로 화폐공급량을 늘렸다. 유럽중앙은행, 스위스나 스웨덴, 그리고 아시아에서는 한국도 금융을 대폭 완화하고 있다. 그 결과 자국 통화의 가치도 하락했다.

그런 나라들에서는 이 정책이 유효하게 작용했다. 적어도 그

러한 정책을 계속하고 있는 중에는, 물가하락을 반전시키고, 미국
에서는 완만한 인플레이션의 우려까지 나왔다. 불황으로부터도
어느 정도는 회복시킬 수 있었던 것이다(선진국들과의 비교는 도표2, 도표4,
도표5에서 설명했다. 발전도상국과 비교해도 일본만이 통화가치가 높았고通貨高, 일본경제만
이 정체하고 있음은 도표3과 제3장의 도표7로 알 수 있다).

하지만 일본만 그렇게 하지 않았다.

'일본은 지금까지의 금융질서가 안정되어 있다. 따라서 그것
으로 충분하다.'

그런 주장을 계속해 온 것이다.

시라카와 일은 총재는, '눈앞의 화단인 금융계만 안정되어 있
으면, 일반 국민이 아무리 실업자가 되더라도 상관없다'고 생각하
고 있는 것은 아닐까.

학생 시절의 그는 총명해서 사람의 고통을 이해하는 차분한
인물이라고 생각했다. 하지만 일은이라는 조직 속에서 일하는 중
에, 실업이나 도산의 고통보다도, 조직 방어의 논리가 중요해져
버린 것일까.

그 결과로서 일어난 것이, 사실 30%나 되는 극단적인 엔고이
다. 수출업자는 가격이 30%나 오른 상품을 팔아야 하는 상황이
되었다.

물론 앞에서 이야기했듯이, 순수하게 수입만 하고 있는 기업
이나, 유니클로처럼 해외생산을 철저하게 하고 있는 기업에게는
메리트가 있다. 하지만 그 유니클로와 경쟁하고 있는 국내 섬유업
자의 입장도 고려해 주었으면 한다. 경쟁상대의 매입 가격이 30%
나 하락하게 된다. 이는 심각한 사태이다.

그럼에도 불구하고, 민주당 안에서는, '예컨대 엔고가 되더라도 수입을 생각하면 싼 제품이 들어오기 때문에 일본경제에 플러스가 되는 측면이 있다'고 말하는 저명한 의원도 있다.

엔고가 각 산업에 어느 정도의 부담을 주고 있는가에 대해서는, 하버드대학의 데일 조겐슨(Dale W. Jorgenson) 교수와 게이오대학의 노무라 고지野村浩二 준교수가 상세하게 연구해 논문을 쓰고 있다. 화폐적 측면이나 금융적 측면의 쇼크 때문에 엔고가 발생하면 기업의 경쟁조건이 변하는데, 그것이 각 산업에 어떻게 영향을 줄 것인가는, 각 산업이 수출입에 어떻게 관계하고 있는가에 의존한다. 두 교수는 그것을 산업연관분석을 이용해 상세하게 분석한 것이다.

그로부터 플라자합의로 엔고가 발생했을 때 일본의 기업이 어떻게 고통받았는지를 알 수 있다. '그 때와 마찬가지이니까 지금의 엔고도 참으세요'라는 방침이라면, 일본에서는 예컨대 샤프나 파나소닉 등의 전기산업이 사라져버릴지도 모른다.

실질환율은, 장기적으로는, 어떤 식으로든 변할 수 있다. 10년 전보다 실질(실효)환율이 높다, 혹은 싸다고 말해도 어쩔 수 없다. 리먼쇼크 전에 대등하게 경쟁하고 있던 기업이, 갑자기 20%, 30%나 불리한 경쟁을 강요당하게 되면 견딜 재간이 없다.

아니 한국과 같이 30%나 원이 싸진 나라와 경쟁하기 위해서는 60% 이상의 불리한 조건이 되고, 그 때문에 엘피다Elpida 가 도산했다. 산업구조나 경쟁력을 구체적으로 생각하지 않으면, 이 기업의 아픔은 이해할 수 없다.

두 교수의 연구가 보여주고 있는 것은, 환율개입을 하지 않는 구실로 사용하는, 재무성 국제국의 '과거 20년의 실질환율은 훨씬 높았기 때문에 괜찮다'는 주장이, 그야말로 틀렸다는 것을 말해준다.

실은 이 그림을 꽤나 전에 재무성의 재무관실에서 본 적이 있다. 그때 충분하게 반론하지 못한 것은 나의 부덕의 소치이다.

훨씬 예전에 재무관이었던 구로다 하루히코(아시아개발은행 총재)는, '엔고가 되면 기업이 고통받아 제품 가격을 낮추기 때문에, 디플레이션이 완만하게 진행한다'는 사실을 데이터로 보여주고 있다. 구로다 씨도 일은 총재 후보로 추천하고 싶다.

과거에도 명목환율이 오르고 실질환율이 급등한 적이 있다. 플라자합의 후, 그리고 1990년대 전반의 불황기, 2000년대 초의 디플레이션 시기인데, 모두 일본 산업이 불황으로 허덕이고 있을 때였다.

산업마다 각각 고통이 다르고, 그것이 일본 수출산업의 운명, 나아가서는 일본경제의 운명을 좌우한다는 사실은, 과학적으로도 알 수 있는 것이다. 그럼에도 엔고가 좋다는 목소리가 드높다……. 이해에 고심하고 있다고밖에 할 수 없다.

간 내각에서 재무상이었던 노다 요시히코 씨도, '환율은 당국의 개입으로 결정된다'고 믿고 있었다고 한다. 환율은 각국의 통화량으로 결정된다는, 학계의, 세계 금융계의 상식을 돌이켜보지 않은 것이다.

그리고 2012년, 노다 씨는 수상으로서 소비세 증세를 밀어붙였다―.

노다 씨는, 정부세입을 증가시키는 것이 유일한 목표이고, 국

민생활이 어떻게 될 것인가에 대해서는 전혀 염두에 두지 않은 것
같다.

제3장

천재 경제학자들이 말하는 일본경제

일본경제가 뒤처진 이유

리먼쇼크 이후의 불황으로 세계에서 가장 타격을 받은 나라
는 어디일까. 그것은, 광공업생산의 하락폭을 국제비교한 결과를
통해 볼 때 일본이다(도표5). 리먼쇼크의 진원지인 미국이나 영국의
손해보다도 일본경제의 손상이 더 크고, 상당히 심각했다.

그 원인은, 돌발한 엔고라는 큰 파도를 일본은행이 팔짱을 끼
고 수수방관하고 있었던 사실에 있다. 당시 대신이었던 요사노 가
오루 씨가, "모기에 물린 정도"라고 말했다고 하니, 무책임하기 그
지없는 발언이 아닐 수 없다.

그 상황은 지금도 여전히 변하지 않고 있다.

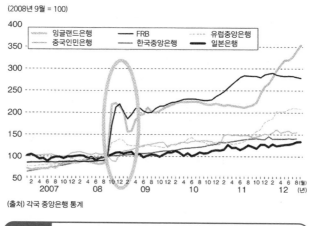

(2008년 9월 = 100)

(출처) 각국 중앙은행 통계

도표 6　　세계 중앙은행의 밸런스 시트

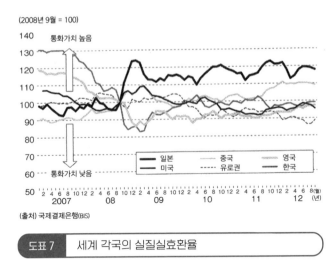

(2008년 9월 = 100)

140 통화가치 높음
130
120
110
100
90
80
70 ▬ 일본   ─── 중국   ▬▬ 영국
60 ··· 통화가치 낮음 ▬ 미국   ---- 유로권   ▬ 한국
50 | 2 4 6 8 10 12 2 4 6 8 10 12 2 4 6 8 10 12 2 4 6 8 10 12 2 4 6 8 10 12 2 4 6 8(월)
       2007   08   09   10   11   12 (년)
(출처) 국제결제은행(BIS)

| 도표 7 | 세계 각국의 실질실효환율 |

도표6은 도표2를 세계로 확대한 것으로, 일본은행의 금융긴
축 정도가 세계에서도 두드러지고 있음을 보여준다. 도표7은 도
표4를 세계로 확장한 그래프인데, 중국을 제외하고, 일본만이 통
화 강세와 싸우고 있음을 알 수 있다. 또한 세계 각국과의 비교라
는 관점에서 일본경제의 정체를 비교한 것이 앞에서 언급한 도표
3이고, 일본경제가 세계의 고아가 되어 있음을 알 수 있다(이들 그림
을 저작으로부터 이용할 수 있게 해 준 와세다대학의 하라다 유타카原田泰 교수, 새롭게 만들
어 준 미쓰이UFJ리서치앤컨설팅[三井リサーチ&コンサルティング]의 가타오카 고시 씨에게 진심
으로 감사드린다).

IMF(국제통화기금)가 발표한 GDP갭을 보더라도 리먼쇼크 이후
일본이 가장 크다. 이 불황의 진원지도 아니고, 수출의존율도 그

렇게 높지 않은 일본의 GDP갭이 가장 큰 것은 왜일까?* 말할 필요도 없이 그것은 일본은행이 금융을 거의 완화하지 않고, 명목환율을 높임으로써, 산업에 과대한 핸디캡을 지웠기 때문이다.

그 책임은 주로 일은에 있다는 것은 본서가 보여주는 바와 같다. 하지만 구태의연한 생각을 믿고 있는 정치가, 관료, 평론가, 학자, 그리고 당국의 자기변호 견해를 앵무새처럼 반복하고 있는 매스컴도 그것을 지지하고 있다.

한 나라에서는 그 생산력을 최대한 사용해서 생산할 수 있는 완전고용에 대응한 GDP 수준이 있다. 그 수준에서 얼마나 현실의 생산이 밑돌고 있는가를 보여주는 것이 GDP갭이다.

---

* 일반적으로 GDP갭GDP gap이라고 하는 것의 정의와 설명은 아래와 같다. 참고하기 바란다. GDP갭은 실제GDP와 잠재GDP 간의 차이를 나타낸다. 잠재GDP는 물가상승률을 가속화시키지 않으면서 달성할 수 있는 최대 생산능력인데, 이와 실질GDP의 격차를 GDP 갭이라고 말한다. 다른 말로는 총생산 갭이라고도 한다. 잠재GDP는 통상 인플레이션(물가상승) 압력이 유발되지 않는 수준의 GDP를 지칭한다. 실제GDP가 잠재GDP를 웃돌아 플러스 수치가 나타나면 인플레이션 갭 Inflation Gap 상태이므로 경기가 과열돼 인플레이션을 가속화할 수 있다. 따라서 총수요를 억제(긴축정책)할 필요가 있다. 반대로 실제GDP가 잠재GDP를 밑돌아 마이너스 수치가 나타나면 디플레이션 갭 Deflation Gap 상태가 된다. 이때는 한 경제가 최대한 생산할 수 있는 수준 이하에서 조업하고 있으므로 유효수요를 증가(확장정책)시켜 성장률을 높이고 인플레이션을 가속화시키지 않으면서도 실업률을 낮출 수 있다.

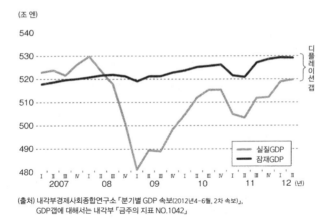

(출처) 내각부경제사회종합연구소「분기별 GDP 속보(2012년4-6월, 2차 속보)」,
GDP갭에 대해서는 내각부「금주의 지표 NO.1042」

도표 8 　실질GDP 및 잠재GDP 추이

　도표8은 이러한 사실을 나타내고 있다. 광공업생산지수는 월별 데이터가 있어서 도표5에서 그것을 사용했지만, 분기별 데이터가 있는 도표8의 GDP 추이는, 일본이 생산할 수 있는 잠재GDP와 비교하면 크게 떨어진다. 매년 생산 가능한 재화와 서비스를 대략 20조 엔 정도 시궁창에 버리고 있는 것 같은 상황이다.

　이러한 디플레이션 갭이 있다는 점을 고려할 때, 일본경제는 회복되어야 한다. 본래의 잠재성장 경로에 접근하기 위해서는, 잠재성장 경로의 자연 증가율보다도 현실의 경제성장률이 커질 필요가 있다.

　하지만 공급능력보다 훨씬 밑에서 일본이 조업하고 있음에도 불구하고, 매스컴이나 이코노미스트는 '일본의 성장률이 개선되었다'고 추켜세운다. 일본은행과 정치가는 이를 금융완화를 막을 구실로 사용한다. 2006년에 양적완화를 이탈했을 때의 일은도 같은 구실을 사용했고, 이미 언급한 요사노 씨나 센고쿠仙谷 씨의 말도 같은 논리이다.

디플레이션과 엔고의 메커니즘

이들 그림에 나타나는 일본경제의 정체가 왜 일어날까를, 경제 메커니즘의 생리학, 즉 경제이론을 사용해서 요점만 간단히 설명하기로 한다.

각국이 리먼쇼크의 격화를 방지하기 위해 금융확대를 실시하는 와중에, 일본만은 다른 길을 걸었다. 세계 통화 중에서 엔만이 희소해지고 명목환율은 급상승했다. 그렇게 되면 당연히 엔고가 나타나게 된다.

이에 대해서는 아다치 세이지安達誠司 씨의『엔고의 정체』(고분샤)가 상당히 알기 쉽게, 또 정확하게 설명하고 있다.* 통화 거래의 세계에서는 소로스 차트(Soros chart, 도표9 참조)라고 알려져 있는 상당히 간단한 관계, 즉 두 나라 사이의 환율은 양국 통화량의 비율에 의해 결정된다는 내용이다.

---

* 安達誠司,『円高の正体新書』, 光文社, 2012年.

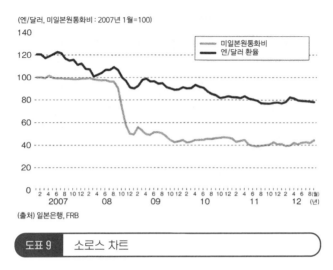

(엔/달러, 미일본원통화비 : 2007년 1월=100)

- 미일본원통화비
- 엔/달러 환율

(출처) 일본은행, FRB

도표 9 소로스 차트

예컨대 엔 달러 환율은 일본과 미국 통화의 교환비율이기 때문에 일본의 통화량이 증가하면 엔저(=엔 약세)가 되고, 미국의 통화량이 증가하면 엔고(=엔 강세)가 된다. 이는 조지 소로스가 통화시장에서의 투기에 사용했다고 알려져 있고, 예전에 시라카와 총재가 일본에 가지고 온 '국제수지의 화폐적 접근'으로 알려진 것이다.

단, 이 관계는 제로금리 때에는 다소 약해진다. 그것은 이론적으로도 명확하다. 통상 일본의 화폐량 증가는 금리를 낮추어 엔의 수익률을 감소시키기 때문에 엔저를 초래한다. 하지만 제로금리하에서는 금리가 이 이상 떨어지지 않기 때문에 수익률을 통한 이러한 효과는 작용하지 않는다.

어찌 되었건, 리먼쇼크 후, 영미가 소위 긴급피난의 방편으로 엄청나게 통화량을 증가시켰지만, 일본은행은 무대책 그대로였다. 그 때문에 엔의 품귀현상이 나타났고, 다른 통화에 비해 가치가 상승한 것이다.

일은은 러일전쟁의 육군인가

현행 금융정책, 그 무대책을 생각할 때, 머리에 떠오르는 것이 러일전쟁 때의 일이다.

시바 료타로司馬遼太郎의 명저『언덕 위의 구름』(문예춘추)에 상세한데,* 노기 마레스케乃木希典 장군이 이끄는 만주군 제3군은 여순 요새를 정면에서 공략하고자 인해전술로 일관한 결과, 장군의 아들을 포함하여 많은 인명을 잃었다. 요새를 내려다볼 수 있는 공격의 기점이 되는 203고지를 공격하려는 해군과 기타의 의견이 있었지만, 그곳 육군의 지휘권을 노기 대장이 쥐고 있었기 때문에, 쓰시마해전對馬海戰** 발발 직전까지, 별 이득이 없는 인해전술이 계속되고 있었다. 고다마 겐타로兒玉源太郎 만주군 참모장이 현지를 방문하여 육군을 설득할 때까지, 203고지 공격 작전이 실행되지 못했다고 한다.

* 시바 료타로의 『언덕 위의 구름』은 원래『산케이신문』에 1968년 4월 22일부터 1972년 8월 4일까지 1296회 연재되었다. 메이지유신을 성공시켜 근대국가로 발돋움한 일본이 러일전쟁에서 승리할 때까지 일본의 발흥기를 소재로 한 소설이다.

** 1905년 5월 27일에서 28일까지 쓰시마 일본 측 해협에서 벌어진 해전이다. 일본은 도고 헤이하치로東鄉平八郎가 이끄는 일본의 연합함대가 러시아의 발트함대를 격파했다. 쓰시마해전 직후 일본은 미국에 중재를 의뢰했고, 그 결과 포츠머스조약이 체결되어 일본이 크게 이익을 얻었다.

본서의 커다란 메시지는, 금융정책을 잘 사용하면, 지금 일본 경제가 힘들어하는 디플레이션, 엔고, 불황, 공동화와 같은 문제를 해결할 수 있음에도, 금융정책을 독점한 일본은행이 금융정책의 사용을 거부하고 있다는 점이다.

이와타 기쿠오 씨나, 자민당 내 경제원칙을 이해하는 의원이 아무리 그렇게 하자고 주장하더라도, 1998년에 시행된 신일은법 하에서는, 일본은행에 금융정책의 권한이 집중되어 있기 때문에, 일은 총재가 결단하지 않는 한, 금융완화정책은 채용되지 않는다. 일은 총재는, 시바 료타로가 묘사하는 러일전쟁의 노기 장군과 비슷하다.

참고로 러일전쟁에서는, 병사들 사이에서 각기병이 대유행했다. 그 때문에 많은 병사들이 생명을 잃었다고 한다. 각기병의 원인이 비타민 B1의 결핍이라는 것은, 지금은 잘 알려진 사실이다.

해군의 다카키 가네히로高木兼寛 군의는 보리밥을 먹으면 각기병에 걸리지 않는다는 사실을 발견했고, 그 이후, 해군에서는 각기병에 걸리는 병사가 줄어들었다. 그러나 육군에서는 군의총감이었던 모리 오가이森鷗外가, 각기병은 세균 감염으로 발생한다고 믿고 있었다. 그래서 병사들에게 보리밥을 주는 것에 반대했다고 한다. 그 때문에 러일전쟁에서는 최종적으로 2만 7000명 이상의 육군 병사가 각기병으로 죽었다고 한다(물론 이 사실이 오가이의 문학자로서의 공적을 전혀 깎아내리지 못한다).

이와 같이 직면하고 있는 문제에 올바른 해결책이 있음에도 불구하고, 나라나 조직의 리더가 그것을 알지 못하고, 혹은 알고 있다고 해도 무시하는 태도를 취하는 이상, 되돌이킬 수 없는 참상을 일으키게 된다.

현재의 불황도, 병이나 전쟁과 유사한 점이 있다. 디플레이션 때문에 불황이 심화되고, 도산이나 실업으로 자살하는 사람도 늘어난다. 세상을 비관하여 전차에 뛰어드는 사람은, 일종의 전병사자戰病死者라고 할 수 있지 않을까. 그리고 리더의 선택 여하에 따라 그 희생을 줄일 수 있다.

지금의 나에게는, 슬픔과 무력감이 있다. 고집스러운 일은과 논쟁하여 지고 싶지 않다고 한 한 학자의 프라이드 문제는 아무래도 상관없다. 그러나 무지한 정치가나 중앙은행 간부 때문에, 기업 수익이 떨어지고, 도산이 증가하며, 많은 사람이 직업을 잃고 있는 것은 틀림없는 사실이다. 현재의 경제학에는, 그 쓰라린 결과의 전부는 아니라고 해도, 그 대부분을 구할 수 있는 지혜가 담겨 있다.

일본경제에 대한 손실을 최소화하기 위해, 올바른 경제학을, 정치가, 관료, 그리고 때때로 잘못된 경제학을 흘려보내고 있는 이코노미스트나 매스컴도 좀 알았으면 좋겠다. 그렇지 않으면, 고생해서 200여 년의 전통 있는 경제학을 진지하게 배우고, 연구한 보람이 없어진다.

자국 우선은 세계경제에도 플러스로

2011년 1월에 미국을 방문한 중국의 후진타오胡錦濤 국가주석의 성명은 '미국의 금융확대 실시는 중국에게 민폐였다'는 내용이었다.

현재 중국경제의 고민은 높아지는 인플레이션 압력이다. 형식상은 중국도 변동환율제를 취하고 있지만, 인민폐 人民元 절상을 거부하고, 고정환율제와 거의 같은 운영을 하고 있기 때문에, 수입 인플레이션을 막을 수 없다. 하지만 이런 상황은 통화인 원 元을 충분히 절상시키고 금융을 긴축하게 되면 자력으로 해소할 수 있다. 후진타오 주석은 자기 나라에서 대책을 세우지 않고 있음에도 미국을 비난한 것이 된다.

후진타오 주석이 어떤 말을 하더라도, 버락 오바바 대통령이나 버냉키 FRB의장은 신경 쓸 필요가 없다. 왜냐하면 변동환율제 하에서는, 통화정책이 국내문제이기 때문이다. 그렇다고 하면 후진타오 주석도 반론할 수 없다.

여기서, 변동환율제하에서 이루어지는 각국의 평가(통화의 대외 가치) 절하 경쟁이 세계 전체의 파탄을 초래할 것이라는 오해를 풀어보고자 한다.

1930년대 대공황기에 각국은 금본위제를 채용하고 있었다. 당시에는 국내 경기를 걱정하여 금융을 완화할 경우, 금이 유출되어 금 평가를 지킬 수 없게 되고, 따라서 금융확장을 행할 수 없었다. 이러한 '금의 족쇄 足かせ'가 채워져 금융정책을 실시할 수 없게 되자, 이를 막고자 각국은 금본위제를 이탈하였고, 차례로 평가절하와 금융확장을 시행했다.

이와타 기쿠오 씨가 밝혔듯이, 일본도 금본위제에서 이탈하여 경기를 회복했다. 이는 당시의 대장대신 다카하시 고레키요 高橋是清 의 업적이다.

버냉키 FRB의장은 위에서 본 대공황기 세계경제의 권위자이다. 그가 보여주었듯이, 금본위제를 이탈하여 평가절하를 실시한 나라들이 빨리 회복했고, 그와 달리 금본위제에 집착한 나라들의 회복은 늦었다.

변동환율제하에서는, 금융완화를 통해 한 나라가 경기를 자극하고자 하면, 자국 통화의 환율이 하락한다. 무역 상대국의 통화는 절상되고, 상대국의 경상수지는 악화된다. 그것이 소위 불황을 수출하는 것처럼 보이는 효과가 있기 때문에, '근린궁핍화 近隣窮乏化'정책이라는 비판이 생겨나게 되는 것이다.

'근린궁핍화'라는 것은, 각국이 멋대로 환시세를 절하하려고 경쟁하면, 세계 전체가 인플레이션이 될 뿐, 각국은 경기 상승의 이익을 얻을 수 없고, 결국 환 절하 경쟁이 국제금융의 파탄을 낳는다는 논의이다.

이는 1950년대 경제학의 상식이었다. 놀랍게도 일본에서는, 아직도 메이저 신문의 상식이 되어 있다. 그러나 현대 경제학의 견지에서 보면 크게 잘못되었다. 이 영역은, 지금 이 나이에도, 때때로 논문을 쓰는 일이 있는, 나의 전문 분야이다.

변동환율제하에서는, 경기 안정을 위해 바람직한 환율정책이나 금융정책을 취하는 것은, 자국을 위해 필요할 뿐만 아니라, 사실 세계경제의 안정을 위해서도 유익한 것이다.

엔고 시정을 거부하는 일은

이미 1984년, 캘리포니아대학 버클리캠퍼스의 배리 아이컨 그린Barry Eichengreen 교수와 콜롬비아대학의 제프리 삭스Jaffrey Sachs 교수는, 이론과 역사연구라는 두 가지 관점에서, 1930년대에 일어 난 평가절하 경쟁이 세계경제의 파국을 초래하기는커녕 각국의 경제회복에 도움이 되었음을 증명했다.

최근에는 내각부 주임연구관인 오카다 야스시 씨와 내가, 평 가절하 경쟁을 실시함으로써 각국 모두 가장 바람직한 가격상승 률(예컨대 낮은 인플레이션) 상태를 달성할 수 있음을 보였다.

요컨대, 금융완화나 엔고 방지 정책을 일본의 디플레이션과 불황 탈각을 위해 사용한다면, 그것이 세계경제에 활기를 불어넣 는 데 도움이 되는 일은 있어도, 국제금융체제를 파탄시킬 염려는 전혀 없다.

환시세를 절하하고자 하여, 각국이 모두 이기적으로 금융을 확대하여 절하 경쟁을 해 버리면, 세계는 인플레이션에 빠질 것 같지만, 실제로는 자국의 상황을 우선시하는 것은 세계경제에 있 어서도 좋은 것이다. 하지만 현행 일본의 금융정책은, 자국의 이 익을 우선하는 것과는 동떨어져 있다……

외국의 예를 보자. 그리스는 유로권에 있기 때문에, 통화를 절하할 수 없어, 재정위기가 경제 전체의 파탄을 초래하고 있다. 중국은 원元의 절상을 거절하고 있기 때문에 인플레이션을 막을 수 없다.

그리고 그리스나 중국과 달리 일본은, 리먼쇼크에 의한 각국의 초확대정책의 결과 극심한 엔고를 경험하게 되어 디플레이션과 불황으로 힘들어하고 있다. 일본은 변동환율제하에 있기 때문에 자국의 금융정책으로 엔고를 시정할 수 있음에도 일본은행이 그것을 거절하고 있는 것이다.

미국의 유명 교수들이 말하는 일본의 수상함

2010년, 나는 하버드대학의 '일미관계프로그램'에 연구원으로서 참가했다.

어째서 일본의 금융정책은 이렇게도 틀리는 것일까, 정책 당국이 무지하기 때문에 틀리는 것일까, 아니면 정책담당자의 이해관계 때문에 틀리는 것일까 — 이것이 '아베 펠로우'로서 채택된 나의 연구과제였다. 미국은 연령으로 차별하지 않는다. 70세를 넘은 나도, '연구원'으로서 하버드대학을 방문할 수 있다.

이 펠로우십은 아베 신조 씨의 아버지, 아베 신타로安倍晋太郎 전 외상의 업적을 기리고, 그것을 기념하기 위해 설립된 것이다.

채용되자, 젊은 친구들로부터, "하마다 씨 같은 장로가 우리와 경쟁하면 곤란하죠"라는 말을 듣기도 했다. 하지만 우연히도, 내 연구과제와 합치하고 있었기 때문에, 채용될지도 모른다고 보고 응모했던 것인데, 결과가 좋았다.

'서문'에 등장하는 하버드대학의 유명 교수 10여 명을 대상으로 한 인터뷰는 이 장소에서 이루어졌다. 나는 그들에게 현재의 일본경제에 대해 생각하는 바를 이야기해 달라고 했다.

우선 하버드대학으로 가기 전의 인터뷰에서, 폴 새뮤얼슨 Paul A. Samuelson 과 집필한 경제학 교과서가 롱셀러가 된 예일대학의 윌리엄 노드하우스 William D. Nordhaus 교수는, "변동환율제하에서는 재정정책이 작동하지 않고 금융정책만이 효과적이라는 먼델과 플레밍의 논의 Mundell-Fleming model 는, 완전하지 않더라도, 지금까지도 유일하게 의지할 수 있는 이론이다"라고 답해 주었다. 일본의 경제학자는, 내가 보통으로 (또는 예사롭게-옮긴이) 생각하는 경제학의 틀이 정상적이라고 생각하지 않는 것 같다. 그렇게 말해 주면 안심이 될 텐데 말이다.

지금 세계에서 가장 인기가 있는 경제학 교과서의 저자 그레고리 맨큐 Gregory Mankiw 는, 리처드 쿠퍼 Richard Newell Cooper 교수가 소개해 주었다. 그는 이렇게 말하고 있다.

> "현재, 일본이 확대거시정책을 채용해야 하는 것은 당연하다. 디플레이션이 계속되는 이유가 금융에만 있을까, 재정도 영향을 주고 있는 것일까는, 내가 『경제학』에서 썼듯이, 잘 모르는 측면도 있다. 왜냐하면, 제로금리하에서는 금리가 움직이지 않기 때문에, 경제 체계는 교과서판 케인스 체계처럼 되고, 재정의 유효성이 회복해 줄 가능성이 있다."

그리고 공화당의 부시(주니어) 대통령하에서 대통령경제자문위원회 CEA 위원장이었던 그답게, "이 정도로 경기가 나쁘면, 증세는 고용을 더욱 악화시킨다. 돈 있는 사람을 우대한다고 평가되기도 했지만, 부시가 시행했던 감세를 계속 유지해야 한다"고, 2012년

대통령선거에서도 쟁점이 되었던 점을 첨언해 두었다.

리처드 쿠퍼는 동안이지만 국제금융의 중진이고, 외무차관보를 지낸 적도 있는 인물이다. 유럽이나 일본의 사정에 밝다. 복잡하게 얽힌 경제현상을 명쾌한 논리로, 또한 아마추어도 알 수 있도록 설명하는 것이 특기이다. 학회에서도 그가 총괄해 주면, 난해한 논문도 잘 알 수 있게 된다.

2011년에 수개월 동안 하버드에 체재했을 때, 숙소를 구해야 했는데, 쿠퍼의 집이 내 오피스 바로 옆에 있었기 때문에, 비어 있는 방에 기숙하게 해 주었다.

사실 쿠퍼 교수는 예전 예일대학에서 가르친 적도 있고, 내 박사논문의 지도교관이기도 했다. 상당히 운이 좋아 나는 제임스 토빈 교수, 에드먼드 펠프스Edmund Phelps 교수(당시는 준교수, 뒤에 노벨상 수상), 쿠퍼 교수로부터 지도를 받을 수 있었다.

이 세 사람으로부터, 어떤 때는 상냥하게, 어떤 때는 엄격하게, 약 3년 동안 테마의 선택에서 모델 구상 전략, 논문 쓰는 방법까지 하나하나 자상하게 배웠다. 정말 행운이었다고밖에 할 수 없을 것이다.

물론 쿠퍼 교수도 현재 일본경제정책의 오류의 근간이 금융정책에 있음을 곧 이해해 주었다. 또 그와의 공동논문은 일본경제신문이 게재해 주었다.

그 논문에서 우리들은, 변동환율제하에서는 자국의 금융확장이 자국의 경기를 부양함은 물론이지만, 상대국의 금융확장은 자국의 환율을 통해 경기를 억제하게 된다고 설명했다. 그리고 진재 부흥을 위한 재원을 현세대에게만 조달하려는 것은, 병에 걸린 아이에게 짐을 지게 하는 것이라고 논했다.

쿠퍼 교수는, 세금이 사회에 충분히 활용될 수 있게 된다면 사회 전체의 효율성이 높아질 것이라고 주장한다. 예컨대 환경 정화를 목적으로 하는 탄소세炭素稅와 같은 형태로 취하면, 증세가 플러스가 되는 일도 있다고 강조하고 있다.

생산성 향상으로 엔고에 맞설 수 있을까

데일 조겐슨 교수는 투자이론과 생산성 분석의 대가로, 미국 경제학회 회장을 지낸 적도 있는 경제학자이다. 노벨상 후보에도 자주 거론된다. 나카하라 노부유키 씨가 하버드에 유학하고 있던 시절부터의 친구로, 일본 학자에게 매우 친절하다. 변호사인 부인과 함께, 내가 MIT의 신출내기 연구원이었던 시절부터, 찰스강이 내려다보이는 맨션에서의 파티에 몇 번이고 초대해 주었다.

교수는 인터뷰에서 다음과 같이 말해 주었다.

"일본경제가 국제적 경쟁력을 갖기 위해서는, 물론 생산성을 높일 수 있도록 노력해야 한다. 그러나 플라자합의 후나 리먼쇼크 후와 같이 외환시장에 급변이 일어나 엔고가 두 자리 수까지 달했을 때에는, 생산성을 향상시키는 노력만으로는 따라잡을 수 없게 된다.

이는 단순한 경제 전체의 실질환율을 비교하는 것만으로는 알 수 없다. 제품 가격만이 아니라, 산업에 투입된 재화 각각에 대한 환율의 영향을 조사하지 않으면, 기업이 어느 정도 엔고로 인한 피해를 입고 있는지 정확하게 알 수 없는 것이다.

레온티에프의 수법을 적용한 게이오대학의 노무라 고지 준교수와의 공동연구에서, 일본경제, 특히 수출산업은 플라자합의의 엔고 때에 25%, 1995년 초엔고 때에는 무려 78%, 하야미 마사루 일은 총재가 제로금리를 이탈하여 재긴축을 실시하고자 했던 2000년에도 41%나 되는 무거운 짐을 지고 있었다. 기업에 이 정도의 핸디캡이 있으면, 하루하루의 코스트 삭감만으로는 따라잡을 수 없다."

조겐슨 교수와 노무라 준교수의 공동논문을 읽고 생각난 것이, 일본은행과 그 어용학자, 때로는 재무성 국제국에서도 '지금은 결코 엔고가 아니다'라는 이유를 대기 위해 사용하는 실질실효환율의 그림이다. 국제경쟁력 지표 중 하나인 실질실효환율을 보면, 플라자합의 후 엔고가 피크였던 1995년이나 양적완화를 해제한 연도와 비교하면 현재는 높지 않다는 것이, 일은, 때로는 재무성 국제국을 비롯한 일본경제의 중추를 관장하는 사람들의 변명인 것이다.

나는, 지금까지 말한 것과 같은 엔고의 이야기를 했을 때, 두 사람의 학자로부터 "하마다 선생님의 기준 설정 방법은 공정하지 않습니다. 일은이 주장하는 환율은, 1995년과 비교하면 높지 않습니다"라는 반론을 받은 일이 있다. (반론은-옮긴이) 각기 다른 기회에 이루어졌고, 또한 그들은 나의 제자들이기도 해서 친한 사이였다. 조겐슨·노무라 두 사람은 자신들의 공동연구에서 "일본경제가 가장 고통받던 시기에 비하면 지금은 나은 편이다"라고 말하고 있는 것이다.

하지만 1995년은, 조겐슨·노무라 연구에 의하면, 일본의 산업이 제품 가격보다 80% 정도 더 비싼 비용 때문에 힘들어하고 있을 때였다.* 어떻게 학자가 '현재 기업이 안고 있는 무거운 부담은 그때에 비하면 비교적 가벼운 편이니 참으라'고 할 수 있을까. 나는 화가 나서 안색이 변했지만, 동시에 '내 가르치는 방법에 문제가 있는 것은 아닐까'라고 반성할 수밖에 없었다.

실질실효환율이라는 것은, 명목환율을 수출입 가격으로 조절하고, 세계 각국과의 비율을 평균한, 일본기업의 수출 경쟁력 지표이다. 기업은 현재 세계의 경제정세, 현재의 기술로 경쟁하고 있다. 기술이나 수요가 지금과는 달랐던 20년 전과 비교해도 어쩔 수 없다.

리먼쇼크로부터 수년이 지나, 일본의 실질실효환율은 리먼쇼크 직전과 비교하여 약 30%나 올라 있다. 그만큼 해외경쟁의 장벽도 높아져 있는 것이다. 따라서 샤프도 파나소닉도, 그리고 소니도 힘든 것이다.

조겐슨 교수의 직언

조겐슨은 전문가로서 생산성 요인에 주목하지만, 엔고가 일본산업의 경쟁력에 상처를 입혔다는 것도 확실히 이해하고 있다.

---

* 원문은 다음과 같다. "だが一九九五年は、ジョルゲンソン・野村研究によれば、日本産業がコストと製品価格の間の八〇パーセント近い逆ザヤに苦しんでいたときである".

최근에도 일본 정체의 원인이, 환율정책이나 금융정책의 실패였다는 것을, 다음과 같이 지적하고 있다. 다소 길지만 2012년 10월 11일의 로이터 기사를 인용한다(()안은 필자가 보충).

외환시장에서의 엔 시세의 과대평가가, 일본경제의 낮은 퍼포먼스의 주요 원인이라는 사실은 명백하다. 일본은행이 보다 적극적인 금융완화책을 강구하지 않으면, 이 너무 나간 엔고는 일본의 잠재성장력에 있어서 앞으로도 계속 커다란 장벽이 될 것이다.

솔직히 말해 일은은 이런 사정에 대해 중대한 책임을 지고 있다. 금융위기 이후 얼마 되지 않아 미연방준비(제도)이사회 FRB를 추종하여 실질제로금리정책을 부활시켰으나, 자산구입을 늘리고 양적 금융완화의 관점에서 밸런스 시트를 확대하기* 시작한 것은 기껏해야 최근(2012년)에 와서부터이다.

FRB, 유럽중앙은행 ECB, 잉글랜드은행(영국중앙은행)은, 2008-09년 금융위기 중에 밸런스 시트를 확대하는 쪽으로 대담하게 방향타를 틀었다. 그러나 일은은 주요 중앙(중앙은행) 중에서는 유일하게 그러한 움직임에 동조하지 않았다. 그 결과가 엔 시세의 급상승이다.

일은은 그 뒤 뒤늦게나마 양적완화를 시작해 금년(2012년) 2월에는 전년대비 소비자물가상승률 1%라는 사실상의 인플레

---

* 여기서 밸런스 시트를 확대한다는 의미는, 은행이 융자를 실행함으로써 은행 자신의 총자산이 증가하는 것을 의미한다.

이션 목표를 도입했다. 너무 늦었다고까지는 말하지 않는다. 그러나 이 정도로 일본경제가 2008년 이후의 엔고로 입은 초기의 데미지를 회복할 수 있을 것인가 하면, 대답은 '노 No'이다. 다른 주요 중앙은행, 무엇보다 FRB가 보다 적극적인 양적완화를 추진하고 있다는 사실을 생각하면, 일은의 정책은 불충분하다고밖에 할 수 없다.

자산버블의 발생 리스크 등 양적완화의 부작용을 둘러싼 염려가 있음은 나도 이해하고 있다. 그러나 현실의 문제로서, FRB가 (2012년) 9월에 발표한 양적완화 제3탄(QE3)은 실시기간에 대해 기한을 설정하지 않는 상당히 공격적인 것이다. 엔고의 장기 트렌드를 역행시키고자 한다면, 일은에게 주저하고 있을 여유가 없을 터이다. 물론 제로금리하에서 이루어지는 금융정책의 효과를 의문시하는 목소리가 있는 것은 납득할 만하다. 하지만, 주요국 중에서, 일본에 한해서는, 양적완화 부족이 (엔고를 초래하여) 경제성장을 저해하고 있음은 명확하다.

기업 수익악화의 주요 원인을 매니지먼트의 실패에서 구하는 목소리도 많은 것 같지만, 그것도 잘못되었다. 예컨대, 일본 전기電機 메이커의 대부분은 엔이 이 정도까지 과대평가되지 않았다면, 아시아의 서플라이체인 안에서도 훨씬 역할을 확대할 수 있었을 것이다. 이들 수출 섹터가, 금융위기 이후 일은의 실책으로 가장 심한 피해를 입은 것은 명백하다. 환언하면 일은이 보다 강력한 금융정책을 추진하게 되면, 그들이 만회할 수 있는 부분도 크다.

일본기업은 아직 훌륭한 기술과 세련된 제조 노하우, 그리고 능력 있는 인재를 보유하고 있다. 아시아의 서플라이체인 속에서 보다 좋은 포지션을 확보할 수 있으면, 한국이나 대만의 기업을 상대로 훨씬 효과적으로 싸우는 것이 가능할 것이다. 그런 의미에서 나는 일본기업의 장래를 그렇게 비관하고 있지 않다.

그러나 엔의 과대평가를 시정하는 조치 없이 수출기업이 스스로 기사회생할 수 있는 대책을 기대하는 것은 가혹할 것이다. 그들은, 금융정책을 담당하고 있지도, 돈을 찍어 내고 있지도 않다. 전자 제품이나 부품을 만들고 있을 뿐이다.

일본의 실질실업률은 13%나 된다

벤자민 프리드먼Benjamin Friedman 교수는 프랑코 모딜리아니의 수제자로, 종교가 경제활동에 미치는 영향에 대해 연구한 것으로 알려져 있다. 또한 지일가知日家로, 미야오 류조宮尾龍藏 일본은행 정책위원회 심의위원의 하버드대학 시절의 지도교수이기도 하다.

교수는, "확실히 고이치가 말하듯이, 일본의 화폐정책에는 문제가 있다. 그러나 미국의 실업률은 8%나 9%를 기록하는데, 일본의 실업률은 현재 4%대가 아닌가. 따라서 일본에서 금융완화에 대한 압력이 별로 높아지지 않는 것도 이해할 수 있다"고 말해 주었다.

이는 나도 미처 알아채지 못했던 지적이다. 하지만 이와타 기쿠오 씨 덕분에 그 사정을 알 수 있었다.

쇼와공황의 연구를 거듭하고, 리플레이션파의 지도자로서, 세계의 상식에서 볼 때 올바른 거시경제학을 계몽해 온 그에 의하면, 고용조정조성금雇用調整助成金이 일본의 실업률을 낮게 유지하고 있다고 한다.*

내각부가 공표한, 이 조성금 지급 통계를 보면, 어느 정도의 노동자가 그 덕에 실업失業하지 않고 해결되고 있는지 알 수 있다. 고용조정조성금 덕에 고용되어 있는 사람도 실업자로 산입하면, 일본의 실업률은 사실 12%에서 13%로 뛰게 된다.

고용조정조성금의 기능 그 자체에 대한 논의도 있을 것이다. 이 조성금은 정규고용자의 고용을 보호하고자 하는 생각에서 조성되어 있고, 기업이 해고나 휴직을 단념하면 보조금을 받을 수 있는 구조이다. 즉 종신고용을 보호하는 것과 같아서 역으로 젊은층의 고용상태를 악화시킬 우려가 있다.

일본의 사회 안정에 기여할 가능성이 있는 중년층의 고용을 보호하고, 이제부터 기술을 취득할 장래의 일꾼, 즉 청년들에게 취직난이라는 형태로 무거운 짐을 지게 하는 것이다. 요컨대 각 기업이 쓸데없는 고용까지 떠안게 된다는 것이다.

일은에 의한 초긴축정책 때문에, 청년들의 일자리가 없어지고, 그것이 기능이나 신지식의 습득을 막아, 일본기업의 생산성을 깎아 먹고 있다. 이런 일이 장래, 일본경제를 쇠하게 만드는 원인이 된다. 즉, 잠재성장 그 자체에 대해서도 위협이 되는 것이다.

일본은 겉보기에는 실업률이 높지 않지만, 실질적인 실업률은 상당히 높은 상태에 있다. 기업이 사람을 고용하면서 비효율적

---

* 고용조정조성금은 경제상의 이유로 어쩔 수 없이 사업 활동을 축소할 수밖에 없는 사업주가 고용 유지를 도모하기 위해 휴업수당에 필요한 비용을 조성하는 제도이다. 일본후생노동성 HP.

인 일을 하고, 손실을 내면서도, 그것을 조성금으로 버티고 있는 것이 현재의 상황이다.

참고로 미국의 일본경제 연구의 대가이면서, 일은정책위원회 심의위원 시라이 사유리白井さゆり 씨의 스승인, 콜롬비아대학 교수 휴 패트릭 Hugh Patrick 씨도, 나의 금융정책에 대한 의견에 크게 찬성해 주었다.

경제학 천재들의 일본경제 비판

여기까지 소개한 경제학의 대가들 외에도 일본경제에 흥미를 가지고 있는 사람이 있다. 예컨대 노벨경제학상 수상자인 조지프 스티글리츠 Joseph Eugene Stiglitz 와 폴 크루그먼 Paul Robin Krugman 두 사람이다. 스티글리츠와는 예일대학에서, 크루그먼과는 MIT에서 알게 되었는데, 젊었을 때부터 선배를 압도하는 분위를 가진 대수재였다.

스티글리츠는 거시경제학과 미시경제학의 대가인데, 현재의 문제의식은 공정公正의 문제에 있는 것 같다. 미국에서 금융시장의 자유화와 투기활동이 방임되는 상태가 계속되고, 글로벌리제이션이 도가 지나쳤기 때문에, 서브프라임 위기가 발생했다. 따라서 월 스트리트 점거와 같은 움직임이 나오는 것도 당연하다. 이것이 스티글리츠의 세계경제에 대한 인식이다. NHK의 〈Biz플러스〉에서, 그는 이다 가오리飯田香織 캐스터에게 다음과 같이 말했다.

"일본경제는 노동자의 절반이 실업 상태에 있는 스페인과 같은 상황이 아니다. 일본은 미국의 금융자유화, 글로벌리제이션의 움직임을 추종하여 버블을 파열시켰다. 그러나 일본 공업섹터의 생산성은 훌륭하다. 다른 섹터에서의 구조개혁은 상당히 바람직하지만, 제조업의 구조개혁은 그렇게 강하게 주장하지 않아도 괜찮은 정도이다. 제조업의 높은 생산성이 국민의 복지로 연결되도록 해야 한다."

그리고 캐스터의 "어떻게 하면 일본의 고용 정세가 개선될 수 있을까"라는 질문에 대해서는, "여러 가지가 있지만, 우선은 엔 시세를 낮춰서 수출하기 쉽도록 해야 한다"고 말하고 있다. 이것은 완전히 나의 주장과 같다.

폴 크루그먼은 무역론과 산업조직론을 결합한 업적으로 유명한, 정말 천재아天才兒라고 할 수 있는 학자이다. 내가 소소한 이론적 문제에 사로잡혀 있을 때, "고이치, 당신은 보다 정책을 직시할 수 있는 테마를 고르는 게 좋겠어"라고 조언해준 적도 있다.

그는 일본의 금융정책에 대해서는 줄곧 비판적이었는데, 버냉키 스스로가 일본 금융완화의 때늦음을 비판한 뒤, FRB의장이 되고 나서 철저한 완화정책을 취하지 않는 것을 보고, "일은만 비난해서 미안하다. FRB도 같은 오류를 범했으니"라고 한 적이 있다. 그에 대해 일은 맨이 "크루그먼이 사과했다"고 귀신의 머리라도 벤 듯 기고만장해서 말하는 것을 보고, 나는 아연할 수밖에 없었다.

일은의 자화자찬적 체질은 이제는 희극에서나 볼 수 있을 뿐이다.

또한 크루그먼은 PHP의 〈Voice〉에서 다음과 같이 말하고 있다. NHK의 인터뷰 때에도 느꼈지만, '일은류이론'을 선입관으로 갖고 있는 듣는 쪽의 반응도 재미있다. 다음은 내 나름대로 정리한 초록抄錄이다.

우선, 세출 삭감안에 대해서는, "삭감의 3분의 2는 저소득자 층에게 도움이 되는 프로그램 삭감이다. 부유층에 대한 과세를 줄이고, 가난한 사람들에 대한 원조를 줄이는 정책은 어이가 없다." FRB의 QE3(양적완화 제3탄)에 관해서는, "버냉키의 결단은 대찬성이다. 소비자 입장에서 보면 저금리로 론을 꾸리기 쉬워지고, 적당한 정도의 인플레이션이 되면 변제도 쉬워진다. 그렇게 되면 민간 기업도 매출이 늘어나고, 달러의 가치도 떨어지기 때문에, 수출산업도 경쟁력을 갖게 될 것이다. 공화당 측은, 이 정책이 악성 인플레이션을 초래할 것이라고 하지만, 지금 보통의 금융정책으로는 전혀 효과가 없다. 달리 대책이 없다"고 평가하고 있다.

또한 EU통화의 문제점에 대해서는 "단일통화임에도 정부가 하나가 아니라는 점. 약한 나라의 경제를 돕기 위해 강한 나라가 재정을 약화시켜, 유로권 전체에서 어느 정도의 인플레이션을 일으킬 필요가 있다. 그에 대해 강한 나라인 독일이 반대하고 있다"고, 명쾌하게 말하고 있다.

크루그먼은, 일본경제에 대한 대책도, "일본에서는, 근본적으로 저출산 고령화 문제가 있다. 그러나 일본이 3~4% 정도의 인플레이션이 되면 사정은 달라진다. 어떻게 해서 인플레이션을 일으킬 것인가 하면, 돈을 엄청난 추세로 계속 찍어낼 것이라고 약속하는 것이다. 거기에는 장래에 대한 기대가 크게 관계된다"고 말하고 있다.

나는 '엄청난 추세로'라고까지 말하고 있지는 않지만, 그는 일본의 오래된 디플레이션 후에는, 디플레이션 기대를 불식하는 것이 어렵다고 보고 있는 것이리라.

그는 이렇게 계속했다.

"2005년부터 2007년에 걸쳐, 일은이 과감하게 인플레이션율을 플러스로 만들겠다고 약속해야 했다. 그런데도 금융긴축을 실시하고 말았다. …… 형편없는 실책이다."

그러면 만약 그가 일은 총재였다면 어떻게 할까.

"우선 인플레이션 타깃을 공표한다. 일은의 양적완화는 너무 소극적이어서 많이 부족하다. 1%의 인플레이션 목표를 발표한 시점에 (이미), 국민은 거기까지 인플레이션이 발생하지 않을 것이라고 생각하고 있다. 사실은 4%가 바람직하지만, 2%라도 충분히 상황은 변할 것이다. 엔저로 전환시키는 것만으로 장래는 밝아진다."

이 이상 내가 여기에서 덧붙일 것은 아무것도 없다.

경단련이나 동우회는 왜 침묵하고 있는 것인가

엔고로 고통받고 있는 기업, 또 그 결과로 나타나는 주가 하락으로 고통받고 있는 증권회사 등은, 왜 일본경제단체연합이나 경제동우회 등을 통해 정부에 주문을 하지 않았을까.

첫째, 정권이 자민당에서 민주당으로 변했기 때문에, 어떻게 재계의 의향을 정책에 반영시키면 좋을지 잘 몰랐을 지도 모르겠다. 그것이 좋은 것인지 어떤지는 차치하더라도, 자민당 정권 시대, 경단련經團連이나 동우회同友會의 의견은, 어느 정도의 밸런스를 가지고 매끄럽게 정치에 반영되었다. 하지만 민주당 정권에서는, 어떻게 하면 좋을지 몰랐다. 혹은 경제계에 '국민경제를 먼저 생각하자'는 기풍이 퇴색되었는지도 모른다. 그러나 단적으로 말해 재계도 공부가 부족하고 무지했다는 사실 외에는 아무것도 없다.

다카하시 요이치 씨는 이렇게 말한다.

"나의 인상으로는, 현재의 경영 최고위층은, 일정 연령 이상의 분들입니다. 그 사람들의 경험이라는 것은, 기본적으로는, 1990년대보다도 이전의 세계입니다."

'1990년보다 이전의 세계'라는 것은, 변동환율제가 완벽하지 않았고, 금리 자유화가 이루어지지 않고 있던 시대를 말한다. 당시의 경제정책으로서는 재정정책밖에 없었다. 그 때문에 머릿속에 재정밖에 없는 것이리라.

또한 1990년대 이후는 유효한 거시경제정책이 거의 취해지지 않고 있다. 따라서 금융정책이 효과가 있다는 사실이 경영 최고위층에게도 이해되지 않는다.

"요컨대 정치가도 매스컴도 경영자도 고정환율제 시대의 머리만으로 생각하고 있는 것 같습니다."

이렇게 다카하시 씨가 계속 주장하고 있지만, 유감스럽게도, 학자도 이코노미스트도, 거시경제에 있어서 화폐의 역할을 이해하지 못하고 있다.

외환시장 개입으로 발생하는 재무성의 이권이라는 것은

일본은행의 여론조작이 잘 진행되고 있는 것일까, 학자들 중에서도 일은의 책임을 추궁하지 않는 분들이 많다.

하지만 결론은 '물가가 금융정책에 즉각적으로 반응하기 때문에 실물경제가 움직이지 않는다'는 것이 된다. 미국에서 박사학위를 취득하고 돌아온 실물경제의 분석에서는 뛰어난 논문을 쓰는 학자조차도 "화폐는 생산이나 고용이나 과잉설비에는 효과가 없다"고 주장한다. 그런데도 당신네들의 논문이 전제로 하는 것 같이 물가에는 효과가 있을 테지만, 이라고 물으면, "그러니까 나는 장래, 초인플레이션이 되지 않을까 걱정하고 있습니다"라고, 전혀 논거가 없는 일은의 변명과 같은 말들을 늘어놓는다. 국제적으로도 유망하다고 여겨지는 학자가 이런 상태라니 장래가 걱정이 된다.

현재와 같은 디플레이션 상태에서 물가가 상승하는 단계에 도달하기 위해서는 어딘가에서 물가가 안정되는 상태를 경유하지 않으면 안 된다. '마샬의 k'로 알려진 앨프리드 마셜 Alfred Marshall 의 주저 主著 서문에는 라틴어로 '자연은 비약하지 않고'라고 기술되어 있다. 지금까지 인플레이션을 제어하는 것에는 뛰어난 솜씨를 보인 일은에게 있어 그것이 불가능할 리가 없다.

뒤에 상세하게 살펴보겠지만, 고도성장기, 1960년대의 일본경제는 거의 모든 해가 완만한 한 자리 수 인플레이션이었다. 제1차 오일쇼크는 일본을 광란물가 狂亂物價 에 빠뜨렸지만,* 그것도 일본은행은 훌륭하게 안정시켰다.

우리가 상당히 완만한 물가상승률을 목표로 하고 있는 것은, 정말이지, 일본은행이 과거 인플레이션 억제에서 보인 훌륭한 성과를 신뢰하고 있기 때문이다.

---

* 급등한 물가 상태를 가리킨다. 제1차 석유위기를 계기로 그때까지 안정되어 있던 물가가 1973년 이후 2년 내지 3년에 걸쳐 두 자리 수 상승률을 보였다.

'초인플레이션이 되기 때문에 화폐를 내지 않는다'고 주장하는 일은은, 일본은행법에 의한 다양한 특권과, 풍부한 인재를 모두 가지고 있는 자기 조직에 대해, 스스로 불신임을 표명하고 있다고밖에 말할 수 없다.

구태의연한 생각의 경영자도, 실은 외환 시세에는 상당한 관심을 가지고 있다. 다만, '외환 시세는 개입으로 변한다. 그 권한을 재무성이 가지고 있다'고 믿어버린다. '외환 시세는 금융정책에 의해 변한다'는 이론이 거의 알려져 있지 않은 것이다.

이 이론은, 예전에 시라카와 마사아키 일은 총재가 시카고대학에서 배워 일본에 가지고 온 것으로, 현재는 상당히 일반화되어 있다. 그보다 이전의 일인데, 나의 게임이론에 의한 국제금융 연구도, 이 이론의 틀에 의한 것이다. 세계 어디에서나 누구나 사용하고 있는 틀이다.

하지만 웬일인지 일본에서는 지식인도 유식자도 이코노미스트도, 그리고 많은 학자들도 '외환 시세에는 금융정책이 효과적이다'라고는 말하지 않는다. 하물며 재무성은 절대로 말하지 않는다.

"재무성 안에서도, 이 이론을 알고 있는 사람은 있지만, 절대로 말하지 않습니다"라고 다카하시 씨는 말한다.

"왜냐하면, 개입 이외에 외환 시세 조절 수단이 있다는 것이 널리 알려지면, 재무성의 권한을 잃어버리지 않을까 걱정하고 있기 때문이다. 또한 그 권한을 배경으로 해서 낙하산 인사도 있는 것이다……."

재무성에 의한 외환 개입은, 외환시장에, 물론 어느 정도의 영향을 준다. 그러나 다카하시 씨가 쓴 기사나 서적을 읽으면, 그 이권으로 몇 퍼센트인가 돈을 버는 자가 있다고 한다.

재무성이 가진 외국환특별회계 그 자체가 말하자면 하나의 커다란 펀드이다. 그것을 각 금융기관이 운용하고 있다. 그것을 사용하여 재무성이 외환 시세에 개입하면, 운용하고 있는 금융기관에 수수료와 같은 형태로 이익이 발생한다. 더구나 그것은 100조 엔×몇 베이시스 포인트(0.01%)*라는 수준으로 상당히 거액의 이익이 되는 것이다.

변동환율제를 채용하고 있는 선진국에서, 이 정도로 큰 펀드를 가지고 있는 나라는, 일본 외에는 없다. 일본은 있을 수 없는 일을 하고 있는 것이다.

만약 금융정책으로 외환 시세가 변하는 것을 이해하고 있다면, 이론적으로는 일본은행에 맡기면 된다. 그것을 하지 않는 것은, 재무성의 이권을 필두로, 상기와 같은 이유가 있기 때문일까.

내가 다카하시 씨와 약간 다른 것은 (소소한 것이지만) 다음과 같은 점이다.

재무성의 외환 개입은, 그에 걸맞는 금융정책이 채용되지 않으면 유효하지 않다는 다카하시 씨의 지적은 옳다. 그러나 재무성의 개입으로 환율이 변한다고 생각하고 있는 시장 관계자나 국민도 많기 때문에, 재무성도 때로는 개입을 시사하거나 실제로 개입하거나 해서, 정부가 엔고를 저지하려는 태도를 국민에게 시그널로서 전달해도 괜찮지 않을까. ― 나는 그렇게 생각한다.

2003년부터 2004년에 걸쳐 재무성 재무관인 미조구치 젠

---

* 베이시스 포인트basis point 는 이율을 나타낼 때의 1/100퍼센트를 가리킨다.

베溝口善兵衛 씨(현 시마네현島根縣 지사)는, 미국의 존 테일러 재무차관과 휴대전화로 연락을 취하면서, 거액의 달러 개입을 행했다. 하지만 현재의 재무성은 거의 본격적인 개입을 하고 있지 않다.

미일美日 기자의 경제원칙 이해 수준

지금까지 반복해 왔듯이, 일본의 거시경제정책은 상당히 왜곡된, 너무나도 고립되어 있는 상태에 있다. 다른 나라에서는 당연하게 생각되고 있는 경제원칙, 즉 경제학 200여 년의 축적을 무시하고 있기 때문이다.

경제학의 상식에 의거하여 적절한 (환언하면 당연한) 정책을 취하는 일 ― 그것만으로 일본은 부활한다. 그것을 좀처럼 하지 못하고 여기까지 온 것은 일은이나 정치가들, 거기에 학자나 매스컴이 너무나 '패거리 논리身內の論理'에 집착하여 자신이 소속되어 있는 조직의 이해만을 생각하고, 자기 멋대로의 틀로만 경제를 생각했기 때문이다. 그렇게밖에 생각할 수 없다.

그러면 해외의 경제학자들은 경제학의 현상을 어떻게 보고 있는 것일까.

내 인터뷰 경험으로는, 화폐의 효과를 고려한 거시경제의 견해는, 예일대학의 윌리엄 노드하우스William Dawbney Nordhaus, 이하 하버드대학의 데일 조겐슨Dale Weldeau Jorgenson, 그레고리 맨큐, 벤자민 프리드먼Benjamin Morton Friedman, 로런스 로버트Lawrence Robert Klein, 제프리 프랑켈Jeffrey Alexander Frankel 교수의 사고틀이 일치하고 있다.

그뿐 아니다. 《월 스트리트 저널》이나 《파이낸셜 타임즈》 등의 주요 언론도 금융정책으로 물가상승률을 좌우할 수 있고, 달러 시세도 변화한다는 전제하에 논의하고 있다.

이 책을 쓴 것은 버락 오바마 Barack Obama 와 밋 롬니 Willard Mitt Romney 가 대결하는 미국 대통령선거가 한창 진행 중일 때였다. 차라리 민주당 쪽에 가까운 《뉴욕 타임즈》와 비교하면, 공화당계였다고 알려진 《월 스트리트 저널》에서도, 그 사설이나 칼럼은 'FRB 가 금융완화를 강화하면, 물가나 달러 시세에 효과가 있다'는 세계 경제학을 대전제로 하고 있었다.

공화당은, 그 효과가 '물가나 외환 시세에 너무 효과가 좋아서 인플레이션을 재발시키는 데 비해, 실업해소로 얻을 수 있는 이익이 너무 적다'고 생각하고, 금융완화에 소극적이다. 공화당의 로널드 레이건 Ronald Wilson Reagen 대통령 시절에 대통령경제자문위원장을 맡고 있던 펠드스타인 Martin Feldstein 교수도, 2012년 가을 상황에서는, 금융정책을 더 이상 확장하지 않는 것에 찬성하고 있다. 그러나 금융완화파가 아닌 그조차 일은의 금융부작위 그림을 보았을 때는, "일은이 이 정도까지 보수적이었지 몰랐다"고 놀랐다.

한편 민주당은 실업이나 불황을 완화하기 위해 금융정책을 활용하고자 하고 있다. 그러나 모두 경제학의 원칙인 '화폐자극이 물가나 외환 시세에 영향을 미친다'라는 경제의 대원칙을 이해한 뒤에 FRB가 금융완화를 행해야 하는지 어떤지를 논하고 있는 것이다.

하지만 일본의 《아사히신문 朝日新聞》, 《요미우리신문 讀賣新聞》, 《니혼케이자이신문 日本經濟新聞》 같은 주요 언론은, 그리스 위기 등을 전면에 내세우지만, 외환 시세의 중요한 결정요인인 각국의 금융정책은 기사화하려 않는다.

유로의 위기는 확실히 외환 시세에 영향을 준다. 그러나 일본만으로는 어떻게 할 수 없다. 하지만 일본 국내의 금융정책은, 일은이 마음만 먹는다면 (밸런타인데이의 정책 변경에서 보았듯이), 그날로 효과를 나타낸다.

미국과 일본의 기자나 논설위원들, 이들의 경제원칙 이해 수준에는, 하늘과 땅만큼의 차이가 있는 것이다.

청년에게 인센티브를 주지 않은 결과

과거의 일본경제, 특히 그 GDP의 경위를 보면, 성장으로 각광을 받고 있던 일본경제가 이상해지고 있는 것은 확실하다. 다른 나라들은 그렇게 보고 있다. 금융정책이 필요한 것은, 그들에게 있어서는 상식이다. 일은이 금융정책에 대해 이렇게도 엉거주춤한 태도를 보인다는 것은, 해외에서 볼 때 믿을 수 없는 것이리라.

나 자신, 일본에 돌아와 놀란 것은, 젊고 우수한 경제학자들이, 디플레이션 문제에 대해 충분히 이해하고 있지 않다는 것이다.

디플레이션과 그 폐해에 대해 말하면, "디플레이션의 원인은, 거시경제정책이나 금융정책의 오류가 아니라, 구조적인 것"이라고 하는 사람, 또 이미 서술했듯이 "금융완화를 계속하면, 이대로는 언젠가 어딘가에서 하이퍼인플레이션이 되고 만다. 그것이 걱정"이라는 사람도 있어 놀랐다. 모두 자신의 영역에서는 우수한 업적을 내고 있는 학자임에도 그렇다.

어디까지나 일반론이지만, 걱정스러운 것은, 일본에서는 젊은 사람들이 놓여 있는 지적 자극이나 경쟁 시스템이 잘 기능하고 있지 않은 것은 아닐까 하는 점이다. 현실적으로 미국의 일류대학, 그 경제학계의 대학원에는, 일본인이 좀처럼 입학할 수 없게 되어 버린 것 같다.

거기에는 일본 청년의 '내향적' 경향도 작용하고 있을 것이다. 현재 상황을 보건대, 미국 대학에서는, 중국인 청년 쪽이 영어도 잘하고, 무엇보다 열심히 공부한다(물론 예외도 있지만). 인도나 한국에서 온 유학생도 마찬가지이다.

이대로 가면, 일본은 학술이나 기술적인 측면에서, 세계의 최첨단을 따라갈 수 없게 될 가능성이 있다. 그 원인으로서 생각되는 것은, 청년에게 부여된 인센티브 문제이다. 어쩌면 일은에 비판적인 내용을 말하지 않는 경제학자가 많은 것도, 그런 사실과 관계가 있는 것일지 모른다.

2010년, 와카타베 마사즈미 교수와 함께 나와『전설의 교수에게 배워라!』를 공저한 가쓰마 가즈요 씨는 이렇게 말하고 있다.

"사실은 실업계도 완전히 같은 상황이어서, 과거 20년, 주목할 만한 기업이 성장하지 못한 것이, 항상 논란이었습니다. 한쪽에서 휴대폰 계열이라든가, 인터넷 계열이 발흥하고 있는 것 외에는, 성실하게 성장한 기업은 상당히 적습니다. 그렇다면 산업의 신진대사가 일어날 수 없다고 생각합니다. 일본에서는, 시스템적으로 새로운 성장 기업을 낳는 구조가 아닌 것 같습니다."

예일대학의 정치학 조교수였던 사이토 준齋藤淳 씨는 세계에 발신할 수 있는 그런 청년을 키우기 위한 영어학교英語塾를 일본에 개설해 운영하고 있다. 또 내가 『재팬 애즈 넘버원Japan as Number One』이나 『덩샤오핑과 중국의 전환』을 쓴 에즈라 보겔Ezra Feivel Vogel 교수가 시작한* '보겔주쿠'**를 예일대학에서 시도해 보려고 하는 것도, 주체성을 가지고, 그러므로 세계에 당당하게 의견을 주장할 수 있는 일본인을 키우고 싶을 뿐이지 다른 이유는 없다.

그러면 왜 일본의 청년 에너지가 줄어들어 버린 것일까? 다음 장에서는 새로운 파워가 나오기 어려운 원인을 생각하기 위해, 나의 학생 시절을 돌아보면서, 학문의 국제화가 왜 중요한 것인지에 대해 기술해 보기로 한다.

어디까지나 개인적인 체험으로, 사사로운 일이어서 미안하지만, 참고가 되었으면 한다. 이것도 일본경제의 부활을 절실하게 바라기 때문이라는 노파심에서 나온 것이다

* 원문은 '暖簾を借り受けた'라고 되어 있다. '노렌暖簾'이라는 것은, 보통 상점에서 상호를 그려 넣어 입구나 처마 끝에 걸어 놓는 천을 말한다. 에도시대 일본에서는 오랫동안 한 상점에 봉공한 점원이 그 노고와 능력을 인정받아 별도의 점포를 차리게 될 때 같은 상호를 쓸 수 있도록 해 주고, 단골도 일부 나누어 주었다. 이를 '暖簾を分ける'(노렌을 나누어 준다)라고 하는데, '분점을 차려 준다'는 의미를 갖는다. 따라서 본문에서 이야기하는 내용은, 보겔 교수가 시작한 '보겔주쿠'를 보겔 교수의 용인하에 하마다 교수가 예일대학에서 시도했다는 뜻이 된다.

** 원문은 'ボーゲルはまだ塾'라고 되어 있어 직역하면 '보겔은 아직 주쿠'로 되어 있는데 보통 '보겔주쿠塾'로 불린다. 에즈라 보겔은 일본에서 『Japan As Number One』이라는 책으로 유명한데, 그는 보스턴에서 공부하는 일본인을 위해 자택을 개방하여 공부할 수 있도록 배려해 주었다고 한다. 이렇게 일본인 학생들이 보겔 교수와 모이는 이 과외활동 모임을 보겔주쿠塾라고 불렀던 것 같다. 이 보겔주쿠는 일본에서 정치인들의 요람이었던 쇼카손주쿠松下村塾에 빗대어 하버드판 쇼카손주쿠라 불리고 있다. https://his-kosodate.hatenablog.com/entry/2018/11/17/130521 (검색일 : 20190813)

제4장

그래도 경제학은 일본을 구한다

'바보들의 벽'을 만드는 일본의 대학

내가 태어난 것은 1936년 1월 8일이다. 우연이겠지만, 엘비스 프레슬리가 태어난 딱 1년 후이다. 그해 2월에 2·26사건이 일어났다.* 모친은 젖먹이였던 나를 안고 눈이 내리는 계엄령 속에서 상당히 마음 졸였던 기억이 난다고 했다.

또한 1936년은 경제학의 역사에서 상당히 중요한 해이기도 하다. 역사적인 명저『고용 이자 및 화폐에 관한 일반이론』(존 메이너드 케인스)이 출판되었기 때문이다. 그래서 나는 '네이티브 케인지언'이라 자칭하기도 한다.

도쿄대학에 입학한 것은 1945년이다. 들어간 것은 법학부였다. 고교생일 때는 자연계(理數系) 학문, 그중에서도 특히 수학에 흥미가 있었기 때문에, 주변 사람들은 왜 내가 문과계 학부에 들어갔는지 이상하게 생각했던 것 같다.

문과계에 진학한 내 심경은, 아버지가 전문으로 하고 있던 철학, 역사, 문학 같은 것에 왠지 모르게 매력을 느끼고 있었기 때문이다.

대학 교양과정인 문과에서는 법학부로도 경제학부로도 진급할 수 있었다. 그런데 법학부를 선택한 것은 내 적성을 고려할 때 잘못되었던 것 같다.

---

* 1936년 2월 26일에서 29일까지 도쿄東京에서 국가개조를 지향하는 육군 청년장교가 육군부대를 이끌고 반란, 쿠데타를 시도한 사건이다. 26일 이른 아침에 봉기한 뒤 27일 도쿄에 계엄령을 발령했다. 하지만 28일 반란부대는 '소요부대'로 간주되어 천황이 원대 복귀 명령을 내렸다. 29일에 반란이 진압되었고, 주모자 19명은 총살되었다. 3월에는 통제파統制派가 사건을 이용하여 하야시 센주로林銑十郎 등 황도파皇道派 지도자 4명을 추방하고 발언권을 강화하였다.

법학부 공부는, 어떻게 해서든 '(어떤 목적을) 위해서 하는 이론'을 만드는 것이다. 법 이론은 자신의 주장을 정당화하기 위해 존재한다. 물론 그것은 중요한 일이다. 자신을 어떻게 잘 정당화할 것인가는 인생의 풍파를 넘기 위해서 중요하고, 정부도 자신들의 정책을 정당화하지 않으면 안 된다. 법학 공부는 물론 많은 사람들을 곤경에서 구하는 지혜가 될 수도 있다.

법 이론의 성격은, 재판의 예를 끄집어내면 일목요연하다. 민사에서는 당사자들이, 형사에서는 검찰과 피고가, 각자 자신의 주장을 위해 최선의 논리를 생각해 내려 한다.

하지만 경제이론은 그것만으로 끝나지 않는다. 일본은행이 "인플레이션 목표는 디플레이션에 효과가 없다"고 주장하려고 해도, 사람들의 기대 등을 통해, 2012년 2월 14일의 정책 변경과 같이, 금융이 현저하게 유효해지는 일도 있는 것이다.

어떻게 정당화할 것인가가 아니라 엄연한 사실이 거기에 있다.

이야기를 법학부 시대로 돌리면, 가와시마 다케요시 川島武宜 교수에게 민법을 법률로서만이 아니라 사회과학으로서 배운 것은 행운이었다. 선생님의 전공은 법사회학으로, 입회권 入會權 이나 다노모시코 賴母子講*와 같은 실례를 들어 법률의 사회적 역할을 잘 설명해 주셨다.

독일의 사회학자 막스 베버 Max Weber 는 "관리가 되려면 법률을 공부하라"고 했다고 한다. 왜냐하면 관리에게는, 방대한 자료에 매몰되지 않고, 그것을 계통에 맞춰서 정리하고, 논쟁할 수 있

---

* 우리나라의 계 契와 유사한 서민금융의 일종이다.

는 능력이 필요하기 때문이다. 법률을 배우면, 확실히 그런 능력이 몸에 붙는다.

나는 작문은 잘하지 못했지만, 법학부에서 배우고 나서는 문장 쓰는 것이 두렵다고 생각한 적이 없다. 이 점에 관해서는 법학부에서 배워서 좋았다고 생각하는 점 중 하나이다.

또한 가와시마 선생님께서는 "아이디어의 독창성은 많이 유추類推하는 것에서 생겨난다"는 것도 배웠다. 다른 곳에서 연구되고 있는 것이라도 자신에게 전혀 관계가 없는 것은 없다. 오히려 도움이 되는 경우가 많다.

나는 다른 사람의 연구발표를 들을 때, 강연자에게는 실례이지만, 그것을 확실히 이해하고자 하기보다도 '이 뛰어난 작업에서 자신의 문제에 대한 해결법이 발견되지 않을까'라는, 말하자면 욕심쟁이의 견지에서 듣는다. 다른 사람의 작업으로부터 유추하는 것이 도움이 될 때가 있기 때문이다.

내가 배운 도쿄대학은 일반교육에 힘을 기울이고 있어 다각적인 시야에서 교육하는 교양학부에서 뛰어난 졸업생을 배출하고 있다. 그러나 대다수의 대학에서는 입학 때에 전공을 고정하는, 소위 다코쓰보식* 교육이 이루어지고 있다. 그렇게 해서 태어나는 것이, 옛 친구 요로 다케시養老孟司 씨가 말하는 '바보들의 벽'이다.

---

* 다코쓰보蛸壷는 문어나 낙지를 잡는 항아리를 이야기한다. 여기서 다코쓰보식이라고 하는 것은, 특히 기업에서 찾아볼 수 있는 폐쇄적인 업무환경을 의미하는 단어이다. 일반적으로 외부세계의 상황에서 격리되어 변화에 대응할 수 없게 되는, 무사안일주의로 흐르게 되는, 다소 부정적인 의미로 쓰이는 말이다. weblio 辭書.

그것이 각 학문영역 사이에 생겨 버리는 것이다. 환언하면 '전문 바보'를 만들어 버린다.

그에 대해 미국의 '리버럴 아트(인문과학·자연과학·사회과학)' 컬리지 교육에서는, 전공을 자신의 적성에 맞춰 시간을 들여 선택할 수 있다. 전문영역에 관한 교육의 밀도에서는 부족한 경향이 있지만, 나중에는, 전공 이외의 연구자와도 지적 흥미를 가지고 대화할 수 있는 능력이나, 학술적 연구능력을 배양할 수 있다는 메리트가 있다.

법학부 졸업 후 경제학부로 옮긴 이유

법학부에서 많은 것을 배울 수 있었지만, 결코 거기에 익숙해 진 것은 아니었다.

또한 동급생 중에는, 내가 기억력에서도 이해력에서도 전혀 상대할 수 없는 친구가 있었다. 특히 뒤에 국세청장관이 되는 가 도타니 마사히코角谷正彦 씨가 엄청난 수재로, 국가시험이나 학과 성적 등이 톱top이어서, 3관왕이라 불렸다. 기억력뿐 아니라 이해 력, 통찰력이 발군이었다. 나는 관계官界나 실업계에 취직하기보 다도 학문을 하고 싶었기 때문에, '이렇게 주변에 뛰어난 사람들이 많으니, 거기에서 학문을 할 자신이 없다'고 느꼈다. 사실 이 책의 바탕이 될 이야기를 시작한 것은, 도쿄대학 고마바駒場 동급생의 동창회 때부터였다. 가도타니 씨는 산소통으로 호흡을 해야 하는 몸임에도 불구하고 여러 번 일부러 이야기를 들으러 와 줘서 정말

기뻤다.

그러나 그는 굳이 말하자면 금융정책 효과를 의심하는 생각의 소유자였다. 내가 이 책에서 비판하고 있는 다른 사람의 논문도 잘 읽고 있어서, '자네 의견과 다르다'라고 한다. 동급생은 그가 발군의 수재라는 사실을 잘 알고 있기 때문에 (내 설명도 좋지 않겠지만), 내가 50년 동안 배워 온 경제학의 지혜를 좀처럼 믿어주지 않는다. 어떻게 하면 다른 사람에게 나를 이해시킬 수 있을 것인가를 그때 이후 줄곧 생각한 끝에 글로 정리한 것이 이 책이다.

법학부 시절의 이야기로 돌아가자. 학생들이 똑같이 육법전서를 옆에 끼고 강의가 끝나면 도서관에 처박히는 모습을 보고, 경제학부로 옮겨야겠다고 생각했다. 수리적이고 사실의 논리를 따르는 경제학 쪽이 맞겠다고 생각한 것이다. 내가 어느 정도 자신이 있는 수리적 기법이, 웬일인지 경제학에서 사용되는 것 같아 그것도 이유의 하나였다.

그래서 졸업한 뒤 경제학부로 학사입학을 했다. 그때부터는 강의나 연구가 갑자기 즐거워졌다. 당시 아버지는 대학의 조교수 (교육학)였다. 꼭 가계가 윤택하지는 않았지만, 경제학부에 다시 들어가겠다는 나의 부탁을 들어주었다. 귀중한 지적 편력을 허락해 준 부모님께 마음에서부터 감사하고 있다.

경제학부에서는 2년간, 오이시 야스히코大石泰彦 선생(도쿄대학 명예교수)의 제미에 들어가, 다치 류이치로 선생의 금융론 강의도 들었다. 경제학부가 즐거웠던 이유에는, 법학부 학생들과 같이 시험 성적을 하나라도 더 올리겠다는 분위기를 느끼지 못한 점도 있다.

당시 도쿄대학 경제학부의 주류는 마르크스경제학이었다.

20명 정도의 교수 중, 근대경제학을 가르치고 있던 것은 오이시 선생과 다치 선생 정도였다.

그 무렵의 나는 아직 순수했기 때문에, 선생이 말하는 것은 무엇이든 옳다고 생각해 버리는 경향이 있었다. 마르크스경제학을 배우고 있으면, 생각하면 생각할수록 고민하고 만다. 그때 구원의 손길을 내민 것이 오이시 선생과 다치 선생이었다.

'선생에도 여러 종류의 사람이 있다. 때로는 틀린 것을 말하는 경우도 있다' — 그렇게 생각할 수 있게 되면서는 상당히 편안해졌다.

이것은 지금의 대학 신입생에 대한 나의 조언이기도 하다.

국제적이었던 예전의 도쿄대학

학생 시절에 가와시마川島 선생에게 배운 것 중 하나는, 학제적인 시점에서 다른 학문영역을 배우는 동시에, 외국의 학문 방법을 배우는 것이 지적 자극이 된다는 것이다. 다른 분야의 전문가와 교류하는 것은 큰 양식이 된다. 해외에서는 당연히 외국어로, 때로는 전혀 모르는 사람과 의견을 교환해야 한다. 커뮤니케이션의 힘이 중요해 진다.

나는 지금도 그다지 영어를 잘하는 편이 아니다. 이것은 홍콩 출신으로 오랫동안 내 제미에 열심히 출석한 간 시유關志雄 씨(노무라野村자본시장연구소)가 말하듯이, "영어를 못하는 선생이 가르치니까 학생도 못하는" 일본의 영어교육 때문이다.

어찌 되었건 예일대학의 동료 윌리엄 브레이너 교수에게는, "고이치는 영어를 못해도 경제학을 할 수 있어서 잘 된 케이스이다"라는 이야기를 들었다. 나의 경우는 당시 도쿄대학에서 배운 뛰어난 경제학 교육의 선물이다.

도쿄대학은 내가 학생이었을 때부터 국제화되어 있었다.

앞에서 이야기했듯이, 당시의 경제학계에는 마르크스경제학자가 많았다. 지금 세계의 상식이 되어 있는 금융정책의 유효성을 알고 있는 학자가 일본에 드물듯이, 세계 공통의 용어나 수법을 사용할 수 있는 '근대경제학자'도 당시 일본에는 수가 적었다. 그런 경향이 특히 도쿄대학에서는 현저했다. 하지만 근대경제학에도 소수이지만 주옥같은 학자가 있었다.

당시, 대학원생이었던 네기시 다카시根岸隆 씨는, 이미 세계적 업적을 발표하고 있었지만, 그곳은 연공서열의 세계로, 조수나 조교수가 될 수 있는 연령을 기다리고 있었다. 얼마 지나지 않아 도쿄대학은, 이미 세계의 노벨상 학자들을 지도하고 있던 우자와 히로후미宇澤弘文 시카고대 교수를 놀랍게도 조교수로 불렀다. 고미야 류타로小宮隆太郎 조교수는, 신서『아메리칸 라이프』(이와나미 서점)*를 통해 당당하게 하버드대학의 학문 기풍을 전달하고 있었다.

그리고 내 제미의 지도교관인 오이시 야스히코 교수는, 당시의 관례를 따르지 않고 영단을 내려 네기시根岸 선생에게 대학원 강의를 의뢰했다. 나도 그 강의를 들은 한 사람이었다.

또 내 일생의 스승이 된 다치 류이치로 교수는, 유학할 때, 예

---

* 小宮隆太郎,『アメリカン・ライフ』(岩波新書), 岩波書店, 1961年.

일대학에서 제임스 토빈 교수에게 지도를 받도록 권유해 주셨다. 그것이 내 인생을 크게 변화시켰다.

유감스럽게도 다치 선생은 오랜 투병 끝에 2012년 2월에 돌아가셨다. 일본은행이 (지금까지의 내용으로 보건대) 대담스럽게 정책을 변경하기 직전이다. 은혜를 입은 다치 선생에 관한 일은 다음 장에서 다시 언급하고자 한다.

거인 토빈 선생의 가르침

경제학부를 졸업하고, 도쿄대학 대학원 석사과정에 진학한 나는, 해외유학을 목표로 미국 풀브라이트유학제도 시험을 치렀다. 시험장소는 지금도 롯폰기六本木에 있는 국제문화회관이었다.

영어가 서툰 나였지만, 운 좋게 합격할 수 있었다. 중학교에서 대학까지 동급생인 나카무라 다다시中村正 씨(뒷날 일본 ILO협회 회장)도 함께였다. 단 유학하고 나서 예일대학의 선생에게 들은 것인데, 나는 장학금이 있어서 입학할 수 있었지만, 순위는 꼴등이었다고 한다. 경제학자의 추천장이 아니라, 가족의 지인인 미국 군인에게 추천장을 받은 것이 그 이유 중 하나였던 것 같다. 당시에는 추천자로 누가 좋은지도 몰랐다.

"미국에 유학하면, 예일대학에 가서, 제임스 토빈에게 배워라"라는 다치 선생의 어드바이스를 따라, 나는 뒤에 노벨경제학상을 수상하게 되는 위대한 경제학자에게 가르침을 받게 되었다.

다치 선생과 마찬가지로 토빈 선생도, 학문은 말할 것도 없이 인간성이나 프린시플(principle, 주의나 신조)의 면에서도 정말이지 훌륭한 학자였다. 문자 그대로 나는 경복敬服할 수밖에 없었다. '이 선생에게 지도를 받을 수 있어서 정말 좋았다'고 생각했다.

어떤 경제사 선생은, "토빈의 학문을 논하기 위해서는, 단지 강의 내용이나 논문을 고려하는 것으로는 부족하다"고 했다. "학생과 함께하는 소프트볼에 흥미를 가지고, 학생을 자택으로 부르고, 그리고 엄청 큰 개(뉴펀들랜드, Newfoundland)를 키우고 있었던 것과, 그의 학문은 일체가 되어 있는 것이다"라고.

토빈 선생과의 사제관계 중에서 인상적이었던 것은 얼마든지 있다. 그중 하나는, 박사논문을 쓰려고 했을 때의 일이다.

토빈 선생이 지도교수가 되어 주셔서, 막상 내 논문을 쓰려고 하는 단계가 되었다. 테마는 국제간의 자본이동이다. 그 내용을 어떻게 쓸 것인가를 말했더니, 토빈 선생은 "그래 한번 해 보자"라고 말씀하셨다.

그래서 내가 "그럼 문헌을 조사하겠습니다"라고 말했을 때, 바로 그 순간 제지를 당했다. 스스로 생각하지 않고 문헌을 조사해서는 안된다는 것이다.

"선행연구를 너무 조사해서는 안 된다. 자네의 발상이 사라져 버린다. 너무 빨리 다른 사람의 연구를 보면, 아이디어가 고갈되어 버린다. 우선은 열심히 자신의 머리로 생각해라. 그 위에 곤란해졌을 때 다른 사람의 문헌을 보면 된다."

우선은 스스로 생각한다. 스스로 생각하면, 어딘가에서 벽에 부딪친다. 그렇게 함으로써 학계의 선배들이 어떻게 고생해 왔는지 알 수 있다, 등등. 이는 일본에는 없는 방식으로 상당히 감사한 조언이었다.

그러한 지도를 받았기 때문에, 나는 선행연구를 열심히 알려고 하지 않는다. 물론 논문을 공간公刊하기 전에는, 선배들의 업적과 어떻게 다른가를 조사해야 한다. 때로는 그것을 게을리한 탓에, 이미 발표되어 있는 작업을 이중으로 해 버려, 심사위원에게 퇴짜를 맞는 일도 있다. 하지만 토빈 선생의 지도는, 자신의 발상이 갖는 본령을 죽이지 않기 위해, 매우 귀중했다고 생각한다.

시라카와 일은 총재의 직언

실은 일은의 시라카와 총재에게도 이런 말을 들은 적이 있다. 그가 총재가 되기 전, 친절하게도 "일본은행의 공개시장조작과 연구성과를 가르쳐 드리겠습니다"라며, 연구회에 불러주었을 때의 일이다.

"하마다 선생님은 세계의 새로운 연구를 모르시네요."

보통이라면, 프로인 내가, 수재라고는 해도 경제학의 순수한 전문가가 아닌 그에게 그런 이야기를 듣는 것은 심각하게 받아들여야 하는 점이다. 하지만 토빈 선생의 가르침을 받은 나에게는 그렇게 힘들지는 않았다.

시라카와 씨의 『현대의 금융정책』*을 읽어보면, 확실히 내외의 연구를 잘 조사하고 있다. 그러나 꼼꼼하게 정성껏 읽어보면, '일본은행의 신조와, 그때의 금융정책을 정당화할 수 있는 문헌에 관해서는 정말 잘 조사하고 있다'는 것을 알 수 있었다.

내가 알고 있는 학생 때의 시라카와 씨는, 성실하고 정직하며, 신중하고 온화한 인물이었다. 또 옛날부터 조용하면서도 확실하게 자신의 의견을 표명하는 사람이기도 했다. 예컨대, 내가 토빈 선생의 『거시경제학의 재검토』를 번역했을 때,** "하마다 선생님은, 자신의 오리지널 연구 쪽이 중요하기 때문에, 번역은 절대로 하지 않는다고 하셨는데, 자기 은사의 저서에 관해서는 다르네요"라고, 차분하게 깨우쳐 준 일이 있다. 이런 것은 그의 날카로운 점이다. 또 선배에 대해서도 확실히 의견을 피력하는 것도 장점일 것이다.

또한, 내가 일본에 잘 알려져 있지 않던 '합리적기대형성이론'에 대한 소개와 해설을 일본경제신문의 '쉬운 경제학'에 썼을 때의 일이다. 나는 "이론으로서는 상당히 재미있지만, 현실에서 사람은 이론만큼 합리적이지 않기 때문에 케인스정책은 무효無效하다고 주장하는 이 이론은, 현실에 적용되기 어렵다"는 유보적인 의견을 덧붙였다. 그에 대해 시라카와 씨는, "외국에서 유행한 신이론은 있는 그대로 소개하면 될 텐데, 선생님은 조금 무시하는 듯한 태

* 白川方明, 『現代金融政策-理論實際』, 日本經濟新聞出版社, 2008年.

** ジェイムス・トービン著, 浜田宏一・藪下史郎譯, 『マクロ經濟學の再檢討: 國債累積と合理的期待』, 日本經濟新聞社, 1981年.

도로 소개하시는 것 같습니다. 왜 그러시는지요?"라고, 불만을 말한 적도 있다.

단지, 내가 케인스시대에 자랐기 때문만이 아니라, 금융정책이 효과가 없어지는 그런 진공상태는 현실적으로 일어날 수 없다. 리먼쇼크 이후의 세계경제는, 정말이지 이런 상황을 잘 보여주고 있다. 이론은 '유행이니까', '새로우니까'라는 것만으로는, 역사의 테스트를 견뎌낼 수 없다.

은사 토빈의 유언

토빈 교수의 이야기로 돌아가자. 박사논문이 거의 완성되고 있을 무렵에는 이런 말씀도 하셨다. "자네도, 자신의 일[仕事]을 잘 선전해야 한다네."

그때까지의 나에게는, 자신의 일을 선전한다는 발상이 전혀 없었다. 그러나 선전이라는 말은 나쁠지 모르지만, 일이라고 하는 것은 사람들에게 전달되었을 때 비로소 의미가 있다. 학자도 정보 산업의 구성원 중 하나인 것이다.

이는 겸허 謙虛를 모토로 하는 일본인 선생으로부터는 절대로 나올 수 없는 말일 것이다. 예일대학에 유학하여 토빈 선생에게 사사했기 때문에 가능한 경험이었다.

토빈 선생에게는 질책을 당한 일도 있다.

언젠가 '법경제학'의 개조 開祖 중 한 사람인 리처드 포스너 Richard Allen Posner 라는 사람이 예일대학의 법학부에 강연하러 왔다. '법률은 모두 경제학으로 풀 수 있다'는 극단적인 주장의 소유자로 찬성할 수 없는 것도 있었지만, 일단은 흥미진진한 강연이었기 때문에, 그 시간에 교수회가 있었음에도, 나는 강연회장으로 향했다. 거기서 은퇴한 토빈 선생을 만난 것이다. 그의 전문이 아니지만, 역시 흥미있는 강연이겠구나, 하고 생각했다.

그래서 무심코 "상당히 재미있을 것 같아서 몰래 교수회를 빠져 나왔습니다"고 말해 버린 나. 그러자 갑자기 선생의 얼굴빛이 변했다. "고이치, 그러면 안 된다. 지금 곧 돌아가라." 학부장도 지낸 그에게는 아무리 흥미 있는 강연이라고 해도 자신의 일을 소홀히 하는 것까지는 용서하기 어려웠던 것이다.

토빈 선생, 아니, 여기서는 보통 부르듯이, 짐이라고 쓰기로 하자.

짐과 마지막으로 만난 것은 내가 내각부의 경제사회종합연구소에서 휴가차 미국에 돌아와 있을 때였다. 그가 돌아가시기 1년 정도 전의 일이다. 부인인 베티도 요양 중이라 자택 2층에서 쉬고 계셨고, "고이치가 오랜만에 왔으니까 보러 내려오라"고 말하면서 짐은 걱정스러워했다. 베티는 래그타임 lagtime* 피아노 연주가 뛰어난 매우 싹싹한 사람으로 나도 추수감사절 파티에 초대받거나 해서 많은 신세를 졌다.

이때 디플레이션 기미가 있는 일본경제와 금융완화를 주저하는 일은의 상황을 설명하자, 짐으로부터도 "디플레이션일 때에 금

* 19세기경 미국 미주리주의 흑인 피아니스트 사이에서 행해진 연주법의 하나로, 4/4박으로 약박부의 2, 4박에 강세를 두는 것이 특징이다. 재즈의 원조라고도 하나 악보대로 연주하는 점이 재즈와는 다르다. 네이버 사전.

융완화가 필요한 것은 당연하다"는 대답이 돌아 왔다. 짐은 "인플레이션 목표치를 일본은행이 지키게 하는 것은 어떻습니까" 하고 여쭈었더니, 짐은 "경제논리를 알고 있는 중앙은행에게는, 보다 금융정책의 자유도를 부여하여 임기응변으로 대처하게 하면 된다"고 대답했다.

그가 말했기 때문이 아니라, 나도, 상황을 잘 알고 있어서 정책을 자유롭게 정할 수 있는 중앙은행에게는 구속을 주지 않고 자유롭게 하게 하면 된다고 생각한다.

단지 일본의 경우는 '중앙은행은 상황을 잘 알고 있다'는 대전제를 애당초 인정할 수 없다는 데 문제가 있다. 그러한 의미에서, 나는, 인플레이션 목표의 설정을 찬성하는 쪽으로 바뀌었다. 그것도 1%의 '예상목표[目途]' 같은 애매한 것이 아니라, 2~4%의 확실한 '목표' 설정이 바람직하다고 생각한다.

짐과 마지막으로 만나고 나서 1년 후, 도쿄의 내각부에서 제공하고 있는 공무원 맨션의 전화가 울렸다. 동료인 T. N. 스리니바산Srinivasan 교수로부터 걸려온 것이었다.

"제임스 토빈이, 갑자기 돌아가셨네. 자네는 특히 가까운 제자였기 때문에 전화로 전해 주려고⋯⋯"

토빈 선생은 내가 외국에서 적응하지 못하고 있을 때 항상 격려를 아끼지 않았다. 그 토빈 선생이 이제 이 세상에 안 계시다니⋯⋯ 전화를 받으면서 마음의 버팀목을 잃은 것 같이 멍해졌다.

내가 예일대학으로 옮기고 나서, 적응하는 데 힘들어하고 있는 것을 걱정한 도쿄대학의 우자와 히로후미 선생에게, 짐은 "고이치는 잘 돌봐주고 있으니까 걱정하지 않다도 된다"고 대답했다는 이야기를 들은 적이 있다. 실제로 짐은 나의 커다란 기둥이었다.

예일이나 하버드대학 학생의 특성

대학에서의 교육, 그중에서도 특히 일본과 미국의 차이라는 테마에 대해서는, 잡지《SAPIO》2010년 7월 28일과 8월 4일호에서, 나와 와카타베 마사즈미 교수, 가쓰마 가즈요 씨가 좌담회를 개최한 적도 있다. 흥미 깊은 화제이기 때문에, 일부를 인용하면서 회고해보고자 한다.

최초의 테마는 '일본과 미국 학생의 차이'였다.

내가 양국에서 교편을 잡은 경험으로부터 느낀 것은, 미국의 경우 학생의 개성을 중요시한다는 점이다. 미국에서 딸이 다닌 유치원의 원장이 한 제일성第一聲은, "아이들은 모두 각자 다른 개성을 가지고 있다는 것을 아는 것에서 교육이 시작된다"는 것이었다.

그와는 반대로, 일본 학생은, 어릴 때부터 공통의 의견이나 인식, 말하자면 콘센서스를 우선하도록 강요받는다. "가능하면 풍파를 일으키지 않고, 모두와 보조를 맞춥시다"라는 교육을 받고 대학에 들어오는 것이다. 그런 점에서, 지금 인구에 많이 회자되는 '분위기를 파악한다"는 습성도 생겨난다.

그 때문에, 일본 학생으로부터는, 독자성 있는 아이디어가 별로 나오지 않는다. 또한 대학에 들어갈 때까지의 차이에 대해서,

---

* 일본어 원문은 「空気を読む」이다.

와카타베 씨가 이런 설명을 더해 주었다.

"예컨대 입시 방식을 보아도, AO Admissions Office 에 의한 선발은, 미국과 일본에서 방식이 다릅니다. 프린스턴대학을 목표로 하는 고교생이 톰 크루즈 주연의 영화 〈졸업백서〉*에도 등장합니다만, 대학의 교우校友가 각 지역에 있어서, 대학에 들어갈 만한 학생인가 어떤가를 평소부터 그 지역에서 조사하고 있습니다."

미국에서는 교우가 입학 희망자를 만나러 가는 일도 있다. 페이퍼 테스트만이 아니라 실제로 만나는 일이 매우 중요하다고 생되고 있는 것이다.

물론 페이퍼 테스트가 경시되고 있는 것은 아니다. 실제로 예일이나 하버드 같은 명문대학에 AO로 입학하는 학생은, 페이퍼 테스트에서도 거의 만점을 얻을 수 있는 학생들 투성이다. 학력이 뛰어난 데다가 공부 이외의 다양한 분야에서 활약하고 있는 인간이 평가받는 구조인 것이다.

'하버드 백열교실'의 배경

독자 여러분 중에는, NHK에서 방송된 프로그램 〈하버드 백열교실ハーバード白熱敎室〉을 보신 분도 많을 것이다. 타이틀 그대로,

---

* 원제는 〈Risky Business〉이다. 위험한 비즈니스로 해석될 이 영화는 1983년에 릴리스 된 미국 영화이다. 폴 그릭먼 감독이 각본을 쓴 청춘영화이다. 시카고의 고교 3학년생인 조엘이 부모님 부재 때에 일으키게 되는 소동을 그리고 있다. 이 영화로 톰 크루즈는 출세가도를 달리게 된다.

마이클 샌델Michael J. Sandel 교수와 학생들이 몹시 격렬하게 의견을 주고받은 내용이다. 거기에 나오는 학생들의 높은 레벨이나 강한 개성에 놀란 분도 있을지 모르겠다.

단, 거기에 등장하는 '백열교실'에는 배경이 있다. 샌델 교수의 강의에서는, 학생들에게 사전에 많은 문헌을 읽게 한다. 그 전제가 있어서 비로소 하이레벨의 논의가 성립하는 것이다.

샌델 교수가 학생들에게 읽게 하는 것은 아리스토텔레스나 칸트와 같은 고전이다. 전화번호부 같은 두꺼운 강의용 리딩 리스트가 있고, 수많은 고전을 발췌한 것이 게재되어 있다. "그것을 읽고 우선 스스로 생각해 오라"는 것이 샌델 교수의 스타일인 것이라고 한다.

문헌을 먼저 읽을 것인가 나중에 읽을 것인가의 차이는 있지만, "먼저 스스로 생각한다"는 것은, 내가 토빈 선생에게 배운 것과 같다.

"그것이, 미국 교육의 진수죠"라고 와카타베 교수는 말한다. 그렇게 생각하면 일본의 학생은 고전을 읽거나 스스로 생각하는 소질이 별로 없는 것 같다.

와카타베 교수는 또 이렇게 덧붙인다.

"고전만이 아닙니다. 다량의 책을 읽는 훈련이 일본 학생에게도 필요합니다."

미국 대학에서는, 일주일에 500페이지, 때로는 1,000페이지의 문헌을 읽어야 할 수 있는 과제가 나온다. 사실, 그런 난관을 헤쳐나가기 위해서는 "중요하지 않은 부분을 얼마나 읽지 않을 것인가"라는 것도 필요하다. 그것까지 포함해서 요점을 파악하는 훈련이 필요하게 된다. 속독 速讀 의 기술도 중요하다. 소위 스킴 리딩(skim reading, 이해하지 못하는 부분은 넘기면서 우선 전체를 파악하는 독서법)이다.

확실히 일본 학생에게는 이러한 기술이나 훈련이 부족한 것 같다. 이전에 도쿄대학 법학부에서 엄청 놀란 적이 있었다. 내가 1시간 정도 이야기를 한 뒤에 "오늘 이야기의 '요점'을 세 가지만 집어 주세요"라고 물어 온 학생이 있었던 것이다.

"그런 것은 스스로 하시게"라고, 여기서는 가쓰마 씨도 어처구니없어 하면서 크게 웃었다. 정말 그대로였다.

교과서 검정의 대문제

예전에 예일대학에는, 도쿄대학을 비롯하여 유명 사립대학으로부터도, 일본의 학생들이 공부하러 많이 와 있다. 하지만 학생들에게 토론시키려 해도, 일본인 학생은 조개처럼 입을 다물어 버린다. 그뿐 아니라 최근에는 일본인 유학생 그 자체가 줄고 있다. 특히 대학원까지 진학하는 학생은 격감하고 있다.

이러한 상황은 왜 발생하는 것일까. 가쓰마 씨가 귀중한 제언을 해 주었다.

"일본 학생의 질이 낮아지고 있는 원인으로는, 교과서 검정 문제가 있다고 생각합니다. 문부과학성 검정교과서에 따라 커리큘럼을 짜고, 그 결과, 독자성 있는 교육은 없어져 버리는 것입니다."

원래 교과서에 "어떠어떠한 것은 써라, 이것은 쓰지 마라"고 하는 것은 극히 왜소한 논의라고 생각한다. 미국에서는 교과서를 내는 출판사에게 자유롭게 결정할 수 있도록 한다. 그리고 그 시비는 교실 안에서 학생으로 하여금 생각하게 한다.

"여기에는 이렇게 쓰여져 있는데, 당신은 어떻게 생각하는가?"

그런 식으로 논쟁하게 하고, 만약 옳다고 생각되면, 그 증거는 어디에서 발견할 수 있는가를 말하게 한다. 미국에서는 교과서를 그렇게 취급하는 것이다. 어디까지나, 스스로 생각하기 위한 재료에 불과하다.

일본 교과서의 전형적인 문제점은 얇다는 점이다. 그렇게 지적한 것은 와카타베 교수이다.

그렇게 듣고 보면, 미국 경제학 교과서는 예외 없이 두껍다. 새뮤얼슨=노드하우스나, 맨큐의 교과서도 두껍다.

"그 덕분에 설명이 정중하게 이루어지고, 칼럼 등, 다양한 형태로 내용을 충실하게 보충하는 여담도 실을 수 있습니다"라고 와카타베 교수는 말한다. 가쓰마 씨는 이렇게 덧붙인다.

"샌델 교수의 리딩 리스트의 이야기도 그렇지만, 일본에서는 인풋하는 정보량이 부족합니다. 또한 아웃풋하는 훈련도 부족하죠."

대량의 정보를 집어넣고, 그런 뒤에 그 정보를 어떻게 종합(정리)할 것인가 — 이것이 매우 중요한 능력이라고 할 수 있다.

미국에서는, 표현력을 트레이닝한다는 엘리트교육을 행하고 있는 고교도 있다. 내 처도 뉴헤이븐 근교의 대학에서 커뮤니케이션을 가르치고 있다. 자신의 주장을 어떤 순서로 말하고, 또 어떻게 쓰면 가장 효과적인가를 훈련하는 것이다. 이러한 교육을 할 것인가 말 것인가로, 커뮤니케이션으로서의 작문력도 일본과 미국 학생들 사이에서는 큰 차이로 나타나게 된다. 좋은 고교에서 온 학생은, 그러한 점에서 많은 혜택을 받고 있어서 리포트를 쓰는 것이 뛰어나다.

엘리트 사이의 경쟁을

일본에서는, 취직활동도 큰 문제이다. 기본적으로 일본에서는, 대학 3학년 시점부터 취직활동이 시작된다. 가쓰마 씨는 이렇게 지적한다.

"대학교수 모두 한탄하고 계십니다. 수업에도 오지 않고, 제미에도 오지 않는다고 말입니다. 내정을 받으면* 공부할 생각도 없어지는 것 같습니다."

이 점 역시 미국과는 정반대인 것이다.

미국에서는 6월쯤에 대학의 졸업식이 있다. 그 뒤에 졸업한 제자를 만나는 일도 있지만, 그들은 "이제부터 어딘가에 취직이나 해볼까"라며 태평스럽게 준비한다. 조만간 기업에 들어가게 되겠지만, 채용하는 측도 대학에서의 성적을 진지하게 보기 때문에, 우선은 대학에서 우수한 성적을 취득하는 것이 중요하다. 졸업한다고 끝이 아닌 것이다.

일본에서는 대학을 지적 창조나, 지적 트레이닝의 장으로서 인정할 수 없던 시기가 있었다. 그런 풍조가 아직도 남아 있어, 대

---

* 회사에 지원하고 면접을 지원한 회사로부터 미리 졸업 후의 입사를 약속 받는 것.

학교수가 교육을 통해 지적 부가가치를 만든다는 의식이 낮은 것일지 모르겠다.

"대학은 입시라는 셀렉션에 합격하기만 하면 된다. 그 다음은 취직에 대한 것만 생각하자"는 식이어서 대학에서 어떤 공부를 할 것인가는 도외시되고 있는 것이 아닐까.

"결국, 일본에는 엘리트 사이의 건전한 경쟁이 없다고 할 수 있습니다. 일단 엘리트층에 들어가기만 하면 경쟁하지 않아도 되는 구조가 너무 많다는 것이 문제 아닐까요"라고 가쓰마 씨는 말한다. 관료, 일류기업, 혹은 일류대학…… 어디에 들어가더라도 들어가기만 하면 건전한 경쟁이 없어져 버린다고 한다.

나도, 일본의 대학원생이 성장하지 못하는 이유에 대해 진작부터 이상하게 생각하고 있었다. 그 의문을 일본과 미국에서 활약하고 있는 몇 명의 학자에게 물어봤더니, "학생에게 경쟁을 시키지 않기 때문이겠죠"라는 대답이 돌아왔다.

미국에서는 일류학자는 우대받는다. 한 사람의 경제학자로 인정받느냐 어떠냐에 따라서 대우가 현저하게 달라진다. 따라서 학생은 모두 필사적이다. 한 사람의 전문가로 인정받느냐 어떠냐에 따라 큰 차이가 생기기 때문에, 열심히 공부하는 것이 당연하다. 말하자면 헝그리 정신이 자연스럽게 길러진다.

그것이 없는 것이 일본의 문제점이라고 할 수 있을 것이다. 그러기는커녕, 가쓰마 씨도 지적했듯이, 일본에서는 경쟁 그 자체가 나쁜 것이라고 생각되는 점도 있다.

아카데믹한 토대가 없는 정치에서

그렇게 생각하면, 역시 이것은 교육만의 이야기가 아니라, 일본사회 전체의 문제가 된다.

큰 문제는 아카데미즘과 정책의 분리다.

이 책의 커다란 테마이기도 하듯이, 일본에서는 최신의 경제이론, 일취월장의 아카데미즘을 활용한 정책이 일루어지지 않는다. 그 결과, '세계의 상식은 일본의 비상식'이 된다. '일은류이론'은 그 전형이다.

일본경제 부활의 길은, 거시경제의 운영에, '세계의 상식'을 당연한 것처럼 받아들이는 것이다. 야당이 된 자민당도, 아카데믹한 토대가 충분하지 않기 때문에, 민주당을 확실히 비판할 수 없었다.

일은 총재의 책임을 묻지 못한 채, 임기 중인 5년 동안, 국민의 의견이 피드백되지 않는 일은의 시스템이 원래부터 문제일지도 모른다.

물론, 총재인 시라카와 마사아키씨에게 동정하는 부분도 있다. 그는 학자만을 상대로 하고 있는 것이 아니고, 세계를 뛰어다니며, 일은 내의 행정 처리도 하지 않으면 안 된다. 일은 내부에 그보다도 훨씬 강고하고 과격한 '일은이론자'도 있다.

"일본의 경우, 특정 조직이 강하다는 것은, 뒤집어 보면, 아카데미즘의 힘이 약한 것이겠죠"라는 가쓰마 씨의 말에 대해, 나도 과연 그렇다고 생각한다.

시라카와 총재에게 보내는 공개서한에도 쓴 적이 있는데, 현재의 일은은, 가장 중요한 임무인 거시경제정책이라는 '노래'를 잊은 카나리아와 같은 존재이다. 그 노래를 생각해 내기 위해서는, 아카데믹한 견지에서 경제학 논문을 쓰고 있던 초심으로 돌아가는 것도 중요할 것이다.

제5장

2012년 2월 14일의 충격

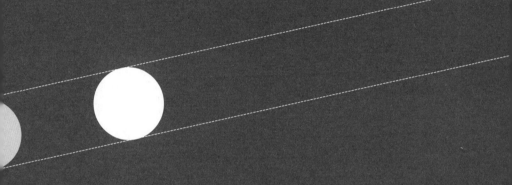

아카몽[赤門]으로 향하는 센티멘털 여행에서

이 장에서는 우선 2012년 초 일본에서의 체험을 말하고, 그것을 2월 14일, 밸런타인데이에 실시된 일은정책 변경의 프롤로그로 삼고 싶다.

— 2012년 1월부터 초봄까지 나는 '아베 安倍 펠로우'로서 도쿄대학 경제학부를 방문했다. 오랜만에 이루어진 '고향나들이[里歸り]', 그것은 아카몽으로 향하는 센티멘털 여행이기도 했다.

숙소는 산죠회관 山上會館 의 다쓰오카몽 龍岡門 별관이었다. 천황이 입원하고 있던 도쿄대학 병원 건물 옆이었기 때문에, 대학 안팎의 노상에는 천황의 건강을 걱정하는 사람과, 병문안 손님을 사진에 담으려는 사람들로 붐볐다.

그 광경은 군국주의시대였던 내 어린 시절의 기억과는 달랐다. 하지만 내붙여진 도쿄대학 합격자 번호를 열심히 쳐다보는 젊은 사람들의 대열도 있어서, 그쪽의 광경은 '나에게도 이런 시절이 있었지'라고 오랫동안 잊고 있던 옛 기억을 상기시켜 주었다.

추운 겨울이었던 탓일까, 몇 명의 친척이나 지인들이 사망했다. 경조에 담백한 미국에 살고 있기 때문일까. 그들을 애도한 경험은 인생에서도 유달리 인상 깊은 것이 되었다.

제일 먼저 출석한 것은, 요코하마국립대학 부속중학교에서 내 1년 선배였던 민주당 의원 오이시 히사코 大石尚子 씨의 장례식이었다. 내가 사이타마현 埼玉縣 구마가야 熊谷市 에서 가나가와현 神奈川縣 가마쿠라시 鎌倉市 로 전학해 왔을 때 만난 그녀는, 전아 典雅 하며 상당한 수재, 게다가 지도력이 있는 눈부시게 아름다운 재원이었다. 당시 그녀에게 끌린 사람은 나만이 아닐 것이다.

정치가가 된 후, 내가 내각부에 근무했을 때에 몇 번인가 만났다. 오이시 씨와 동료이자, 리플레이션파로서 활동하는 민주당 가네코 요이치 金子洋一 의원과 함께 의원회관 식당에서 마주친 것이 마지막이었는데, 오이시 씨는 매우 릴랙스한 모습으로 약간 젊어진 것 같이 보이기도 했다.

그래서 더 갑작스러운 비보였다. 쓰야[通夜]* 로 찾아간 곳은 옛날부터 잘 알고 있는 가마쿠라였다. 놀란 것은 그녀가 시바 료타로의『언덕 위의 구름』에 나오는 주인공 중 한 사람, 쓰시마해전을 승리로 이끈 아키야마 사네유키 秋山眞之 의 손녀였다는 점이다. 그런 조부가 오이시 씨에게 있었다는 것은 전혀 모르고 있었다. 생전에 찾아뵈었으면 그 이야기도 꼭 해보고 싶었는데……

반리플레이션파 외우의 죽음

가토 히로미 加藤裕己 씨도, 인생에서 잊기 어려운 인물 중 하나이다. 내가 내각부경제사회종합연구소의 소장으로서 일하기 시작했을 때, 우자와 히로후미 제미 등에서 알고 지낸 가토 씨가 총괄주임연구관으로서 보좌해 주게 되었다. 공무원 경험이 없었던 탓에 다소 불안해하고 있던 상황이어서, 정말이지 한시름 놓았다.

---

* 일본에서는 장례식을 주로 불교식으로 행한다. 쓰야는 밤샘을 하는 것으로 주로 장례식 때 행하는 불교 의식 중 하나이다. 원래 고인을 매장하기 전에 친족이나 지인이 밤을 새워 사자를 지킨다는 의미를 지니고 있다.

소장 시절 나의 정신위생은 그에게 상담함으로써 유지할 수 있었다고 해도 좋을 것이다. 내가 내각부 시절의 기억을 수필풍으로 써 둔 원고를 출판하려고 했을 때도 그에게 사실관계의 체크를 부탁했다. 그는 정말 신중한 체크와 귀중한 의견을 말해 주었다.

가토 씨는, 인구와 성장 사이의 관계에 대한 영문의 편저도 공간했다. 당시 일은 심의위원이었던 스다 미야코須田美矢子 씨 등과 가토 부인의 피아노 연주회에 간 것도 그리운 추억이다.

참고로 내각부나 경제관청의 공무원은 파리의 OECD(경제협력개발기구)로 파견근무를 가는 경우가 있는데, 거기에서 와인 전문가가 되어 돌아오는 사람도 많다. 연구소 차장을 지낸 우시지마 준이치로牛嶋俊一郎 씨, OECD의 사무차장을 지낸 전 재무관 다마키 린타로玉木林太郎 씨 같은 사람들은, 나에게 프랑스 와인의 초보를 가르쳐 주었다. 가토 씨도 그중 한 사람이다.

최근 보스톤 서점에서 나탈리 맥클레인Natalie MacLean 의『적赤, 백白 그리고 고주망태 Red, White, and Drunk All Over』를 발견했다. 보통의 와인 책은 맛을 즐기기 위한 것 또는 와인을 사 모으기 위해 '어느 정도 등급의 어떤 와인을 사면 좋을까'를 설명한다. 그러나 이 책은 상전商戰에서 이기기 위해 프랑스의 포도밭이나 양조가들이 어떻게 등급의 권위를 이용하는가, 혹은 신흥 와인산지가 근대과학의 진수[粹]를 사용해서 어떻게 보르도의 노포에 대항할 것인가 등이 담겨 있다. 말하자면 와인 등급의 정치경제학, 사회학 책이라고 할 수 있을 것이다.

이 책을 읽고 나는 '채권에 마음대로 등급을 매기는 것에도 커다란 이권이 있기 때문에, 채권 등급의 정치경제학에 관한 책을 쓰는 것도 괜찮지 않을까'라고도 생각했다.

졸저의 원고 체크에 대한 인사도 하지 않았기 때문에, 이 책을 가토 씨에게 전달하려고 전화했지만, 연락이 오지 않았다. 어찌된 일인가하고 의아해하고 있었는데, 부인으로부터 "남편이 돌아가셨습니다"라는 청천벽력 같은 소식을 들었다. 그는 아직 64세였다. 아직 일할 수 있는 나이다. 이런 장례식에 참석하는 것은 정말로 마음이 아팠다.

가토 씨의 장례식에서는, 스다 미야코 씨가 "정말 슬프네. 하마다 씨도 히로키 씨가 있어서 좀처럼 익숙해지지 않던 내각부 일이 잘 풀렸던 거죠"라고 이야기를 건넸다. "나도 슬퍼. 그가 없었으면 힘들었을거야"라고 대답했다.

하지만 나와 가토 씨 사이에는 의견이 다른 부분도 있었다. 내가 내각부에 부임했을 때, 이미 일은은 제로금리 해제라는 어리석은 정책을 시행하고 있었고, 나는 이와타 기쿠오 씨를 비롯한 리플레이션파의 의견에 동조하고 있었다. 한편, 가토 씨는 프리드먼이나 통화주의를 싫어하는 우자와 선생(나의 단 하나뿐인 은사이기도 하다)에게 영향을 받아서인지, 금융완화로 일본경제를 부활시킨다는 리플레이션파에게는 엄청 반대했다.

이런 것들을 상기하면, 스다 씨와 장례식 자리에서 이야기하면서도, 내심으로는 복잡한 생각이 있었다. 그러나 가토 씨에 대한 감사는 끝이 없다.

'게임이론'으로 이끈 어드바이스

그리고 2월 11일, 이번에는 내 일생의 스승이고 『금융』의 공저자이기도 한 다치 류이치로 선생의 부고를 접했다.

일은의 금융연구소장이었던 다카하시 와타루高橋亘 씨(현 고베 대학神戸大學 교수)가 "친족들만의 쓰야[通夜]이지만 하마다 선생이 모처럼 귀국하셨으니 출석하셔도 괜찮겠지요"라고, 친절한 배려를 해 주었다. 장례식장은 다정했던 할아버지를 잃은 손자 손녀들의 눈물로 가득찼다.

학생이었던 내가 언제부터 다치 선생과 이야기를 하게 되었는지 확실히 기억하고 있지 않다. 다만 1959년도 강의안 앞부분에 인용하신 말은 지금까지도 잘 기억하고 있다.

'이 문으로 들어가는 자들이여, 일체의 희망이나 두려움도 단념할지어다.'(단테 『신곡』)

금융론 연구도, 그에 입각한 정책 제언도, 많은 국민의 생활을 좌우하는 법이다. 따라서 그것은 진지한, 말하자면 목숨을 건 일이 된다.

다치館 선생은 단테의 말을 "자신의 의견이 옳다고 생각하면, 상대가 권력자이든 학계의 권위자이든 두려워하지 말고 주장할 각오를 가져라"라는 의미로 인용하셨을 것이다. 정부나 일본은행과 논쟁하는 일도 있는 현재의 나에게, 새삼 용기를 주는 말이다.

최근 요코洋子 부인으로부터 선생이 강의안을 만들 때 상당히 힘들어하셨다는 이야기를 들었다. 진지하게 골라 낸 말이기 때문에 비로소 우리들의 마음에 울림이 있고, 계속해서 (마음에-옮긴이) 새겨지는 것이리라.

다치 선생은 온후한 신사로서 알려져 있지만, 자신이 믿는 것에 대해서는, 항상 평명平明하고 확실한 말로 상대에게 전달하려고 노력하셨다. 전全 인격으로 사람을 납득시키는 설득력도 있었다.

나는 굳이 말하라면 너무 이치만 따져서 결국 주장에 모가 나버리는 사람이다. 생전의 다치 선생으로부터, 평명하게 상대를 설득하는 비결을 좀 더 배워두었더라면 좋았을 텐데 하고 생각하니, 안타깝기 그지없다.

또 하나, 나의 학자로서의 길을 안내해 준 선생의 말이 있다. 예일대학 유학에서 도쿄대학으로 돌아와, 조수助手를 마치기 위한 논문을 다 썼을 때, 선생은 대학 옆에 있는 학사회관으로 식사 초대를 해 주셨다.

당시의 나는, 이론의 가정을 보다 현실적인 것으로 수정하여, 그 결과를 확인하는 연구를 하고 있었다. 다른 사람의 연구내용을 고치고, 정치화精緻化하는 그런 작업이다. 이를 본 선생은, 식사 자리에서, "모두가 평면平面 밖에 보지 못하는 지점에 수직垂直의 봉을 세워 다른 차원을 만들어내는 그런 작업을 하지 않으면 임팩트 있는 이론이 될 수 없다. 우자와宇澤 군의 연구를 본받도록 해라"는 조언을 해 주셨다. 또한 "올림픽 같이 외국의 잡지에 일본의 국기를 게양하는 일도 필요하지만, 경제학의 전망을 넓히는 그런 작업도 목표로 삼아라"라는 말씀도 하셨다.

선생의 말을 그대로 실현하는 것은 상당히 어렵다. 하지만 돌이켜 보면, 이것은 나의 학자로서의 인생을 이끄는 중요한 이정표[道標]가 되어 있다. 이전에는 추상적인 이론으로만 논의되던 '게임이론'을, 국가들 사이의 이해관계가 얽혀있는 구체적인 국제금융현상에 적용하려고 도전한 것도, 선생의 조언이 있었기 때문에 가능했다.

지금 증세하면 재정재건은 절대로 불가능

다치 선생과는 '우저논쟁 郵貯論爭"'에 대한 이야기도 했다. 고이즈미 내각에 의한 우편저금 개혁 이전, 일본의 금융 중개가 은행을 통해 이루어져야 할 것인지, 우편저금도 그 중요한 역할을 담당해야 할 것인지에 대한 논의가 있었다. 그것이 소위 '우저논쟁'이다. 은행과 우편저금, 어느 쪽 수로에 자금이라는 물을 흘려보내야 하는가에 대한 논쟁이다.

'이쪽 물이 맛있다'는 것은 아니지만, 결국은, 은행도 우편저금도, 자신의 영역으로 물을 흘려보내려 한다. "그 쟁탈전은 제로섬 게임이 아닌가요." ─ 그렇게 물으니, 다치 선생은 이렇게 말씀하셨다.

* 여기서 말하는 우저 郵貯 란 우편저금을 말한다. 2007년 10월 1일에 실시된 우정민영화 이전에 우편저금법에 입각하여 일본정부(체신성·우정성·총무성우정사업청)와 일본우정공사가 시행하고 있던 저금의 수입 사업을 말한다. ja.wikipedia.org/wiki/郵便貯金.

"우저논쟁을, 권익을 서로 빼앗는 현상으로 보는 것은, 굳이 말하자면 정치학의 대상이 된다네. 경제학의 입장에서 생각해야 하는 것은, 어느 쪽 수로에 물을 흘러가게 하면 사회 전체의 부가 증가할 것인가. 그렇게 생각하면 제로섬 게임이 되지 않을 것이네."

이런 사고방식은 소비세 논의에서도 성립한다. 이하는 다치 선생의 의견 그 자체가 아니라 약간 아전인수격이 되겠다. 우선 국채에 의존하는 재정운영은, 장래 세대로부터의 세수에 의존하는 자전거조업이고,* 그것은 바람직하지 않다.

비교적 자산을 많이 가지고 있는 국민에게 증세하여, 재정 당국으로 부를 이전하려 한다는 주장은 이해된다. 하지만 증세는, 특히 그 증세 폭이 클 때는, 소비자도 생산자도 손해를 보게 되어 사회 전체의 파이를 줄여버리는 일이 있다.

더구나 현재 정부의 시산試算으로는, 재무성이 국민으로부터 어느 정도 뽑아낼 것인가만 생각하고, 소비세에 의한 사회 전체의 손실이 거의 계산되어 있지 않다.

한편 디플레이션 탈각은, 실업이나 도산을 줄여서, 사회 전체의 파이를 증가시킨다. 즉 금융완화로 디플레이션을 탈각하고, 잠재성장 경로에 근접시키고 나서, 소비세 및 기타에 의한 증세와 재정균형화를 도모하는 것이 올바른 순서인 것이다.

지금 소비세율을 인상하는 것은 순서가 틀리다. 그 결과는 경

---

* '자전거조업'이라는 표현은, 자전거가 쓰러지지 않으려면 계속 페달을 밟아야 하듯이, 무리를 해서라도 계속 자금조달을 해야 하는 불안정한 경영 상태를 가리킨다. 네이버 사전.

제를 침체시킬 뿐이다. 재정재건 자체도 실현할 수 없게 되는 것이다.

일은의 금융정책으로 인한 민간의 고통

이러한 다치 선생에 대한 추억은, 선생을 추도하는 기념호인 도쿄대학 경제학부의 동창회지『게이유 經友』2012년 6월호에 기고한 짤막한 글에서도 썼다. 거기에는 가이즈카 게이메이 貝塚啓明 교수나 일은의 시라카와 총재에 의한 추도 글도 함께 실렸다.

거기서 재미있는 발견이 있었다. 다치館 제미의 대선배인 현재 다이도 리미티드DAIDOH LIMITED의 상담역인 하토리 요시야 羽鳥嘉彌 씨가, 다치 선생이 실은 '인플레이션 목표'론자였다고 밝힌 것이다. 게다가 그 이유는 "세계의 기적으로 불린 일본의 고도성장기는 어떤 해나 완만한 인플레이션이었다"는 매우 정직한 것이다.

하토리 씨의『게이유』추도문에서 일부를 인용해 보자. 일은 금융정책의 영향을 받은 민간 섹터의 고통을 잘 기술하고 있는 문장이기도 하다.

다치 선생에 대해 생각나는 것 중 세 번째는 '인플레이션 타깃'입니다. 일본경제의 버블 붕괴 후, 정부와 일은이 취한 금융정책은, 수요의 회복을 지향한 저금리로의 금융완화였다고 생각합니다. 내 예상입니다만, 당국은 단기, 적어도 중기에는 정책효과가 나타나 디플레이션 국면이 수습될 것이라고 생각했

던 것 같습니다. 뜻대로 되지 않고, 제로금리가 되어도, 20년이
나 계속될 수밖에 없는 디플레이션 경제로 전락할 것이라고
는 조금도 생각하지 못했을 것입니다. 팔릴 만한 토지를 과감
하게 매각하고 재무를 개선하여, 생겨난 융자금 운용에 있어
서도 또한 연금과 기금, 기대되는 운용수익 5.5%와 국채 금리
1%의 괴리나 모순의 기업 부담이 방치할 수 없는 문제여서, 앞
으로 어떻게 될 것인지 생각다 못해, 졸업 40년 후 처음으로
선생의 연구실을 방문했습니다. 그때 선생께서는, "일본경제
는 오랫동안 일관되게 완만한 인플레이션에 익숙해지면서 성
장을 계속해 온 것이고, 그 궤도를 회복하기 위해서는, 금융
당국이 완만한 인플레이션 타깃을 표명할 필요가 있다"고 말
씀하셨습니다.

이미 말했듯이, 풀브라이트 유학생으로서 미국에서 배울 기
회가 찾아왔을 때, 다치 선생은 예일대학에 유학할 것을 권유해
주셨다.
"예일에는 케네디 대통령자문위원이었던 짐 토빈이라는 훌륭
한 선생이 있으니, 그에게 지도를 받아라."
그것이 다치 선생의 말이었다. 다치 선생은, 토빈 선생의 학
문만이 아니라, 그의 경제정책관, 인격 등 모든 것에 홀딱 반해 있
었다. 토빈 선생에게 직접 지도를 받는 행운을 누린 덕분에 내 학
자 인생은 크게 열렸다. 그것도 다치 선생 덕분이다.
하지만 20년 후에 내가 교수로서 도쿄대학에서 예일대학으로
옮기겠다고 결정함으로써, 다치 선생을 실망시키고 말았다. 이것

이 가장 큰 불효였다고 생각한다.

일본의 시스템에서는, 연구자를 젊을 때 연구시키고, 그 뒤에 교육이나 대학 업무로 은혜를 갚도록 하는 사이클이 만들어져 있다. 애써 키운 제자, 즉 내가 갑자기 사라지게 되는 것은, 다치 선생에게 있어서 상상도 못한 일이었을 것이다. 지금도 죄송하게 생각하고 있다.

부인으로부터, 선생은 클래식 음악을 좋아하셨다고 들었다. 특히 브루크너 Joseph Anton Bruckner 의 교향곡 9번을 좋아해서, 가족들만의 고별식에서는 그 음악이 흘러나오고 있었다.

나도 음악을 엄청 좋아한다. 그러나 아무리 음악을 좋아하더라도, 베토벤이나 브람스는커녕, 말러 Gustav Mahler 그리고 브루크너 정도만 되어도, 몇 번인가 어떤 곡인가 식별이 불가능해져 버린다. 즉, 브루크너를 좋아한 선생은, 그 정도로 클래식 음악에 조예가 깊었던 것이다.

선생과 나는, 항상 경제학이나 정책에 관한 이야기만 했던 것은 아니다. 그럼에도 음악에 관한 이야기를 했던 기억이 없다. 신기한 일이다.

쓰야通夜 다음 날에 일어난 서프라이즈

쓰야에는 일은 부총재인 니시무라 기요히코西村淸彦 씨도 오셨다. 뛰어난 미시경제학자로, 이전에는 도쿄대학의 동료로서 경제학을 토론하던 사이이다. 오랜만에 최근의 금융정책에 대해 의견을 나눌 수 있겠구나 하고 기대하고 있었지만, 쓰야가 끝나자, 그의 모습이 보이지 않았다. 그것이 당연했음을 알아챈 것은 그 다음 날이었다.

나는 도쿄대학병원 근처, 다쓰오카몽龍岡門 옆 학내에 기숙하고 있었다. 다음 날, 즉 2월 14일, 숙소 옆에 있는 편의점의 석간에 눈을 돌리자, 석간 각 신문 1면에 '일본은행 인플레이션 예상목표[目途] 설정'이라는 제목이 걸려 있다.

나는 눈을 의심했다. 순간적으로 느낀 것은 '이와타 기쿠오 씨나 우리들이 오랫동안 고생한 보람이 있어서 "금융정책이 효과가 있다"는 주장이 겨우 받아들여진 것일까?'라는 것이다.

이 2월 14일의 결정은, 일본은행이 엔을 풍부하게 공급하고, 장래에도 계속해서 공급한다는 기대를 시장에 주었다. 이것이 충분하게 계속된다면, 확실히 이 금융정책은 합격점이다. 하지만……

아마노이와토天岩戸 신화에 의하면, 아마테라스오가미天照大神는 동생 스사노오노미코토須佐之男命의 행패에 화가 나서 이와토 안에 숨어 버렸다. 그로 인해 온 세계가 캄캄해졌다. 신들이 상담해서 이와토 앞에서 (스트립쇼 같은) 노래나 춤으로 웃음소리를 내서, 이상하게 여긴 오가미가 살짝 하계를 엿보려고 한 순간, 힘 꽤나 쓰는 신이 이와토의 문을 열어버렸다고 한다.

이 신화에 비유하면, 밸런타인데이의 정책 변경은, 이와토가 미세하게 (1% 정도) 열린 것과 같은 것이다. 하계의 사람들은 햇빛을 보고 기뻐했다. 그럼에도 불구하고, 그 후의 강연이나 담화에 나타난 시라카와 일은 총재의 말은 "태양의 동자童子가 얼굴을 내밀어도 세상은 밝아지지 않는다"고 하는 듯했다.

이렇게 되면 일은의 본심이 어디에 있는지 알 수 없게 된다. 즉 진심으로 마음을 고쳐먹고 상냥한 여신이 된 것인지, 아니면 외관으로만 상냥한 몸짓을 보였을 뿐, 여전히 싸늘한 채 그대로인가, 라는 것이다.

만약 전자, 즉 일본은행이 정말로 세계 금융론의 전통, 국제 금융론의 정도 正道 (그것은 예전에 총재 자신도 신봉하고 있던 것이다)로 돌아간 것이라면, 이 이상 기쁜 일은 없다. 항상 나에게 "이번 정책은 합격점인가?"라고 물어보는 조겐슨 교수에게도, "예스. 시라카와는 내가 말하는 것을 들어 주었다"고 대답할 수 있다고 생각했다.

그러나 유감스럽게도 그렇지 않은 것 같았다. 밸런타인데이 이후 실질적으로는 추가적인 금융완화가 이루어지지 않은 것이다.

동일본대지진 후의 금융완화가 있었던 탓이기도 하지만, 3월, 4월의 본원통화 증가는 멈춰 있었다. 인플레이션 '예상목표[目途]'에 의해 겨우 80엔대 전반까지 올랐던 엔 달러 환율도, 70엔대 후반으로 역주행하고 말았다. 최근 3년 전에 1달러 100엔을 넘었던 사실을 감안한다면, 산업계가 직면하고 있는 허들의 높이는 변하지 않았다.

제로금리하에서는, 금융의 양적완화가 유효하다고는 하나, 효과가 약해진다. 효과를 강화하기 위해서는, 사람들에게 통화에 매달리지 않도록, '기대'에 작용할 필요가 있는 것이다.

밸런타인데이의 정책 변경은 '기대'에 작용하면 금융정책이 유효하다는 것을 보여주었다. 하지만 일은은 물가상승 목표를 '예상목표[目途]'라고 이름붙임으로써, 사람들이 충분하게 신뢰하지 못하도록 브레이크를 걸었다고 할 수 있다. 그리고 그 이후 추가적인 금융완화 조치도 충분하지 않았다.

일은이 진심이라고 주장한다면, 디플레이션, 엔고의 트렌드를 반전시키고 나서, 달러가 적어도 90엔대가 되고 나서 말했으면 좋겠다. 이렇게 되면, 일은의 본심은 변하지 않았다고 볼 수밖에 없다. 시라카와 총재의 코멘트도 이 점을 뒷받침하고 있다.

지금, 분별 있는 정치가로부터 일본은행법 개정의 목소리가 커지고 있다. 그런 사정도 있고 해서, 일은은 디플레이션 대책에도 진지한 자세로 임하고 있는 듯한 제스처를 보인 것은 아닐까. 그리고 그렇게 함으로써 일은법 개정을 그만두게 하려는 면죄부로 삼고자 한 것은 아닐까.

그러나 본심으로는 디플레이션을 유지해 두고 싶다. 그 때문에 인플레이션 '예상목표[目途]'를 1%에 묶어두었다. 너무 효과가 좋으면, 지금까지 실시한 일은의 정책이 틀렸다는 사실이 드러나 버리기 때문이다.

2012년 3월 이후, 양적완화를 적극적으로 계속하지 않은 것에는 그런 배경이 있는 것이리라. 다카하시 요이치 씨가 말하듯이 '과거의 잘못은 인정하고 싶지 않다'는 관료적인 사고이다.

일은이 국민의 돈으로 세우는 허수아비라는 것은

완전히 좋다가 말았던 일은의 정책 변경. 그렇게 될 것 같은 예감은 확실히 있었다.

첫 번째 불안요인은, 시라카와 총재의 의식 그 자체이다. "새로운 정책은 정치적 압력에 의한 것이 아니다"라고 하면서도, 다른 한편에서는 전과 같이 "금융정책이 디플레이션 해소에 꼭 효과가 있는 것은 아니다"라는 세계 고고孤高의 일은류이론을 반복한 것이다.

일본을 대표하는 거시경제학계의 호프, 프린스턴대학 교수 기요타키 노부히로 씨는, "리먼쇼크 후의 대담한 FRB의 확대정책으로, 세계는 대불황으로부터 탈출할 가능성이 크다"는 내용의 논문을 쓰고 있다. 그런 현상이 있음에도 불구하고, 일은 총재는, 일부러 "FRB의 금융정책이 세계경제를 오도할 우려가 있었다"는 취지의 강연을 했다.

유감스럽게도 대공황시대의 재무상[藏相], 이노우에 준노스케가 주장한 "청산주의(은행의 도산을 불량기업을 정리하는 호기로 파악하는 것)"의 전통이 총재의 머릿속에 살아 있다고밖에 생각할 수 없다. 2월 14일의 정책 변경, 밸런타인데이의 선물은, 역시 '의리 초코'였던 것이다.

또한 일은은, 앞에서 살펴보았듯이 '인구감소나 인구구성의 변화가 디플레이션을 초래한다'는, 경제학에서는 생각할 수 없을 것 같은 속론俗論을 연구하기 위한 국제회의를 열기도 한다. 이는 말하자면 허수아비 같은 것이리라. 일은에 대한 비판을 돌리기 위해, 다른 곳으로 표적을 바꾼 것이다. 더구나 광의의 의미에서는 국민의 돈을 사용해서……

그렇다, 전답의 수확물을 노릴 수 없도록 농가가 허수아비를 세우는 것처럼, "생산인구의 감소가 나쁜 것입니다"라고 일은은 주장한다. 말인즉슨 '나쁜 것은 일은이 아닙니다'라는 것이다.

내가 50년에 걸쳐 진지하게 배우고 연구한 경제학에서, 인구감소는 인플레이션의 요인이 될지언정 디플레이션의 요인은 되지 못한다. 만일, 인구감소가 디플레이션의 원인이었다고 해도 그것을 바로잡는 것은 여의치 않은 일이다. 더구나 20~30년이 걸린다는 것은 앞에서 이야기한 바와 같다.

일은이 "재정사정이 악화될 우려가 있기 때문에 금융완화를 할 수 없다"고 주장하는 것도 허수아비의 하나라고 해도 좋을 것이다.

원래 재정은 일은의 주관 분야가 아니다. 환자가 위병胃病에 걸려있다고 알고 있음에도, 그리고 자신이 위의 전문의임에도 불구하고, '치료하면 심장이 나빠진다'고 심장의를 걱정하고 있는 것과 같은 것이다.

본심으로는 디플레이션을 해소하고 싶지 않은 일은

2012년 2월 14일에 발표한 인플레이션 '예상목표[目途]'에 성실하게 몰두하고 있었다면, 일은은 머니 서플라이나 매입시장조작의 양을 늘리는, 혹은 매입시장조작 채권의 구성을 바꾸는 일들을 했을 것이다. 그것이 디플레이션 퇴치로 연결된다.

그러나 2012년 3월과 4월의 통화평균잔고는 오히려 전년보다도 감소하고 있었다.

"2011년은, 동일본대진재가 있었기 때문에 화폐를 증가시켰던 것으로, 금년에는 그것을 회수하고 있는 것입니다"라고 일은은 대답할지 모르겠다. 그러나 일본의 디플레이션 해소를 위해서 그것은 쓸데없는 일이다.

일은은 "7월과 8월은 통화를 늘리고 있다"고 반론할지 모르겠지만, 사실 밸런타인데이의 정책 변경 이후, 변화는 보이지 않는다. 일본경제의 체온이라 할 만한 주가도, 엔 환율도, 원래대로 되돌려 버린 것이다. 물론 디플레이션이 해소될 기미도 없다.

왜 그렇게 되어 버린 것일까—.

밸런타인데이의 정책 변경이, 단기간이기는 하지만 효과가 있었던 것은, '일본은행의 스탠스가 변했다'는 마인드가 시장에 퍼졌기 때문이다. 일본이 디플레이션을 탈각할 수 있을 것 같은 정책을 일은이 보임으로써, 엔의 가치가 떨어지는 것은 아닐까 하는 '기대'를 시장 참가자가 가졌던 것이다.

하지만, 그 후 시라카와 총재가 안팎에서 행한 강연이나 스피치에는, '일은은 디플레이션을 해소할 수 없을 것'이라는 본심이 옷 밑의 갑옷처럼 보일락 말락 가물거리고 있었다. 결국, 시장 참가자는, '일은법 개정의 움직임도 있어서 마지못해 정책 변경을 했던 것이었군'이라고 간파해 버린 것이다.

또 일은이 진심으로 인플레이션 '예상목표[目途]'를 달성하려고 했다면, 2월의 정책결정 회합만이 아니라, 그 후의 정책결정 회합에서도 적극적인 금융확장을 계속했을 것이다. 그러나 반복되겠지만, 두 번째 화살, 세 번째 화살은 발사되지 않았다.

1%의 '예상목표[目途]'로 효과가 별로 없다면, 미국을 따라 2%로 하면 좋았다. 매입시장조작의 양을 증가시키거나 대상 증권을 어떻게 선택할 것인지 등, 얼마든지 수단이 있었을 것이다. 다만 일은은 움직이지 않았다…….

지금까지 일본을, 디플레이션, 엔고, 불황으로 이끌어 온 일은도, 밸런타인데이에는 약간 걷는 방향을 바꾼 듯이 보였다. 이것은 미국 FRB의 움직임을 참고로 한 것인지도 모르겠다.

하지만 역시 일은은 일은이고, 이전 그대로 계속 '디플레이션의 파수꾼'(이와타 기쿠오 교수)으로 남아있고 싶을 것이다.

그것을 알아버렸기 때문에, 시장이 디플레이션 해소의 기대를 가질 수도 없게 되었다. 결국 일은은 진심으로 디플레이션을 해소할 생각이 없었던 것이다.

일은의 금융정책으로 잃어버린 세수 31조 엔

일은의 정책이 자신들의 사정이나 체면, 이해를 우선시한 것임은, 해외의 학자들에게는 상상도 할 수 없는 것이리라.

"일은의 머니터리 폴리시 monetary policy 는 푸어 poor 하다."

다카하시 요이치 씨는 프린스턴대학 유학 중에 몇 번이나 그렇게 들었다고 한다. '푸어'에는 가난하다는 것만이 아니라, 서툴다는 의미도 포함되어 있다.

무엇보다도 비난의 목소리가 많았던 것은, 2000년 8월의 제로금리정책의 해제다. 당시 유럽에 있던 폴 크루그먼 교수의 경우 다카하시 씨에게 일부러 메일을 보내 "이 조치가 결국 실패할 것"이라고 했다 한다.

— 일은의 디플레이션 대책이 세계의 양심 있는 경제학자의 웃음거리가 되어 버렸다는 이야기이다.

일은이 통화를 늘려서 디플레이션을 해소하고, 완만한 인플레이션 상태로 가져가지 않는 한, 일본경제는 부활하지 않는다. 그것을 하지 않고 제로금리를 해소해서는 안 된다. 그것이 해외의 학자들의 통일된 의견이었다. 그 견해가 올바른 것이었음은, 그 뒤의 일본경제가 증명해 버렸다.

일은이 적절한 금융정책을 계속 시행했다면, 아마도 2% 정도의 완만한 인플레이션이 되어 있었을 것이다. 그렇게 해서 디플레이션을 탈각했으면, 실질성장률도 2% 상승했을 것이다. 그로 인한 세수 증가는 무려 31조 엔으로 재정재건에 크게 공헌하고 있었을 터이다.

그러나 일은에는 극단적이라 할 만큼 인플레이션을 싫어하는, 아니 두려워하는 DNA가 있다…….

인플레이션을 두려워하는 부조리한 이유

일은의 커다란 문제 중 하나는, 인플레이션에 대한 자세와 디플레이션에 대한 자세가 완전히 다르다는 점이다.

인플레이션에 대해서는 '이건 큰일났다'고 소란을 떠는 것에 비해, 디플레이션에 대해서는 아무것도 아닌 것처럼 어떤 대응도 하지 않고 묵인한다.

이것은, 앞에서 언급한, 낙하산의 대상이 되기도 하는 단자회사短資會社의 이해가 관계하고 있을지도 모르겠다. 일은 맨은, 낙하산 인사를 보내 놓고서 "단자회사와 같은 작은 이익으로 일은이 움직이고 있다고 생각합니까? 지금까지의 저금리로 단자업자는 일은을 신뢰하지 않게 되었습니다. 일은 맨이 단자회사 근처에 가면, 돌을 맞게 될 겁니다"라는 식의 이야기를 한다. 혹은 디플레이션에 의해 상대적으로 이익을 얻는 부유층 사람들, 그에 가까운 일은 간부의 센티멘트(정서)를 반영하고 있는 것인지도 모른다.

일은은 인플레이션에 대한 트라우마가 상당히 크다. 그렇게 지적하는 것은 와카타베 마사즈미 교수다. 그 트라우마라는 것은 어떤 것일까. 『일본은행백년사』 서문에 실린, 당시 총재였던 마에카와 하루오前川春雄 씨의 기념강연 중에 다음과 같은 이야기가 있다.

"일본은행의 사명은, 통화의 안정이다. 그리고 일본은행의 창설은 불환지폐의 난발 때문에 발생한 인플레이션 수습에 큰 목적이 있다."

즉 일은은 창설 당초부터의 목적을 '인플레이션과의 싸움'이라고 자기정의를 하고 있는 것이다.

일은은 패전 이전, 군국주의 노선을 따라 국채를 끝없이 인수했다. 그 때문에 종전 후의 일본은 심각한 하이퍼인플레이션으로 큰 타격을 받았다. 그때의 굴욕이나 패배감이 일은에게 있어 오랫동안 트라우마가 되어 있는 것이리라.

또한 1970년대 전반에도 오일쇼크로 상당히 심각한 인플레이션이 일어났다. 소위 공급측면이 급변하면서 시작된 인플레이션이지만, 실제로는, 과도한 금융완화정책에 오일쇼크가 박차를 가한 것이라는 고미야 류타로 교수의 비판이 옳다.

1974년에 오쿠라쇼 출신자로서 일은 총재에 취임한 모리나가 데이이치로森永貞一郎 씨는, 당시의 후쿠다 다케오福田赳夫 수상에게 다음과 같은 지적을 했다고 한다.

"통화 공급량, 은행대출의 동향에 유의하여, 만일 위험 라인을 넘을 것 같으면, 가령 불황하의 상황이라 하더라도, 기회를 놓치지 않고 금융의 긴축을 행한다. 그리고 두 번 다시 인플레이션을 일으켜서는 안 된다."

인플레이션과 싸우는 것이야말로 본업 — 일은은 그렇게 생각하고 있다. 그것이 2012년 2월 14일, 1%의 인플레이션을 '예상목표[目途]'로 하는 정책을 실시할 때에도 '인플레이션 목표' 혹은 '인플레이션 타깃'이라는 말을 결코 사용하려고 하지 않았던 이유이다. 그들의 DNA에게 있어서, 인플레이션이 '목표'가 되는 것은 있어서는 안 되는 것이다.

인플레이션이 될 걱정은 제로라도

　일본경제는, 과거에 국민이 고생을 거듭하며 쌓아 올린 생활수준 위에 섬으로써, 안전하고 또 풍요로운 생활을 가까스로 유지하고 있다. 결코 현재의 자본설비나 인적자본 등을 충분하게 사용해 생산이나 소비활동을 행하고 있는 것이 아니다. 선진국이 되고나서 세월이 지나 GDP의 성장률이 다소 떨어지는 것은 어쩔 수 없지만, 가동률이나 생산의 증가에 관해서 말하자면, 일본은 세계경제의 열등생이다.

　이미 말했듯이, 거시경제에 있어서 일본의 눈에 띄는 특징은, 디플레이션과 엔고, 그리고 그것을 초래한 긴축금융정책이다. 이 긴축금융정책을 지탱하고 있는 것이 1997년에 성립하고 98년에 실시된 신일본은행법(이하, 신일은법)이다.

　신일은법에서는, 초긴축적인 금융정책을 위한 인센티브와 권한이 주어져 있다. 이 법률을 바꾸지 않고서는, 즉 일은을 법으로 묶지 않고서는, 일본은 이 불황에서 벗어날 수 없는 것은 아닐까.

　구일은법은, 전시 중에 생긴 통제색이 강한 법률이었다. 제1조에는 "일본은행은 국가경제 총력의 적절한 발휘를 도모하기 위해"라고 기록되어 있고, 제42조에는 "일본은행은 주무대신이 이를 감독한다"고 되어 있다. 여기서 주무대신이라 함은 오쿠라대신大藏大臣이다. 즉 구법에서는 전비조달조차 내각의 의사로 일은에 강요할 수 있었던 것이다. 제47조에 의하면 "일본은행의 목적 달성에 특히 필요하다고 인정할 때"에는 내각이 일은 총재를 해임할 수 있었다.

오쿠라쇼의 감독하에 있던 일은에서는 종종 오쿠라쇼 출신자가 총재에 취임했다. 무엇보다 특히 물가안정과 경제 중 어느쪽을 취할 것인가를 결정할 때의 총재는, 오쿠라쇼 출신자가 많았다.

오쿠라쇼 출신자는, 물가의 안정과 경기 중에서 경기를 중시한다. 예컨대, 스미타 사토시澄田智 총재(1984~89년)는, 1985년 플라자합의의 후유증인 엔고 압력에 저항하고자 거시확장정책을 취했는데, 그 도가 지나쳐 토지나 자산 가격의 폭등을 방치해 버렸다.

전술한 인플레이션을 두려워하는 DNA에, 스미타 총재의 정책에 대한 반동도 있어서, 일은 간부는, 인플레이션이나 버블 방임이 되기 쉬운 정책을 보다 적대시하게 된다. 그 대표적 인물이었던 미에노 야스시三重野康 총재(1989~94년)는 긴축 일변도를 달렸다. 그리고 일은은 그 전통을 지키고자 한 것이다. 하지만 그것도 너무 지나쳤다.

디플레이션 상태의 경제침체가 15년이나 계속된 현재, 인플레이션이 될 우려는, 최근에는 전혀 없는, 제로이다. 그럼에도 일은은 인플레이션을 적대시한다. 일은은 필요 이상으로 쓸데없는 걱정을 하고 있는 것이다.

일은은 법으로 묶어둘 수밖에 없다

현재의 신일은법은, 일은의 독립성을 보장하고 있다. 제3조에서 말하길, "일본은행의 통화 및 금융조절에 있어서 자주성은

존중되어야 한다" — 재무성의 지시를 마지못해 따르며 인플레이
션이나 버블을 방임해 버리지 않도록 하기 위한 노림수이다.

일은법이 개정될 당시는, 중앙은행의 독립성이 거시경제의
안정에 도움이 된다는 연구결과도 많았다. 또한 관료에 대한 접대
스캔들이 많이 보도되기도 했다. 오쿠라쇼 大藏省에 대한 공격이
강해서, 일은에 금융정책의 독립성을 양보하는 것에도 저항할 수
없었을 것이다.

일은법 개정에는, 당시의 오쿠라쇼가 품고 있는 생각에 지나
치게 좌우되는 금융정책의 문제점을 시정하는 효과가 확실히 있
었다. 일은의 회합이나, 총재 혹은 정책심의위원의 강연 등, 금융
정책 본연의 모습이 투명한 유리창으로 되어 누구나 들여다볼 수
있게 된 점도 평가할 수 있다. 그 대신 이번에는 너무나 많은 권한
을 일은에 부여해 버린 것이다.

대부분의 나라에서는, 금융정책의 목표로서, 경제성장의 촉
진과 완전고용의 유지 등이 정해져 있다. 중앙은행에 자주성이 부
여되는 것은, 그 목표들을 달성하는 수단으로서 무엇을 선택할 것
인가에 있어서이다.

하지만 신일은법하에서는, 수단만이 아니라, 목적까지 일은
이 마음대로 정할 수 있다. 그것이 '독립성'이라고 되어 있는 것이
다. 더구나 그 결과에 대해 책임을 지는 일도 없다.

"일본은행은, 통화 및 금융의 조절을 행함에 있어서는, 물가
안정을 도모하는 것을 통해 국민경제의 건전한 발전에 기여하는
것을 가지고, 그 이념으로 삼는다."(개정일은법 제2조)

즉, 목표로서는 물가안정을 들고 있지만, 성장이나 고용을 목

표로 삼으라고는 써 있지 않다. '국민경제의 건전한 발전'은, 어디까지나 물가의 안정을 통해 달성된다는 논리이다.

"일본은행은, 그 행하는 통화 및 금융의 조절이 (중략) 정부 경제정책의 기본방침과 정합적인 것이 되도록, 항상 정부와 연락을 긴밀히 하고, 충분한 의사소통을 도모하지 않으면 안 된다"(개정일은법 제4조)는 규정은 있으나, 이것만으로는 일은이 '디플레이션의 파수꾼'됨을 그만둘 수 없었다.

일은은, 금융정책이 물가에 효과가 있다는, 경제학의 '쌀밥'이라고도 할 수 있는 대원칙을 인정하려고 하지 않는다. 혹은 인정하고 있어도 금융완화정책을 채용하려고 하지 않는다. 그런 상황이기 때문에, 일은의 정책에 무엇인가의 '테 箍'를 조일 필요가 있지 않을까.

적어도 일은이 채용하는 금융정책의 인센티브를 바꾸게 하고, 일본은행이라는 조직 이외의 이익, 즉 국민 전체의 성장이나 고용을 고려하게 해야 한다. 필요한 것은 일은을 법으로 묶는 것이다. 그렇다, 다시 한번 일은법 개정이다.

개정의 요점은, 이미 민주당 젊은 유지 有志 의원이나, 야마모토 고조 씨 등 자민당의 유지 의원이 적확하게 논하고 있다.

1. '고용의 유지'를 일본은행의 정책 목표로 한다.
2. 일본은행에 금융정책의 성과에 대해 책임을 갖게 한다.
3. 정부가 일은에 인플레이션 목표 설정을 의무지울 수 있다.

우선은 이상과 같은 개정이 필요할 것이다. 일은에 올바른 금융정책을 채용하게 할 인센티브를 주기 위해서는, 일은법 개정이 불가결한 것이다.

일은심의위원제도는 왜 기능하지 않을까

오쿠라쇼의 지배하에서 인플레이션을 저지할 수 없었다는 트라우마가 있는 일은에게 있어서, 1997년의 일은법 개정에서 독립성을 획득한 것은 상당히 큰 사건이었다. 염원을 이루었다고 해도 좋을 것이다.

하지만, 독립성이 과도해진 결과, 일은은 누구에 대해서도 책임지지 않게 되어 버렸다. 그리고 '디플레이션의 파수꾼', 혹은 '디플레이션의 수호신'과 같은 결정을 계속해 왔다.

신일은법 성립 때, 그 입안자는, 새롭게 생기는 '정책위원회'가 국민 대표의 감시자가 될 것을 기대했던 것일지도 모른다. 일은의 정책을 결정하는 것은, 엄밀하게는, 일은 총재가 아니다. 정책위원회 심사위원들의 다수결에 의해 결정되는 것이다. 다만, 그 의장은 일은 총재가 맡는 일이 많다.

나카하라 노부유키 씨가 정책위원회의 심의위원이었을 때에는, 엔고론자円高論者로 디플레이션 정책을 추진한 하야미 마사루 총재가 제안한 '제로금리 해제'에 끊임없이 반대했다. 내 논문의 공저자인 우에다 가즈오植田和男 심의위원도 한 번은 반대했다. 하지만, 사태가 거의 변하지 않았음에도, 두 번째부터 찬성으로 돌아서 버렸다. 그 후, 부총재였던 이와타 가즈마사 씨, 니시무라 기요히코 씨 등이 반대표를 던진 일이 있지만, 긴축을 좋아하는 일은의 결정에 커다란 영향을 미쳤는지는 알 수 없다.

나도 중참* 양 의원의 승인을 얻어 내각이 임명하는 심의위원이 일종의 브레이크가 될 것이라고 생각했던 적이 있다. 그러나 현실적으로 그것은 상당히 어려운 일이다.

원자력 발전의 감독을 해야 할 원자력안전·보안원이나 원자력위원회가 잘 기능하지 못했던 것을 기억하기 바란다. 예전에 조지프 스티글리츠가 통찰했듯이, 규제를 받는 주체가 강력할 때에는, 감독자와 피감독자가 서로 익숙해져 버려, 결국은 감독하는 측이 잡아먹혀 버리는 것이다. 이것은 '규제당국의 포로'라 불린다. 일은 심의위원의 경우도 같은 것을 말할 수 있다.

심의위원은, 수입 측면에서도 사회적 지위의 측면에서도, 매우 매력적인 직무이다. 그 때문일 것이다, 심의위원으로 부름을 받으면, 임명 전부터 일은을 변호하는 저서나 논설을 발표하는 케이스도 많다.

어찌 되었건, 심의위원의 오피스도, 정보도, 접대도, 모두 일본은행에 의한 것이기 때문에, 일은이 심의위원을 수중에 넣는 것은 어렵지 않다. 그렇게 생각하면, 나카하라 노부유키 심의위원은 정말이지 훌륭했다. 경영자로서의 경험도 그렇지만, 조겐슨 교수와 동급생으로 하버드에서 익힌 학식, 그리고 강인한 인격이 그것을 가능하게 했을 것이다.

* 중의원과 참의원이다.

나카하라 씨는, 차기 일은 총재 후보자 중 한 사람이다. 고령이지만, 항상 건강하고 격무를 대수롭지 않게 여긴다. 지난번, 금융정책의 결정요인에 관한 인터뷰 수록에 오셨을 때도 땀투성이 모습이었다. 무슨 일이지 하고 궁금해 하던 차에, 실은 가라테 연습 뒤였다는 것이다. 샤워를 하고, 제대로 된 정장 차림으로 갈아입은 뒤에 인터뷰를 시작했다.

하지만, 누구나 다 나카하라 씨와 같이는 할 수 없는 것이 현실이다. 최근, 학자 출신의 심의위원이 일은 비판으로 이해되는 의견을 발표했다가, 일은 간부에게 "그런 의견을 말씀하시면, 선생의 대학에서는 이제부터 심의위원을 뽑지 않겠다"고 들은 일이 있다고 한다. 이 이야기는, 어떤 학자의 친구로부터 들은 이야기이다. 이러한 소문에 진실미가 느껴지는 분위기 그 자체가 이미 문제이다.

낙하산으로 갈 단자회사를 위해 명목금리를 높게

은행들 사이에, 주로 1년 미만의 단기자금의 대차를 행하는 단자회사 短資會社.* 여기에도 일은의 큰 문제가 숨겨져 있다.

---

* 단자회사는 단기자금을 거래하는 인터뱅크시장에서 자금의 대차나 중개를 행하는 회사를 가리킨다. 금융기관들 사이에서 서로 조건이 맞으면 거래는 성립하지만, 단자회사를 통하는 편이 거래가 성립되기 쉽다고 알려져 있다. 일본의 경우 현재는 우에다야기단자 上田八木短資, 센트럴단자 短資, 도쿄단자 東京短資 의 3사가 있다.

단자회사는 법률상 일반 대금업자와 같은 위치에 있다. 하지만 일은의 입김이 닿는 단자회사에는 특별한 스테이터스가 부여되고 있다. '단자회사 지정'라고 해서, 일은에서 낙하산 인사를 보내는 곳에는 증권업무에 필요한 스페셜 라이선스가 부여되는 것이다.

다카하시 요이치 씨는 오쿠라쇼 시대에 그 스페셜 라이선스 제도를 담당하고 있었다고 한다.

"이 제도를 만들 때, 일은의 직원이 오쿠라쇼에 찾아와서, '이것이 없으면 정말 곤란하다'고, 당시의 오쿠라쇼 간부를 압박했다. 그래서 오쿠라쇼는 단자회사에만 스페셜 라이선스를 주기 위한 성령省令을 한 개 만들었다. 그때는 놀랐어요. '단자회사라는 것이 일본은행에게 있어서 이 정도로 중요한 것일까'라고요."

일본은행 직원이 낙하산으로 가는 단자회사는, 오피스 그 자체가 일본은행 주변에 있고, 이심전심의 관계에 있는 것 같다. 예전에 금리를 일은이 담당하고 있을 때는, 일은이 단자회사를 통해 콜(단기)자금의 이자율 조정을 할 수 있는 기능이 중요했다. 하지만, 지금 금리는 시장에서 결정되는 것이 겉으로 보이는 명분이다.

미국에는 단자회사 같은 존재가 없다. 가장 단순한 자금의 수급, 즉 시장이 결정하는 것에 일은 등이 말참견을 할 필요가 없는 것이다. 다카하시 씨도, 미일 협의 때에 "저건 뭐죠"라고 항상 질문을 받고 "스페셜 회사입니다"라는 난처한 대답밖에 할 수 없었다고 한다.

일은 직원이 어느 정도 단자회사에 낙하산 인사를 보내고 있는지는 알 수 없지만, 단자회사의 이익이 일은의 이해와 연결되어 있게 되면, 국민경제에 영향을 미칠 금융정책이 왜곡되어 버리게 된다.

단자회사는, 아무리 실질금리가 높아도, 명목금리가 높지 않으면 돈을 벌 수 없다. 그 때문에 명목금리 수준을 유지하는 것이 필요해 지는데, 이는 일은의 금융정책에 디플레이션으로 연결될 바이어스를 가한다.

중앙은행에 있어서, 시장의 공개시장조작은 필요하지만, 시장에는 두 가지 종류가 있다. 인터뱅크시장이라는 은행 중심의 시장과, 채권이 중심인 오픈 마켓이다.

오픈 마켓에서 채권 중심의 공개시장조작을 하는 편이 수단도 다양하고 금융정책도 효과가 있다. 하지만 단기시장 보호를 생각하면 할 수 없는 일이다.

일은이 효과적인 금융정책을 내놓지 않는 뒷면에는, 그러한 일본적인 배경이 있다고 하지만, 올바른 경제학에 의해, 본래의 국민복지를 위해 금융정책을 사용하도록 하기 위해서는, 단자업자의 사익이 국민의 이익을 침해해서는 안 된다.

FRB와 일은의 커리어 패스 career path 의 차이로

일은에는, 도쿄대학 법학부 출신자가 많다. 그 의미에서 역시 일은도 '관료조직의 하나'라는 견해가 생긴다. 그러나 최근에는 시라카와 총재를 비롯해 기획국 간부 중에는 경제학부 출신자도 많다. 따라서 "법학부 졸업생이 쥐고 흔들고 있다", 혹은 "법학부 졸업생이 금융정책을 잘못하고 있다"고, 간단하게 말할 수는 없다.

하지만 나의 감각으로 말하면, 도쿄대학 법학부 출신자는 논리가 좋고, 지적이고 강건하며, 관청이나 은행 일에 관해서는 순발력이 있고, 끝까지 일을 완수하는 사람이 많다.

이해해 주었으면 하는 것은 법의 논리와 경제의 논리가 완전히 다르다는 점이다.

법의 논리는, 소송에 이기기 위해서 (공무원의 경우는 행정행위 때문에 고소당하지 않기 위해), 일정한 결론을 전제로 해서 정당화하는 것이다. 내가 훈육을 받은 가와시마 다케요시 선생은 "(어떤 목적을) 위해 하는 논리"라고 불렀다. 말이 어색할지 모르지만 '이유를 붙이는' 것이다.

경제학자는, 이 책과 같이, 국민경제 전체에 대해 생각하고, 정책 제언도 한다. 그러나 그 효과는, 굳이 말하자면, 간접적이고 일반적인 것에 불과하다. 법학을 배우고, 법조계, 특히 변호사가 되는 사람은, 국민 한 사람 한 사람의 구체적인 생활을 구제하는 것도 가능하다. 그 때문에도 법률학은 귀중하고, '(어떤 목적을) 위해 하는 논리'도 크게 유효하다.

경제현상에 대한 나쁜 법적 이론의 사용방법은 다음과 같다. 예컨대, 일본은행이 '화폐를 아무리 증가시켜도 물가수준은 변하지 않는다'라는 것을 일은의 입장으로 결정했다고 하자. 그런 것에 이유를 붙여 정당화하는 것이 법적 논리이다. 과연 관료적인 스타일이다. 즉, 법학부 출신자가 의기양양해 있다기보다 사물의 논리를 내버려 두고 법적 논리가 지배하고 있다고 할 수 있을 것이다.

한편, 경제의 논리에서 중요한 것은, 사물이 실제로 어떻게 기능하는가 하는 것이다. 명분이 아니라 '실제로'가 중요한 것이다.

아무리 훌륭한 이론이 있어도 '정말로 그렇게 됩니까?'라고 묻는 것이 경제의 논리이다. 물은 높은 곳에서 낮은 곳으로 흐른다. 지구는 태양의 주변을 돌고 있다. 그것들을 이론(법적 이론)을 가지고 역전시키려고 하기 때문에, 일은은 외국인으로부터 '푸어'라는 소리를 듣는 것이리라.

구경제기획청이나 내각부의 경우, 혹은 경제 관계의 성청省廳의 경우, 인사시스템이 로테이션으로 되어 있고, 직원을 제너럴리스트로서 키우는 일이 많다. 통계, 계량경제, 금융론 같은 전문 분야에서도, 2~3년마다 이동해 간다. 그에 대해 일은에서는, 우수한 자는 연구부서에 5년 정도 놓아두는 것도 가능하기 때문에, 자리 잡고 앉아서 전문적인 공부를 할 수도 있다.

따라서 재무성이나 경제산업성, 내각부 같은 다른 성청에 비하면, 일은 조사 부문의 전문가 양성 시스템은 뛰어나다고 할 수 있다.

다만 문제는, 그렇게 시간을 들여 키운 전문가도, 일은에 불이익이 될 만한 일에 관해서는, 경제상식과 동떨어진 정책이라도 '이유를 붙여 정당화하는' 것에 전념해 버리는 것이다.

미국에서는 경제학 박사학위를 취득하여 FRB에 취직하는 것이 커리어의 입구와 같은 느낌이 든다. 말하자면 '엔트리 잡entry job'이다. 거기에서 학계나 민간기업으로 진출하는 형태가 '성공의

길'이 된다.

그러나 일본에서는, 일은에 취직하는 이상의 성공이 없다. 일
단 취직하면, 정년까지 '일은 이코노미스트'로서 끝까지 임기를 마
치게 된다.

그래서 문제는, 일은 이외의 사고방식이나 방법을 모른 채로
끝나 버린다는 사실이다.

관청와 같이 외부와의 인재 교류가 적은 조직에서는, 인적자
본의 형성도 잘 이루어지지 않는다. 조직이 닫혀 있기 때문인데,
예컨대 틀렸다고 생각해도 상사가 말하는 것을 조용히 들어야 하
고, 언젠가 자신도 그 사고방식에 물들어 버리게 된다.

실제로, 시라카와 총재는 인격적으로 존경받고 있다. 해외의
경제학자들도 일은이 주최하는 국제회의에 초대받으면 기뻐서 모
인다. 다만, 그러한 국제회의에서 세계 일류의 학자들이 해 준 어
드바이스를, 자신들에게 불리할 때, 일은 맨은 무시해 버린다.

변하지 않는 관료적 마인드

시라카와 총재는, 예전에 내가 보낸 공개서한에 대답해 주지
않았다(서한이 게재된 책을 수령조차 하지 않았다). 한때, 나는, 2012년 2월 14
일의 인플레이션 '예상목표[目途]' 설정이라는 형태로, 부분적이라
도 대답해 줄 것인가 하고 희망적 관측을 가지고 있었는데, 그 후
의 물가, 엔, 주가의 움직임이 보여주듯이, 효과는 충분하지 않았
다. 이미 말했듯이, 밸런타인데이의 선물은 '의리 초코'였다.

왜냐하면 일은 총재에게는 측근도 많이 있다. 총재의 연설 초고를 쓰고 있는 사람들은, 아마 지금도 '일은류이론'에 온통 물들어 있다.

다카하시 요이치 씨는 "관료라고 하는 것은 한 사람으로는 움직일 수 없습니다. 조직으로 움직입니다. 따라서 좀처럼 임기응변으로는 변하지 않는 것이죠"라고 한다. 그럴 것이다.

밸런타인데이의 정책 변경은, '해외에서는 모두 금융완화를 하고 있다. 자신들도 조금은 해 두지 않으면 (안 된다)'는 것으로, 그것을 하지 않으면 비판받기 때문에, 본의가 아니면서도 변경했을 것이다. 즉 '추궁만 당하지 않으면 된다'는 관료적 마인드이다.

관료적 마인드는 '수비 범위의 협소함'이라고 환언할 수도 있다. 자신들은 이 정도밖에 할 수 없다, 일부러 새로운 것으로 나아가지 않는다, 그러한 스탠스를 취함으로써 실패를 줄이려고 한다.

이는 세상에서 말하는 '실패'의 정의와는 다를지도 모른다. 관료적인 발상에 있어서 '실패하지 않는다'는 것은 '추궁 당할 것 같은 것은 절대로 하지 않는다'는 것이다. 성공해서 평가받는 것보다도, 실패하지 않고 평가를 떨어뜨리지 않는 것을 선택한다.

바꾸지 않는다, 새로운 것을 하지 않는다, 실패하지 않는다, 추궁 안 받게 한다. …… 그러한 의식의 축적으로 생겨난 전통, 그것이 '일은류이론'이고, 일은이 이론, 사실, 데이터에 의해 자신들이 틀렸다는 것을 (아마도) 알면서도, 거기에서 벗어날 수 없는 이유일 것이다.

그럴 경우 불행한 것은, 디플레이션, 엔고, 불황으로 고통받

는 국민이다. 2012년 2월 14일의 충격을 교훈으로 삼아야 하는 것
은 국민인 것이다 ―.

제6장

증세 전에 절대 필요한 정책

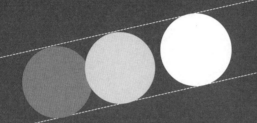

석유위기가 보여주는 '인플레이션은 제어 가능'

앞에서 언급했듯이, 일은에는 인플레이션에 대한 극도의 혐오감이 있다. 하지만 다치 류이치로는 말한다.

"일본의 고도성장은, 해마다 다르지만, 한 자리대의 인플레이션과 함께 공존하고 있었다."

1955년까지는 패전으로부터의 회복기였다. 당시 일본경제는 확실히 극심한 인플레이션에 타격을 받았다. 그로 인해 국민도 힘들었다. 그러나 그렇다고 해서 전간기 유럽에 나타난 하이퍼인플레이션은 아니었다. 인플레이션이라고 듣고 곧바로 하이퍼인플레이션을 상상하는 것은 단기적으로 지나치다. 그렇게 만들기 위해 일은이 선전하고 있을 뿐이다.

하이퍼인플레이션이 얼마나 힘든 것인가. 그것은 상상할 수 없을 정도이다. 1926년의 헝가리에서는 1년 동안 물가가 10의 16제곱 배까지 폭등했다고 한다. 1조 배가 10의 12승이니까 조의 1만 배, 즉 '경배 京倍'이다.

물가가 오른다는 것은 돈의 가치가 떨어지는 것이라 당시의 헝가리 국민은 급료를 받으면 곧 물건으로 교환해야 했다. 환율도 급속하게 하락하기 때문에 나라 전체가 투매(덤핑)의 상태가 되기도 한다.

예전에 우리 선배들이, 일본의 대학을 위해, 전간기 독일에서 책을 사 모으려고 했을 때, 한 권씩이 아니라 "이 서가에 있는 것 전부 팔았으면 좋겠다"고 해서 사들였다고 한다. 독일도 그 정도로 참혹한 상황이었던 것이다. 덕분에 일본 대학의 장서가 충실하게 된 것이지만, 당시의 독일인은 견디기 어려웠을 것이다.

확실히 일본에서도 패전 후 혼란기에 발생한 물가폭등은 무시무시했다. 1946년 초부터 49년 초까지, 도매물가는 20배로 상승했다. 그러나 그 후, 한국전쟁[朝鮮戰爭]으로 인한 특수特需도 지속적인 도움이 되었고, 일은의 금융정책도 주효하여 일본경제는 완만한 물가상승으로 전환하게 된다.

그러한 비상사태에도 극심한 인플레이션은 오랫동안 지속되지 않았다.

일본의 고도성장시대, 1960년부터 72년에, 일본의 실질국민소득은 약 3배로 팽창했다. 세계가 '기적'이라고 칭하는 회복과 성장이다. 그 사이 일본의 인플레이션은 완만하게 계속되고 있었다.

도매물가지수는 1960년부터 12년 동안, 1971년을 제외하고 3% 이내이기는 하지만 계속 올랐다. 소비자물가도 한 자리대, 많은 시기 5%를 넘는 비율로 계속 상승했다. 그러자 구인과 구직 배율인 유효구인배율도* 1960년대 후반에는 1을 계속 넘고 있었다.

한편, 완전실업률은 2%대로 수습되고 있었다. 디플레이션을 계속 유지하고 싶어 하는 일본은행은, 그리고 그에 동조하는 이코노미스트나 매스컴은, 이러한 시기가 일본에게는 위험한 인플레이션이었다고 생각할 것이다.

그 후, 1973년에 아랍 국가들이 원유가격을 최종적으로 4배 가까이 인상하면서, 일본은 석유위기에 빠졌다. 그 결과, 수입가

---

* 공공직업안내소에 등록되어 있는 구직자 수로 구인 수를 나눈 것이다. 노동의 수급상태를 나타낸다.

격을 더 반영하는 도매물가는 1973년에 21.3%, 74년에 67.8%나 폭등했다.

소비자물가에 대한 영향은 조금 늦어 1973년에 11.7%, 74년에 23.9%, 75년에 12.1% 상승했다. '광란물가'로 일본 열도는 대혼란에 빠졌다. 이는 확실히 수입 인플레이션이었다.

이에 대해 고미야 류타로 씨는 "금융정책을 확실히 하고 있었으면, 이 정도까지 소비자물가가 폭등하는 일은 일어나지 않았을 것"이라고 비판하고 있다. 그러나 일본은행은 "금융정책으로는 물가를 완전하게 컨트롤할 수 없다"고 반론한다. 이것이, 화폐공급은 수동적인 것이라는 '일은류이론'의 인플레이션에 대한 적응이다.

하지만 고미야 씨의 경고가 효과가 있었던 것일까. 1980년, 제2차 석유위기가 일본 열도를 습격했을 때, 도매물가는 1년에 17.8%가 올랐지만, 소비자물가의 상승은 8%로 수습되었다. 물가의 컨트롤은 가능했던 것이다.

물가상승은 확실히 가계에 영향을 미친다. '인플레이션'이라는 말의 울림 그 자체가 네거티브하게 받아들여지는 경향도 있다.

하지만 고도경제성장기의 일본은 완만한 인플레이션이었다. 과연 '인플레이션이 싫으니까 고도경제성장도 필요 없다'고 말할 수 있는 사람이 있을까. 현재 일본의 생활수준, 풍부한 대외자산은, 고도성장이 초래한 것이기도 하다.

현재 일본은 고도성장기의 절반 정도의 인플레이션도 허용할 수 없는 것일까. 그렇지는 않을 것이다. 패전 직후의 혼란기를 제외하고, 전후 일본에서 국민이 곤경에 처할 정도의 인플레이션에 습격당한 것은 1973년부터 74년뿐이다. 더구나 그것은 허를 찔린 석유위기에 의한 것이다. 일은의 인플레이션 퇴치능력은 발군이어서, 제2차 석유위기 때에는, 그 억지능력이 완전하게 기능했다.

그러면, 지금의 일본에 극도의 인플레이션이 발생할 염려는 없다고 해도 좋다. 그러한 전제가 있기 때문에 비로소 나는 일본에 완만한 인플레이션 목표를 도입해야 한다고 생각하는 것이다. 그리고 그것은, 소비세를 도입하는 것보다 반드시 먼저 시행되어야 한다.

세수가 5조 엔이나 줄어든 하시류橋龍 내각의 교훈

일은이 반反인플레이션의 DNA를 가지고, 금융정책에 대해 몰이해沒理解하다면, 그리고 자기의 이해에 집착하여 올바른 정책을 시행할 수 없다고 한다면, 기대해야 하는 것은 정치이다. 하지만 제1장에서도 언급했듯이, 정치의 세계도 '돌팔이의사'뿐이다. 센고쿠 요시토 씨처럼 "디플레이션 갭은 그대로 두어도 괜찮다"는 사람도 있을 정도이다.

"예컨대 디플레이션 갭이 있다고 해도, 바닥bottom 보다 조금이라도 잠재성장률이 높아지면 증세한다."

이는 자민당 시대의 요사노 가오루의 말이다. 그것을 들은 다카하시 요이치 씨가 "디플레이션 갭이 있을 때에도 증세할 것인가"를 확인했더니 대답은 "예스"였다고 한다. 디플레이션 갭이 40

조 엔 혹은 50조 엔 있다고 해도, 상승 과정이 되면 증세해야 한다고 생각할 것이다.

매스컴의 세계에서 경제학을 올바로 이해한 뒤, 배포된 당국의 종이가 아니라, 스스로 데이터를 분석하여 기사를 쓰고 있는 몇 안 되는 기자인, 산케이신문의 논설위원 다무라 히데오 씨는, 하시모토 류타로 정권에서 저지른 큰 과오를 지적하고 있다.

당시 소비세가 3%에서 5%로 올랐다. 그 결과로 소비세에 의한 세수는 4조 엔 증가했지만, 디플레이션 갭도 있어서, 소득세와 법인세에 의한 세수가 5조 엔 이상 감소해 버렸다 —.

하시모토 정권에서의 소비세 증세는 세수 증가로 이어지지 않았던 것이다.

산업계가 소비세 증세에 찬성하는 것은, 소비세 증세로 소득세나 법인세가 줄어들 수 있을 것이라는 기대 때문이다. 하지만 소비세가 인상되면 물가가 오른다. 당연하게 소비는 줄고, 기업의 매상도 감소한다. 따라서 과세액의 몇 할인가는 생산자나 사업자에게도 전가되는 것이다.

2014년에 예정되어 있는 증세는, 하시모토 내각 때와 달리 결과가 좋을 것이라는 근거는 전혀 없다.

간 나오토 씨가 수상 시절에 시작하고, 노다 요시히코 씨가 마치 재무성의 꼭두각시 인형처럼 폭주한 소비세 증세. 그것이 실현되면, 하시모토 정권 시대와 같이, 전체적으로 세수가 감소할 가능성이 매우 높다. '세율이 높아지면 재정이 재건될 것'이라는 기대는, 정말이지 '김칫국부터 마시는" 것이다.

소비세 두 배로 사회적 손실은 네 배로

여기서 소비세 세율을 올린 경우에 어떤 경제효과가 있을 것인가를 생각해 보자.

일본의 세수가 빈약하여, 세계적으로 봐도 거대한 재정적자나 공채잔고를 안고 있는 것은 잘 알려진 사실이다. 증세파가 보여주는 일본의 정부채무는 GDP의 두 배를 넘고 있어 확실히 정부는 빚투성이다.

다카하시 요이치 교수나 콜롬비아대학의 데이비드 와인스타인David Weinstein 교수가 말하듯이, 일본정부는 자산을 많이 가지고 있으니까, 부채만 문제 삼지 말고, 순純 정부채무도 생각해야 한다. 그러나 정부가 가지고 있는 채무를 뺀 정부 순자산으로 봐도 장기적으로 재정재건을 실현하는 것이 필요하다고 생각한다.

단 그것을 어떻게 실현할 것인가에 대해서는 재무상財務相 응원단인 재정재건론자와는 확실히 다르다. 우선 이해해 주셨으면 하는 것은, 이와 같은 재정사정이 반드시 낮은 세율 때문에 발생한 것이라고 할 수 없다는 점이다.

후쿠이 일은 총재가 고이즈미 수상과의 약속을 지키고, 양적

---

* 원문에는 'とらぬ狸の皮算用'라고 되어 있어 직역하면 '너구리 굴 보고 피물皮物 돈 내어 쓴다'이다. 서양속담에 있는 '부화하지 않은 병아리를 세어 보지 마라'와 같은 의미이다.

완화의 결과로 일본경제가 순항을 계속하던 2006년까지는, 재정 사정이 그렇게 나쁘지 않았다. 재정 핍박의 주원인은 긴축이 너무 과도해서 일본경제가 엔고라는 거센 파도에 직면하게 되고, 그 때문에 경기가 정체된 것에 있다. 세율을 높이는 것만이 반드시 재정을 구제하는 방법이라고 할 수 없는 것이다.

가령 5%의 소비세가 10%로 인상되었다고 하고 정부지출이 변하지 않았다고 하자. 구체적으로는, 예컨대 100엔의 햄버거에 부과되어 있는 소비세 5엔이 10엔으로 오른다.

소비세가 상승하여, 그것이 물가에 추가로 더해지면, 당연히 소비수요는 감퇴하게 된다. 케인스경제학의 첫걸음, 즉 거시경제학의 소득결정이론으로 보면, 이것이 국민 전체의 수요를 감소시키고, 국민소득을 감소시킨다.

이것이 '하시류증세 橋龍增稅'에서도 발생한 것이다.

공급측면을 중시하는 신고전학파로부터는, "그것은 케인스의 사고방식이고, 국민소득은 공급에서 결정되는 것"이라는 반론이 있을지 모르겠다.

모든 사람이 완전히 미래를 예견하고 온갖 재화의 가격이 유연하게 움직이는 완전고용경제라면, 증권 가격은 장래의 정보를 완전하게 소화하고, 자원도 완전하게 이용되며, 따라서 실업도 발생하지 않는다. 그러나 리먼쇼크 이후 세계경제의 혼란은, 이와 같은 경제학이 틀렸다는 점, 즉 '반 反케인스혁명'이 너무 지나쳐 우리들의 인식을 흐트러뜨리고 있음을 보여주고 있다.

가격 메커니즘은, 예컨대, 햄버거를 생산하여 판매하는 데 얼마나 들고, 거기에 소비자가 얼마나 지불할 것인가를 매개로 자원

배분을 능률적으로 하려는 것이다. 하지만 소비자가 지불한 10%가 정부의 품으로 들어가게 되면, 소비자의 시그널이 생산자에게 전달되지 않게 된다. 마찬가지로 생산자 비용도 10% 증가로밖에 소비자에게 전달되지 않게 된다.

이렇게 세금, 예컨대 소비세는, 수요의 시그널과 공급의 시그널 사이에 문설주를 세우는 것이다. 소비세의 세율이 두 배가 되면, 사회적인 손실은 두 배가 아니라, 그 제곱, 즉 네 배가 되는 것이다.

이렇게 생각하면, 재정지출이 필요하더라도 세율을 급격하게 올리지 말고, 완만하게 움직이도록 하는 것이 좋다. 이를 '리카도 조세평준화 이론'이라고 하고, 재정학 강의에서는 반드시 가르쳐야 하는 내용이다.

정부가 공공적인 지출을 행해야 할 경우 증세가 필요하기도 하지만, '가급적 많은 세대로부터 조금씩 거두라'는 것이다.

도쿄대학 경제학부의 이토 다카토시와 이토 모토시게 伊藤元重 두 교수가 많은 학자에게 제안한 소비세 증세에, 같은 학교 재정학 전문가인 이호리 도시히로 井堀利宏 와 이와모토 야스시 岩本康志 두 교수가 참여하지 않은 것은, 이 제언에 '동일본대진재의 피해는 이 세대에게만 부담시켜야 한다'는 주장 때문일 것이다. 이호리와 이와모토 두 분에게는 경의를 표하고 싶다. 두 사람의 이토 씨는 훌륭한 경제학자이고, 또한 뛰어난 계몽가이기도 하다. 그러나 지진 피해의 부담에 관해서는 두 분의 의견에 찬성할 수 없다. 병이 나은지 얼마 되지 않는 아이에게 무거운 짐을 지게한 뒤, "좀 더 몸 상태가 나아지면 짐을 내려줄게"라고 하는 것과 마찬가지이기 때문이다.

재정정책에 관한 의견은 별도로 하더라도, 이토 다카토시 씨는 인플레이션 타깃을 학자의 입장에서 장려하고 있다. 국제회의를 돌아다니며, 일본의 중견 거시경제학자로서 펼친 대활약은 국제적으로 잘 알려져 있다. 일본의 금융론이나 거시경제학의 기수라고 해도 좋을 것이다.

따라서 민주당이 이토 씨의 일은 부총재 취임을 거부했을 때는, 정말이지 나도 유감스러웠고, 본인도 '심야와 새벽에 이루어지는' 기자의 기습 취재에 힘들었다고 한다. 그의 뛰어난 역량을 고려하여 이토 다카토시 씨를, 나는 일은 총재 후보로 추천하고 싶다.

증세의 메리트는 있는 것일까

물론 증세의 메리트도 생각해 두어야 한다. 그것이 공평한 법이다.

지금 일본의 재정적자는, 정부의 세稅 부담을 미뤄온 정책의 결과이다. 국민에게 좋은 얼굴을 하고, 그 재원 조달을 세금에 의하지 않고 차입(공채)으로 조달하려고 해 왔다. 만약 용기를 가지고 증세하여 재정적자를 해소하고, 그렇게 함으로써 공채 누적을 방지할 수 있다는 사실을 알게 된다면, 공채의 원리元利 지불로 인한 후세대의 세 부담이 해소된다. 그렇게 함으로써 국민 전체에 드리운, 개운치 않는 불안감이 없어진다. 국민의 장래에 희망이 생겨나고, 일본경제는 회복된다.

이런 것은 200년 전인 19세기 초, 영국의 천재 경제학자 리카도가 고찰하고 있다.

"재정지출을 일정하게 하고, 공채를 발행하건 세금을 부과하건, 사람들이 올바른 예측을 가지고, 자본시장이 완전하면, 거시적으로 결과는 변하지 않는다. 왜냐하면 정부가 국민의 세 부담을 줄이려고 공채를 발행하더라도, 사람은 현재의 소비를 늘리지 않고, 자신의 자손이 지게 될 세 부담을 생각해서 소비를 삼가려고 하기 때문이다."

이것이 리카도의 '세금과 공채의 중립명제'이다.

이 명제는 '경제를 자극하려고 과세 대신에 공채를 발행하여 국민 부담을 지연시키고자 해도 그것은 도움이 되지 않는다'라는 형태로 이용된다. 이를 현재의 일본에 적용하면, '증세하여 지금은 힘들더라도, 장래의 국민 부담이 없어지기 때문에, 전망이 밝아지고 국민생활은 개선된다'는 것이 된다.

그러나 리카도명제는 '언제 세금을 거두더라도 장기적으로는 변화가 없다'는 것이지, '증세하는 편이 좋다'고 이야기하는 것이 아니다.

또한 다음과 같은 문제도 있다. 그것은, 누구나가 자손을 가지고 있는 것은 아니다, 라는 것이다. 국민 전원이 자손을 염려하여 합리적으로 행동하는 것은 아니다. 즉 리카도명제는 무너지고, 앞에서 검토했듯이, 증세는 실업과 경기침체를 초래한다.

재무성이나 내각부 등에서 발표하는 증세 부담의 계산은, 왕왕 생산되는 파이 GDP가 일정하다는 전제하에, 소비증세를 통해 정부(재무성)가 국민으로부터 얼마나 거둬들일 것인가를 계산하는 경우가 많다. 그러나 세금에는 전체 파이를 감소시키는 성질이 붙어 있는 법이다. 그 부담은 세율을 5%에서 10%로 두 배로 하면 네 배로, 5%에서 15%로 세 배로 하면 아홉 배까지 팽창하게 된다.

정부가 파산하더라도 국민은 절대로 파산하지 않는다

재정재건이 최우선 과제라는 논자는, "일본은 정부채무 잔고가 높기 때문에, 그리스와 같이 될 가능성이 있다"는 주장을 전개한다. 하지만 이 주장은 몇 가지 이유에서 완전하게 틀리다. 국민을 재무성이 말하는 대로 이끄는 사기 주장이다.

첫째, 이 주장은 일본이 세계에서 가장 많은 대외자산을 가진 나라라는 사실을 잊고 있다.

엔은, 일본국민 전체의 신용을 등에 업고 있다. 국민이 다액의 대외자산을 가지고 있다는 것은, 정부의 채무 초과로 국채 가격이 떨어지는 일은 있어도, 엔의 하락으로는 직접 이어지지 않는다는 점이다. 현재 엔은 계속 오르고 있다.

둘째, 일본은 변동환율제를 취하고 있기 때문에, 가령 일본국 정부가 파산했다고 하더라도, 일본국민은 절대로 파산하지 않는다. 아다치 세이지 씨가『엔고의 정체』에서 명쾌하게 해설하고 있듯이, 정부가 파산 직전에 있다고 해도, 국채를 정부가 사들여 엔저로 만들고, 그렇게 함으로써 재정위기를 해소한다는 선택이 (좋

---

* 安達誠司,『円高の正體』, 光文社, 2012年.

은 선택인지 아닌지는 별도로 하고) 남아 있다.

2012년의 노다 수상과 자민당의 다니가키 사다카즈 谷垣禎一 전 총재는, 예컨대 국민생활에 악영향을 미치더라도, 세율을 올리는 것이야말로 정치가로서의 최종목적이다, 라고 말하는 것처럼 보였다. 거기에 결여되어 있던 것은, 왜 증세가 필요한가에 대한 충분한 설득력을 갖는 주장이다. 증세론자에게 있어서 거의 유일한 기반은 일본을 그리스에 비유하는 것이었다고 생각된다.

그러나 단적으로 말해 일본이 그리스와 같은 경제위기를 맞이하는 일은 없다. 여기서 국채의 누적과 엔의 통화가치, 그리고 그리스와의 관계에 대해, 다시 설명해 둔다. 그리고 이 문제에 관해서는 조넨 쓰카사 上念司 씨의 저서『일본은 파산하지 않는다!』* 도 참고가 된다.

우선 엔고로 고민하는 현재의 일본은, 엔의 국제적 가치에 대해서는, 전혀 걱정할 필요가 없다. 전 세계의 투자가가 '일본이 파산할 것 같다'고 생각하고 있으면, 아무도 엔이나 엔 표시 자산을 보유할 리가 없다. 그런 일이 없으니까 결국 엔고인 것이다. 갑자기 엔의 폭락이 일어난다고는 생각할 수 없다.

물론 정부에는 GDP의 두 배 남짓 되는 채무가 있다. 채무를 지불하기 위해서는, 장래의 세수에 기대해야 한다. 단 일본의 국채는 단기국채도 장기국채도, 그 금리가 세계적으로 낮은 수준이다. 그것은 일본 국채의 보유자가 일본의 장래를 불안시하지 않고 있다는 것을 의미한다. 일본 국채에는, 현재에도, 국내외의 투자

---

* 上念司, 『日本は破産しない！』, 宝島社, 2012年.

가가 기뻐하며 투자하고 있는 것이다.

일본의 경제평론가, 이코노미스트, 학자 중에는 정부의 변제 능력에 관해 비관적인 관측을 하고, '국채폭락론'을 주장하는 사람도 있다. 하지만 이 폭락론자에게 국채를 공매[*]할 용기가 있을까? (논리상, 거래할 수 없는 사람도 있을 테지만) 제 돈을 들이지 않고, 국민의 공포만을 부추겨 원고료 돈벌이를 하고 있는 것은 아닐까. 실제로는 시장, 즉 전 세계의 프로 국채 보유자는, 일본 국채가 폭락할 것이라고는 보고 있지 않다.

일본이 절대로 그리스가 되지 않는 이유

예전의 베스트셀러에 비유하면, 일본은 빚에 허덕이는 정부(아버지)와, 해외에도 큰 자산을 가지고 있는 민간부문(어머니)이 지탱하는 가족과 같다. 자산 보유자가 일본의 국력이 뒷받침하는 엔 자산을 가지고 있다는 것은, 아버지와 어머니를 합친 집 전체에 돈을 빌려주고 있는 것과 같다. 따라서 엔의 장래에는 불안을 느끼지 않는 것이다.

정부는 가난하니까, 국채 즉 정부의 채무를 보유할 때는 다소 불안하다. 하지만 지금 현재 일본정부의 장래 징세력 徵稅力, 환언하면 국민의 조세 부담력을 신뢰하고 있기 때문에, 그것이 일본의

---

* 空売り라 함은, 공매 또는 공매도라 하는데, 거래소 등에서 현물을 가지지 않은 채 차익을 노려 청산 거래하는 일을 가리킨다. 네이버 사전.

국채에 대한 신뢰로도 연결된다. 그 때문에 국채 금리가 낮은 것이다.

일본정부가 지금 곧 파산할 것처럼 논하는 사람은, 국채시장이 안정되어 있는 사실을 어떻게 설명할 것인가.

시장은, 일본정부의 재정상태, 그 장래를 불안하게 생각하면서도, 국채에 일단은 신뢰를 두고 있다. 국채폭락론자에게 국채의 매각시장조작을 시작할 용기가 있을까? 국채의 폭락이 일어난다면, 지금부터 그 전조가 있어야 할 텐데, 그것을 아직 찾아볼 수 없다.

일본의 국채문제는, 종종 그리스의 정부파산 가능성과 같이 논의되는데, 천양지차의 차이가 있다.

그리스는 유로권에 속하고, 자국 통화를 가지고 있지 않다. 그 때문에 독자적인 금융정책을 쓸 수 없다. 환율변동의 메리트를 갖지 못하는 것이다. 그러나 일본의 경우는 독립적인 통화정책이 가능하다. 그럼에도 불구하고, 그것을 충분하게 이용하고 있지 않을 뿐 아니라, 반대로 초긴축정책으로 엔고를 촉진하는 것처럼 사용하고 있다. 그리스와 같이 되기 전에, 금융정책에 호소하면, 경기도 회복된다.

참고로, 기본적으로는 그리스 문제를 해결할 방법은 두 가지 있다.

하나는 유로에서 탈퇴하는 것과 환율의 평가절하이다. 그리스가 유로권을 이탈하면, 순식간에 문제를 해결할 수 있다. 그리스의 경제도 부활한다.

그리스만 이탈한 뒤, 스페인, 포르투갈, 경우에 따라서는 이탈리아 등에서 같은 문제가 일어나면, 그들 국가도 같이 이탈하면 된다고 나는 생각하고 있다. 펠드스타인 교수에게 물어보니, 스페인, 이탈리아 등은 재정악화의 사정이 다르기 때문에, 주의 깊게 각국의 사정을 고려해야 한다고 답해 주었다.

현실은, 독일 등의 대국에서는, 낙오한 그리스 등에 대해 재정지출까지 동원하는 원조에 소극적이다. 그러나 유로권은 정치적 사정도 있고 해서 온존시켜 두고자 한다. 그 때문에 딜레마가 발생한다. 만약 유로 주요국이 문제가 있는 나라에 융자하여 위기가 한 번 지나갔다 하더라도, 가까운 장래에 같은 일이 재발하지 않을 것이라고 누가 장담할 수 있겠는가.

또한 근본적인 해결방법은, 정말로 정치적으로 통합된 국가를 만들어 유럽을 하나의 나라로 만들어 버리는 점이다. 그렇다 하더라도 거기에는 오랜 시간과 많은 정치적 저항이 뒤따를 것이다.

세계 제일의 대외자산을 가지고 있는 국민

2011년 3월 11일, 미증유의 대지진이 일본을 덮쳤다. 내가 살고 있는 미국의 텔레비전에서도 마을이 한 순간에 쓰나미에 희생되는 광경이 수없이 방송되었다.

그 영상은 아무리 생각해도 어처구니없었다. '이 짧은 시간에 도대체 몇천 명이 귀중한 생명을 잃었을까' 망연자실할 뿐이었다.

그 후에도 나는 미국에 있으면서 텔레비전을 통해 재난지역의 일본인이 묵묵히, 그리고 정연하게, 적극적으로 살아가는 모습을 계속 볼 수 있었다. 허리케인에 습격을 받았을 때의 뉴올리언스와 같은 폭동도 없거니와, 자포자기하는 사람도 없었다. 대재해를 당하면서도 자포자기하지 않는 일본인의 국민성에 대해서도 전 세계로부터 주목과 찬사가 모인 것은 기억에 새롭다.

그중에서도 특히 미국에서는, 취재하러 간 ABC 텔레비전의 캐스터 다이앤 소여 Lila Diane Sawyer 와도 얼마 되지 않는 음식을 나눠먹으려 한 일본인의 모습이 놀람과 감동으로 받아들여졌다. 자연이 아름다울 뿐만 아니라 마음씨가 아름답기 때문에 비로소 일본은 아베 신조 씨가 말하는 '아름다운 나라'인 것이다.

하지만 물론 세계로부터 주목받은 것은 그것만이 아니다. 도쿄전력 후쿠시마 제1원자력발전소의 사고에서 볼 수 있듯이, 일본사회에 있어서 정보 전달의 문제점이나, 조직 결정의 모습, 그리고 느린 결정 스피드 역시 세계의 눈에 비치게 되었다.

재해로부터 부흥하는 데는 얼마간의 곤란이 있다. 이를 '어떤 사회에서 한 가족이 피해를 입은 경우'와 '국제사회 속에서 한 나라(일본)가 재해를 입은 경우'를 비교하면서 생각해 보자.

어떤 가족이 피해를 입은 경우, 다른 가족이 친절하게 도와줄 것이다. 비극에서 회복하는 첫걸음은 주위의 후의에 기대는 것이다. 물질만이 아니라 따뜻한 마음도 상처입은 인간에게 용기를 준다. 정부로부터의 도움이 있으면 물론 그것도 감사하다.

그 다음에는 자신의 자산을 써서 생활을 다시 일으키기도 하고, 가족이나 친지로부터 돈을 빌리거나 혹은 타인에게서 돈을 빌리는 일도 있을 것이다. 그렇게 하면서 검소한 생활을 계속하고, 저축에 힘써 회복으로 향하는 길을 끈기 있게 걸어가는 수밖에 없다.

이를 나라로 치환해 보자. 일본이라는 나라는 타자(타국)의 후의에 의지하고, 돈을 차입하면서 회복할 수 있을 것인가, 하는 문제이다.

일본정부는 이미 부채가 있는 집과 같은 존재이다. 전술했듯이, 아버지(정부)의 채무가 크다. 가족을 부양하기 위한 (경기대책, 사회복지, 기타 재정지출을 조달하기 위해) 수입(세수)을 얻을 수가 없어서, 차입금(공채)에 기대어 자전거조업으로 해 왔다. 그러나 다카하시 요이치 씨나 콜롬비아대학의 와인스타인 교수가 지적하듯이, 일본정부는 상당한 자산도 가지고 있다.

더구나 일본국민은, 다음에서 보듯이, 세계 제일의 자산을 가지고 있다.

통화가치는 국민 전체의 자산으로 결정된다

하버드대학에서 이루어진 '미일 관계 프로그램' 토론에서는, 내 앞의 보고자였던 다무라 고타로田村耕太郎 전 참의원의원이, 일본의 총부채 비율의 규모에 대해 마치 일본이 거의 파산 직전에 있는 것처럼 과대하게 강조했다.

그는 예일대학의 졸업생이고, 친한 친구로서 많은 신세를 지고 있다. 하지만 나는 이 의견에 대해서는 찬성할 수 없었다.

현재 구체적인 숫자가 나와 있는 2011년 말 시점에서 검토해 보면, 일본의 대외 순자산은 253.1조 엔이다. 여러 대국大國 들 중에서 최고이다. 세계 최대의 채권국인 것이다(도표10 참조).

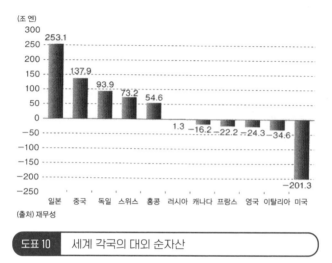

(조 엔)

일본 253.1
중국 137.9
독일 93.9
스위스 73.2
홍콩 54.6
러시아 1.3
캐나다 -16.2
프랑스 -22.2
영국 -24.3
이탈리아 -34.6
미국 -201.3

(출처) 재무성

도표 10　세계 각국의 대외 순자산

　미국, 영국, 이탈리아는 마이너스, 즉 순채무국이다. 미국의
경우에는 세계 제일의 빚쟁이 국가로, 290조 엔 가까운 순부채가
있다.
　일본정부는 국채라는 형태로 큰 빚을 지고 있는데, 그 대부분
은 일본의 민간 섹터가 가지고 있다. 국민(민간 섹터)은 외화자산을
보유하는 동시에 정부채무도 가지고 있다. 세계 제일의 부자라는
것이 된다.
　이는 무사시대학武藏大學의 구로사카 요시오黑坂佳央 교수도
지적하고 있는 바이다. 한편 미국은 정부뿐만 아니라 국민 전체가
전 세계, 특히 일본이나 중국으로부터의 차입에 의존하여 생활하
고 있다. 즉, 폭락을 우려해야 하는 것은 엔이 아니라 달러인 것이
다. 통화의 가치는 정부의 자산상태보다도 국민 전체의 자산상태,

신용상태에 의해 결정되기 때문이다.

말하자면, 일본은 정부가 '가난한 아버지'이기는 해도 국민은 '부자 어머니'인 것이다. 더구나 '어머니'의 자산, 즉 '아버지'의 빚을 차감하지 않은 대외순채권의 경우 실로 600조 엔을 넘을 것으로 보인다. 이는 GDP를 상회하는 숫자이다.

진재震災 부흥은 공채로 조달하는 것이 당연

물론 정부의 적자는 나름대로 곤란한 것이기도 하다. 그렇다고는 해도 엔의 폭락을 걱정할 필요는 전혀 없고, 그런 징후도 없다. 오히려 엔 시세가 10%, 20%로 하락하는 것은 디플레이션을 수습하고, 생산을 확대하는 데 도움이 된다.

지금까지 일본경제를 가족에 비유하면서 진재를 예로 들어 설명해 왔다. 그렇게 되면, 진재부흥에 들어가는 비용이 신경 쓰이는 사람도 있을 것이다.

부흥에는 당연하지만 국민의 노력과 부흥투자가 필요하게 된다. 물론 부흥을 위해서는 민간의 활동만으로는 불충분하다. 정부에 의한 경제, 보건활동, 부흥투자도 중요하다.

하지만 일본정부는 큰 부채, 즉 국채 잔고를 떠안게 된다. 부채경영이 자전거조업이라 불리듯이, 장래 납세자를 대상으로 현재 정부가 계속 멋대로 써 버리는 현재의 재정운영 …… 커다란 재해가 일어나면 문제가 드러나기 마련이다.

그렇다고는 하나 역시 부흥의 주역은 '가난한 아버지', 즉 정부이다. '부자 어머니', 즉 민간의 돈을 정부가 걷어서 부흥에 충당하는 것이 하나의 아이디어가 된다. 즉 그것이 소비세 증세이다.

지금까지 비유해 왔듯이, 가족 사이라면, '부자 어머니'가 '가난한 아버지'에게 돈을 주면 끝나는 일이다. 그러나 정부와 민간 사이에는 단순한 양도가 아니라 세금이라는 형태를 취할 필요가 생긴다. 그중에서도 특히 그 수단으로서 많이 생각할 수 있는 것이 소비세인 것이다.

만약 일본이 세금만으로 재해로 인한 부담을 조달한다면, 국민 부담은 완전고용하에서도 꽤나 커진다. 이미 실업을 안고 있는 경제에서는 더욱 심한 타격이다. 따라서 일본이든 미국이든 역사상 군사지출은 증세가 아니라 공채로 조달해 온 것이다.

공채발행이라면, 높은 세율로 생겨나는 비효율성을 피할 수 있고, 또한 현재의 실업 문제도 해결할 수 있다.

무엇보다 재정적자에 엄격한 견해를 보이는 제임스 뷰캐넌 씨(James McGill Buchanan, 노벨경제학상 수상자)조차도 "전쟁이나 대재해의 경우에는 공채발행이 허용된다"고 말하고 있다. 결국 일본이 진재로부터의 부흥을 지향하는 시기에 그야말로, 증세가 아니라, 공채발행이 필요한 것이다.

서서히 소비세를 올리는 방책을 취하면

무슨 일이 있어도 증세가 이루어져야 한다면, 나는 IMF의 주장에 찬성하고 싶다. 장기, 예컨대 약 10년에 걸쳐 소비세율을 약간씩 (예를 들면 1%) 올려 가는 방책이다.

실은 내가 내각부에 근무하고 있던 2001년부터 2003년 경, 이 방책이 하버드대학의 펠드스타인 씨나 후카오 미쓰히로深尾光洋 게이오대학 교수에 의해 주장되었다. 하지만 두 분의 주장을 어떤 신문에다 기고하려고 했더니, 내각부 상사 다케나카 헤이조 대신이 "이것은 야당의 주장과 같으니 삼가주세요"라고, 눈앞에서 붉은 글씨로 원고를 정정했다.

원고의 주요한 논점이 아니었기 때문에 고분고분 따르기는 했지만, "증세하더라도 완만하게"라는 의견이 약 10년 전부터 있었음을 지적해 둔다.

참고로 다케나카 씨는 관용할 줄 아는 상사로, 의견 발표에 수정을 요구하신 것은, 2년의 근무기간 중 이때뿐이었다는 점도 첨언해 둔다. 이 이야기를 뒤에 펠드스타인 씨에게 했더니 그는 웃고 있었다.

내각부 시대의 추억

내가 내각부경제사회종합연구소의 소장으로서 근무한 것은 2년간이다. 나를 인선한 것은 사카이야 다이치 경제기획청 장관이었다. "지금까지 큰 조직을 움직인 적이 있습니까"라고 면접에서 물어봐 곤란해졌던 일이나, 예일대학까지 일부러 방문하여 권유해 주셨던 점, "아내의 양해가 필요합니다"라고 말씀드렸더니 "누구에게나 부인을 설득하는 것이 가장 힘들죠"라고 대답하신 것이 인상적이다.

연구소를 그만두고 미국으로 돌아온 뒤, 사카이야 씨가 영부인 이케구치 치카코池田史子 화백과 함께 예일대학이 있는 뉴헤이븐시에 오셨다. 부인의, 서부극을 연상시키는 미국 풍경에 대한 취재이기도 했다. "예쁜 미국이 아니라, 쇠퇴한 비애를 느끼게 하는 마을로 데려가 주세요"라고 하셨는데, 화백의 전람회 소재가 되었다.

그 사카이야 씨는 통상산업성 출신으로 『방심油斷!』*을 비롯한 많은 베스트셀러로 알려져 있다. 금융론이 전문은 아니지만, 경제기획청 장관 시대에는, 금융정책의 중요한 시점에 일본은행의 무모한 긴축정책에 반대하여, 일본경제의 디플레이션, 엔고에 제동을 걸고자 노력했다. 당연히 일은 총재 후보 중 한 사람이다.

실제로 경제사회종합연구소 소장으로 부임한 것은 2001년 초였다. 그때의 담당대신은 누카가 후쿠시로額賀福志郎 대신이었다. 1월 마쓰노우치** 기간에 이루어진 상견례에서, 모리 요시로森喜朗 수상이 "당신 대학은 에일이라고 부릅니까, 예일이라고 부릅니까"라고 물으셨던 것은 저절로 미소를 짓게 만들었다. 이 책에 쓴 것과 같은 내용을 누카가 대신에게도 해서 금융정책의 중요성을 호소한 일도 있다. 대신은 열심히 들어 주었지만, 다음과 같은 의견을 들려주기도 했다.

---

* 堺屋太一, 『油斷!』, 日本經濟新聞出版, 2005年.

** 松の内라는 것은 정초에 대문 앞에 세우는 소나무 장식門松을 세워 두는 기간을 말하는데, 보통 설날부터 7일 혹은 15일까지이다.

"하마다 씨, 학자로서는 '그것이 올바르다'로 괜찮지만, 정치가는 그리고 당신과 같은 정책 어드바이저는 그것을 어떻게 하면 실현시킬 수 있을 것인가를 생각해야 합니다."

준엄하면서도 감사한 조언이었다.

그 후 곧 담당이 아소 타로麻生太郎 대신으로 바뀌었다. 아소 대신은 자신이 경영자이기도 했기 때문에, 그리고 브레인 중에 금융이 아닌 재정에 의한 경기 진흥을 권하는 사람이 있는 것처럼, "당신이 말하는 것을 듣지 않아도, 나는 경제를 잘 알고 있다"고 하는 것 같았다. 다른 한편, 발음이 분명한 에도코풍江戸っ子風으로, 붙임성 있고 호감이 가는 인품이었다.

하지만 또 몇 개월 지나자, 이번에는 모리 내각이 고이즈미 준이치로 내각으로 바뀌고, 담당대신은 다케나카 헤이조 대신이 되었다. 그리고 사카이야 대신을 보좌할 예정이었던 나는 기간으로 말하자면 다케나카 대신을 가장 오랫동안 모시게 되었다.

다케나카 씨는 안팎에서 경제학 연구를 깊이 했고, 학자로서도 우수한 사고의 소유자였다. 내가 의견을 말하면, 한두 마디로 내용을 간파해 버린다. 오랫동안 설명할 필요가 없었다. 더구나 가격 메커니즘을 살리기 위해 정부 개입을 줄여야 한다는 주장을 가지고 있었고, 그것을 돕기 위해 디플레이션을 방지하는 금융정책이 필요하다고 생각하고 있었다.

따라서 경제재정담당대신으로서 일본은행이 양적완화에서 이탈하고자 할 때, 반드시 금융완화의 필요성을 역설했다. 그 뒤 우정담당대신이 되어 필사적으로 우정개혁을 행한 공적은 크다. 말할 필요도 없이 다케나카 씨도 일은 총재 후보 중 한 사람이다.

이렇게 상사인 대신이 자주 바뀌어 그 변화에 따라갈 수 없었지만, 덕분에 뒤에 일본의 중추가 될 분들과 알게 되었다. 자문위원회 뒤에는 가벼운 식사모임이 있었고, 거기서 당시 후쿠다 야스오 福田康夫 관방장관이나 아베 신조 관방부장관 등 장래의 수상들도 친절하게 대해 주었다.

일석삼조의 정책이란 무엇인가

그건 그렇고 본론으로 돌아가자. 아무리 완만하게 한다고 해도, 소비세를 증세하기로 한 이상, 금융완화가 절대적인 전제가 된다.

우선은 명목소득을 높여 세수의 자연증가를 기대하고, 그 뒤에 세율을 올린다. 그 순서를 틀리면 안 된다. 다카하시 요이치 씨가 말하듯이, 디플레이션을 탈각하면, 소비세의 대폭인상도 필요하지 않게 될 지도 모른다.

나는 다카하시 씨만큼 재무 사정을 잘 알지 못하기 때문에, '증세할 필요 없음'이라고까지는 단언할 수 없다. 그러나 증세 폭이 작아지고, GDP에 대한 마이너스 영향도 미미하게 끝나는 것은 확실하다. 우선은 금융완화가 제일 중요하다. 소비세 증세는 그래도 세수가 부족할 경우에만, 그것도 완만하게 시행해야 한다.

금융완화를 하면 엔고 경향도 역전시킬 수 있다. 그렇게 한 뒤에도 증세는 늦지 않다. 그렇게 하면 로스 loss 가 훨씬 작아지는 것이다.

디플레이션이나 엔고가 계속되는 한, 금융완화는 국민경제에 플러스가 될 뿐이다. 현재는, 장래에 대한 위험이 아무것도 발생하지 않는다. 지금 일본경제가 디플레이션이나 엔고 상태에 있는 것은 곤란하지만, 그 때문에 금융완화정책에 자유도가 생기고 있는 것이다.

보통 도상국 같은 곳에서는 정부의 적자재정을 도우려고 중앙은행이 공채를 매입하면, 곧바로 인플레이션으로 연결된다. 하지만 일본에서는, 당분간, 일은이 (공채매입과-옮긴이) 같은 조치를 취하더라도, 곧바로는 인플레이션으로 연결되지 않고, 인플레이션 기대도 생기지 않는다. 일본의 경제성장에 대한 분석이나 '토빈의 q' 등에 대해 세계적인 업적이 있는 히토쓰바시대학 一橋大學의 하야시 후미오 林文夫 교수가 말하듯이, "장기적으로는 돈을 찍어 내도 생산능력이 증가하는 것은 아니다. 그러나 당장은 과잉설비를 움직여 생산을 늘린다. 그런 다음에 인플레이션이라는 부작용이 없다면, 계속 일은이 국채를 매입해 버리면 된다"는 것이다.

그렇게 하는 한, 예컨대 부흥공채의 일은 매입이나 그 인수도 유효하다. 공채를 늘리지 않는다는 목적, 디플레이션 탈각이라는 목적, 또한 재해부흥이라는 목적을, 모두 동시에 전진시킬 수 있다. 과연 일석삼조의 정책인 것이다.

이렇게 생각하면, 재무성은 좌우간 '소비세를 인상하겠다'는 일념으로, 그것을 국민경제의 목적으로 살짝 바꾸고 있는 것을 알 수 있다.

즉 금융완화를 통해 경기를 회복하는 것도 가능하지만, 그렇게 되면 세입 결함이 해소되어 버려 증세할 수 없다. 그 때문에 다카하시 씨에 의하면, "재무성은 디플레이션을 계속하는 일은의 '숨겨진 지지자'가 되고 있는 것"이다.

아마도 재무성은 소비세라는 형태로 자신들이 지배할 수 있는 재원을 확보하고 싶은 것만이 아니라, 세율 인상 권한 그 자체를 요구하고 있다.

일시적으로 소비세를 증세하려는 안案도, 완전히 단추를 잘못 채우는 것이다. 국민이 재해로 고통 받고 있을 때 증세로 힘들게 하고, 장래에 그 고통이 치유될 때 쯤 소비세를 경감하려는 것으로, 순서가 잘못되었다고밖에 할 수 없다.

'삼자가 모두 이득을 보는[三方一兩得]' 금융완화

여담이지만, 요사노 가오루 씨와 오자와 이치로 小澤一郎 씨가 바둑 맞수라는 신문기사를 읽은 적이 있다. 나도 바둑을 좋아해서, 자민당의 하마다 고이치 浜田幸一 의원이 살아계셨을 때 어떤 사람이 사이에 껴서 "기력 棋力도 비슷하니 '하마코 대결'을 해 보시겠어요"라는 제안이 왔다. 경우에 따라서는 CS방송의 스카빠-!(SKY Perfect TV-옮긴이)에서 방영하면 어떻겠냐는 것이다. 그러나 결국, "바둑을 즐기는 것은 좋지만, 승패를 사람들에게 보이는 것은 아닌 것 같다"는 고이치 선생의 지당한 의견으로 대국은 실현되지 못했다.

물론 대국에 임하기 위해서는 졌을 때의 각오도 되어 있어야 한다. 그렇다고는 해도 사람들 앞에서 어처구니없는 악수 惡手 로 참패하고 싶지 않았던 나는, 대국 이야기가 부상하자, 보통은 읽지 않는 '사활 死活 '에 관한 책을 읽어보았다. 기타니도장 木谷道場 입문시리즈의 『사활과 공략』 편이다. 책 한 권이지만 꼼꼼히 읽고 이해하고 나니, 가끔 가는 기원에서의 기력이 반호[半目](1단의 절반) 정도는 실력이 는 것처럼 느껴졌다.

장기에서도 그렇지만, 바둑에서는 두는 순서가 중요하다. 순서가 뒤바뀌어 버리면 이길 수 있는 승부도 이길 수 없게 된다.

경제도 마찬가지다. 재무성이 선호하는 소비세율 인상을 금융완화 전에 시행하면, 그것은 완전한 순서가 뒤바뀐 것이다. 국민경제는 하시모토 류타로 내각의 소비세 인상과 같은 경로를 걷게 될 것이다. 디플레이션과 엔고로 신음하는 일본경제가, 수요 증가를 수반하지 않는 소비재의 가격 폭등으로 더욱 고통 받게 된다.

그 결과, 세율을 올리더라도 세수가 줄어들 가능성이 있다. 소비세 수입은 늘었다고 해도 소득세나 법인세가 감소해 버릴 공산이 크기 때문이다.

디플레이션하에서 증세를 통해 국민경제가 회복된 전례는 세계에 없다 ─.

일본경제는 폐색화 閉塞化 하고, 엔고, 청년실업, 수출산업의 붕괴, 산업 공동화, 지방의 쇠퇴 같은 점진적이고 제한적인 축소가 일어나는 것은 불가피하다.

* 加藤正夫, 『死活と攻合い』, 河出書房新社, 1996年,

하지만, 먼저 금융완화를 행하고, 경기가 회복되고 나서 증세 (예컨대 소비세 증세)를 행하면, 엔저가 발생하고, 디플레이션 압력도 완화된다. 노동시장도 호전된다. 주식시장도 활황을 보일 것이다.

이 점은, 전술한 밸런타인데이의 정책 변경이 효과를 나타낸 것으로도 명확하다. 그때는 1%의 '예상목표[目途]'였지만, 미국처럼 2%의 인플레이션 '목표'를 설정하면 효과는 더욱 높아진다.

실제로 노다 정권이 2012년 8월, 민주·자민·공명의 3당 합의로 거의 억지로 통과시킨 소비세 인상 법안에도, '경기가 회복된 시점에 실시한다'는 조건이 있다. 그 조건을 엄밀하게 해석하면, 증세 전 금융완화를 법적인 정당성을 가지고 주장할 수 있는 것이다. 일은은, 그렇게 함으로써, 과거의 잘못이 뚜렷하게 드러나고, 면목을 잃게 되는 것을 우려하고 있을지 모르지만, 중앙은행의 면목과 국민이나 산업계의 이익, 그 어느 쪽이 중요한 것일까.

나도 장래의 증세가 필요 없다고까지는 말하지 않는다. 하물며 동일본대진재와 같은 심각한 재해를 당한 일본에게는, 막대한 재원이 필요하다는 것은 이해된다. 다만, 지금은 그 시기가 아니라는 것이다.

바꿔 말하면, 미증유의 국난에 처해 있는 지금이야말로, 한 나라의 경제를 관장하는 사람들이 '완고함'*으로부터 탈각할 찬스이기도 하다.

불황과 디플레이션이 공존하고 있기 때문에 비로소 금융완

---

* 원문에 '石頭'라고 되어 있지만, '돌대가리'라는 의미보다는 '완고하다'라는 의미로 보는 것이 보다 자연스럽다. 물론 말귀를 알아듣지 못한다는 의미의 '돌대가리'라는 의미도 있겠지만, 여기서는 그냥 '완고함'이라고 했다.

화가 인플레이션이라는 부작용 없이 경기를 회복시킬 수 있다. 절대적인 핀치에 몰려 있을 때 기사회생의 방책이 기다리고 있는 것이다.

제7장

'관보복합체'*의 합정

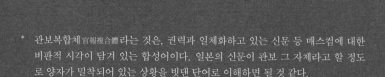

*   관보복합체官報複合體라는 것은, 권력과 일체화하고 있는 신문 등 매스컴에 대한
    비판적 시각이 담겨 있는 합성어이다. 일본의 신문이 관보 그 자체라고 할 정도
    로 양자가 밀착되어 있는 상황을 빗댄 단어로 이해하면 될 것 같다.

폐쇄성이 돌출 — 일은 기자클럽

지금까지 써 온 내용은, 신문이나 텔레비전에서는 좀처럼 언급되는 일이 없다. 해외의 미디어에서도 일은의 정책을 강하게 비판하는 기사를 발견하는 일은 적다.

— 그 원인은 미디어에 있어서 최대의 뉴스 소스가 일은이라는 점이다. 금융기사에 관해서는 금융당국인 일은을 취재하지 않고서는 기사를 쓰기 어려운 것이 현실이다.

해외의 미디어, 혹은 국제기관인 IMF(국제통화기금)나 OECD(경제협력개발기구)에게 일은의 직원은 정중하게 '설명'할 뿐 아니라 '설득'하기도 한다. 중립이어야 할 존재를 '한패'로 끌어들이고 마는 것이다.

IMF로부터, 일본이 재정재건에 적극적으로 나서야 한다는 논조의 뉴스가 종종 발신된다. 다카하시 요이치 씨에 의하면, 이런 뉴스는 IMF에 파견되어 있는 재무관료가 발신하는 것이라고 한다.

일은은 어떻게 해서 미디어의 정보를 매뉴플레이트(조작)하고 있는 것일까 — 이 점에 관해서는 나도 예일대학의 제미에서 학생들과 공부해 왔다. 거기서 일반적인 테마가 되는 것은, 일본에 있어서 심의회와 기자클럽의 역할이다.

일은에서는 금융연구소라는 조직이 다른 성청 省廳 의 심의회와 같은 의미로 쓰이고 있다. 그곳으로 학자를 초빙하여 개인 연구실과 연구비를 준다.

"금융연구소에 1년 동안 있다가 원래 직장으로 돌아오면, 딴사람처럼 변하는 사람이 많이 있습니다."

그렇게 다카하시 요이치 씨가 말한다. "일은 기자클럽의 폐쇄성은 두드러집니다"라고도 한다.

일은 총재를 '기립, 경례'로 맞이하는 기자

최근, 기자클럽제도가 일본에 있어서 매스컴의 최대 문제점으로 떠들썩해졌다. 그 때문이기도 하겠지만, 민주당 정권이 들어선 뒤에 기자클럽이 개방되고 있는 것은 확실하다. 프리랜서 기자를 중심으로 한 '자유보도협회'라는 새로운 흐름도 나타났다.

그러나 여전히 폐쇄적인 것이 일은 기자클럽이라고 한다.

이곳은 미디어 종사자라고 해서 누구나 들어갈 수 있는 것이 아니다. 그것이 가능한 것은 메이저 신문이나 텔레비전의 기자들뿐이다. 프리랜서 저널리스트나 잡지 미디어에 속하는 사람은 기자회견을 취재하는 것조차 허락되지 않는다.

이와 같은 기자클럽의 시스템은 선진국에서는 일본뿐이다.

더구나 다카하시 씨에 의하면, 일은클럽의 회견에 총재가 출석할 때, 기자들은 '기립, 경례'를 하며 총재를 맞이한다고 한다. 정말이지 이상한 광경이라고 할 수밖에 없다.

마치 학교 같다. 일은 총재와 기자의 관계가 마치 선생과 학생처럼 '가르쳐 주는' 입장과 '배우는' 입장이 되어 있다. 따라서 '학생'인 기자는 총재에게 (일은에 대해서도) 자신을 낮춘다. 기자들은 일은이 가르쳐 주지 않으면 기사를 쓸 수 없는 것이다.

그런 관계라면 미디어가 일은을 비판할 수 없게 된다.

소비세로 유착하는 재무성과 신문사

　마키노 요牧野洋 씨의 베스트셀러『관보복합체: 권력과 일체
화하는 신문의 대죄』＊로 권력과 미디어의 유착관계가 많은 사람에
게 알려지게 되었다.

　다카하시 씨도 이전부터 경제논리의 본질을 냉정하게 전망하
면서 자신의 체험에 의거하여 권력, 특히 재무성을 비롯한 성청省
廳의 체질을 비판해 온 인물 중 하나이다. 조직의 실정에 밝기 때
문에 본서에서도 여러 가지로 가르침을 받았다.

　다카하시 씨에 의하면, 재무성과 신문사의 유착도 심하다고
한다.

　그도 나와 비슷해서 "증세보다도 먼저 해야 하는 것이 있다.
그것은 금융정책이고, 정부 자산의 매각 같은 것"이라는 주장의
소유자이다.

　하지만 재무성은 정치가를 뒤에서 조정하고, 증세를 향해 매
진한다. 소비세 인상은 재무성이 자유롭게 쓸 수 있는 돈을 늘리
고, 권력을 강화하는 것으로 연결된다. 세율 인상은 재무성의 이
권과 밀접한 관계가 있는 것이다.

　소비세율이 인상되면, 마치 하나의 세트처럼, 기업에 대한 경
감세율輕減稅率이나 제로세율의 이야기도 등장한다. 이렇게 해서
재무성은 다양한 업계에 "착한 아이로 가만 있으면 세율을 경감·
면제해 줄게"라는 권한을 행사할 수 있게 된다.

　＊ 牧野洋,『官報複合體 勸力と一體化する新聞の大罪』, 講談社, 2012年.

그리고 신문은 '소비증세 불가피'를 세상에 각인시킬 기사를 게재하는 한편, 신문의 사회적 사명을 스스로 주장하며 신문에 대한 소비세 세율 경감을 요구한다. 이 요구는 이전에는 '보도되지 않은 사실'이었지만, 지금은 그런 의견이 당당하게 신문지면에 게재되어 있기까지 한다.

어떤 업계에 경감세율을 적용할 것인가는 재무성의 재량이다. 즉 재무성의 이권이다. 실제로 전 재무사무차관인 단고 야스타케丹吳泰健 씨는, 2010년에 낙하산 인사로 요미우리신문 그룹의 본사 감사역이 되었다.

이런 사정이 있기 때문에 신문이 소비증세에 찬성하고 있다고 할 수 있을 것이다. 그 배경에 있는 것이 경감세율의 실현인 것이다.

관점을 바꾸면, 세율이 높아짐으로써 경감세율의 가치도 올라가고, 그렇게 되면 재무성의 권한도 높아지게 된다.

무엇보다 이러한 유착이 명확해지는 시점에 신문은 더 이상 사회적 사명을 감당하는 정직한 미디어가 아닌 것이고, 이미 그렇게 되어 버렸다고 할 수 있을 것이다. 그러면 당연히 경감세율의 정당성도 없어져 버리는 것인데, 그래도 신문은 '증세 불가피'라써서 '신문사에 대한 경감세율'을 호소한다…….

관청에 페이퍼가 없으면 기자들은

"가스미가세키霞が関의 관료에게 있어 매스컴을 뜻대로 조정하는 것은 식은 죽 먹기이다. 원래부터 관청에 근무하는 기자와 관료는 일체화되어 있고, 기자는 한패와 같은 존재이기 때문이다."

다카하시 씨는 『일본은 재정위기가 아니다!』*에서 그렇게 쓰고 있다.

그 원인이 되고 있는 것은 기자클럽제도이다. 각 성청의 건물, 그 안의 방 하나가 각 신문사의 기자에게 제공되고, 그곳을 베이스로 해서 취재가 이루어진다. 관계가 밀접해지는 것도 당연한 이야기이다. 더구나 이 스페이스는 세금으로 마련되고 있다.

기자클럽 소속의 기자에게는 어포인트먼트 없이 관청 내의 방을 방문할 수 있는 특권도 있다. 무엇을 위해선가 하면 기삿거리를 얻기 위함이다.

그리고 기자들이 특히 원하는 것이 관청이 내는 페이퍼라고 한다.** 다카하시 씨는 재무성 시절, 너무 '종이'를 얻고 싶어 하는 기자들을 보고, '이건 딱 염소네'라고 생각했다며 야유를 보낸다.

실제로 관청과 기자클럽의 관계는 '먹이를 주는 자'와 '먹이를 받는 자'의 관계와 같다. 극단적인 표현이 허락된다면, 기자클럽의 기자들은 관청 안에 마련된 방에서 사육되고, 페이퍼라는 먹이를 받아 살고 있는 것이다.

---

* 高橋洋一, 『日本は財政危機ではない！』, 講談社, 2008年.

** 우리나라의 보도자료에 해당한다고 보면 되겠다.

그런 관계인 이상, 비판적인 기사는 허락되지 않는다. 혹은 무의식적으로 규제되어 버린다. 오히려 관청의 의견을 대변하는 대변자가 되어 버린다.

신문이 어느 정도로 관청의 의향을 신경 쓸까 — 다카하시 씨는 그 전형적인 예도 들고 있다. 대정성 관료였을 무렵, 어떤 신문의 부탁을 받아 가명으로 원고를 썼던 바, 그것이 다카하시 씨의 손으로 쓰여진 것을 모르는 데스크가 이런 말을 했다고 한다.

"자기 멋대로 쓴 것 같은데 관청에 확인한 것 맞지?"

그 정도로 관청와 미디어, 특히 신문과의 유착은 강하고, 그리고 비뚤어져 있다.

'우리도 도쿄대학 기자클럽을'

다카하시 씨의 이야기는, 내가 도쿄대학의 대학 분쟁 때에 체험한 것을 상기시킨다.

그 당시, 관리자도 학생도 아닌 조수助手라는 어중간한 지위에 있던 나는, 분쟁이 수습될 때쯤 조교수라는 '가르치는 쪽'에 속하게 되었다. 그렇게 해서 대학 전체의 홍보위원회 위원으로 발령받았다.

당시 홍보위원장은 법학부의 시노하라 하지메篠原一 선생이었다. 시노하라 선생은 이와나미신서岩波新書 등으로 유명한 진보파 교수였고, 나에게도 친절하게 대해 주었다. 이제부터 쓰는 내용은 사회학 소재의 하나일 뿐 선생에 대한 개인적 비판은 아니다.

당시 대학 분쟁이 장기화되면서 세상의 비판이나 미디어의 관심이 높아지고 있었다. 시노하라 선생은 그런 상황에 즈음하여 "우리도 도쿄대학 기자클럽을 만들고, 좋은 방을 개방하여 보도기자를 정중하게 대우해야 합니다. 각 성省들 모두 좋은 방이나 비서 업무를 제공하는 등 서비스에 노력하고 있어요"라고 했다.

얼마나 도쿄대학의 기자클럽이 충실했는지는 기억하고 있지 않다. 다만 진보적 학자인 시노하라 선생의 의외의 일면을 본 것 같아 놀란 일은 지금도 기억에 남아 있다.

베스트셀러는 일은 기관지의 연재로부터

그런데 NHK에서 기자와 캐스터를 역임한 이케가미 아키라池上彰 씨는 지금 일본에서 가장 유명한 저널리스트 중 하나일 것이다. 캐스터로서 '주간 아동 뉴스'를 담당하고 있었다. 이전에 귀국했을 때 '일본의 아동 프로그램은 충실하게 되어 있구나'하고, 어른이면서 감탄했던 적이 있다.

프리랜서가 되고 나서도 다양한 텔레비전 프로그램에서 리포트나 뉴스 해설을 정력적으로 행하고, 저작도 잘 팔리고 있다. 일반서민의 시선으로 이해하기 쉽고 평이한 언어로 해설하는 점은 나도 배워야 한다고 생각하고 있다. 정보를 어떻게 전달할 것인가 하는 점에 대해 이케가미 씨의 공적은 크다.

이케가미 씨의 유명한 저서에 『일은을 알면 경제를 알 수 있다』가 있다. 타이틀 그대로 일은에 대해 알기 쉽게 해설한 것인데, 이 책의 바탕이 된 것은 '이케가미 아키라의 쉬운 금융경제교실'이라는, 일은의 홍보지 '니치긴 日銀'에 연재한 내용이다.

그 사실을 가지고 이케가미 씨를 '일은의 앞잡이'라고 할 생각은 없다. 하지만 그런 연재를 하고 있으면, 일은에 다소간이나마 정이 들게 될 것이다. 내용에 관해서도 적어도 연재 때는 일은 사이드의 체크가 들어가 있었을 것이다.

그런 이케가미 씨도 최근의 논고를 읽으면, 일은에 대한 일말의 의심이 나올 때가 있는 모양이다. 리플레이션파가 되었다던가, 일은 비판파가 되었다고까지는 말할 수 없다. 하지만 때때로 리플레이션파의 주장도 양론병기 兩論併記의 형태로 소개하고 있다.

평론가 중에서는 사회에 끼치는 영향력이라는 점에서도, 논의의 공평함에 관해 밸런스를 취하고 있는 점에서도, 이케가미 씨는 상당히 존경할 만하다. 다만 이케가미 씨는 일은 기자클럽에 다니며 일은의 사정을 잘 알고 있는 것도 확실하지만, 경제나 금융의 메커니즘에 대해서 밝지 못한 것도 확실하다.

예컨대, 높은 시청률을 기록한 '그랬구나! 이케가미 아키라의 배울 수 있는 뉴스'라는 프로그램에서, 이케가미 씨는 디플레이션 불황을 흥미롭게 설명했는데, 디플레이션 탈각법의 결론은, '모두가 돈을 쓰면 그날부터 경기가 좋아집니다'라는 것이었다…….

확실히 모두 돈을 쓰면 경기는 좋아지겠지만, 문제는 '왜 아무도 돈을 쓰지 않는 것일까'이다. 어떻게 하면 '모두가 돈을 쓰게'

* 池上彰, 『日銀を知れば經濟がわかる』, 平凡社, 2009年.

될 것인가를 해설하지 않고 '돈을 쓰면 좋다'고만 하면 결론으로서 불충분하다.

그 '모두'가 어느 정도의 사람들을 가리키는지도 문제이다. 만약 이 프로그램을 보고 이해한 것 같은 기분이 들어 돈을 계속 쓰는 사람이 있어도, 그런 사람은 시청자의 극히 일부, 압도적인 소수파일 것이다. 그러면 단순한 낭비가 될지도 모른다.

마음가짐만으로는 일본경제는 치료되지 않는다. 계통적인 정책, 예컨대 금융완화가 필요한 것이다.

또한 최근 화제가 된 『이케가미 아키라의 쉬운 경제학-1 짜임새를 이해할 수 있다』와 『이케가미 아키라의 쉬운 경제학-2 뉴스를 이해할 수 있다』*도 읽어봤다. 제도의 짜임새는 알기 쉽게 쓰여 있다. 그러나 왜 디플레이션이나 엔고가 일어나는가, 그것을 이해하는 데 도움이 될 만한 것, 혹은 일본경제가 불황에서 벗어날 수 있는 방법은 무엇인가 등에 대해서는 거의 쓰여 있지 않다.

이케가미 씨는 일은의 제도에는 밝아도 경제의 전문가는 아니다. 따라서 그의 책에 쓰여 있는 경제 메커니즘에 대한 이해가 불충분하다고 독자가 느끼더라도 당연한 것이다. 다만 '유명한 이케가미 씨가 쓴 것이니까 현재의 불황을 벗어나는 열쇠가 쓰여 있을 것'이라고 생각하고 읽고자 하는 분은 주의하기 바란다.

물론 이케가미 씨는 미디어의 세계에서는 양심적인 부류라고 할 수 있다. 일본에서는 충분한 훈련을 받는 일 없이 (그렇기는커녕 어

---

* 池上彰, 『池上彰のやさしい經濟學⑴ しくみがわかる』, 日本經濟新聞出版, 2013年 ; 同, 『池上彰のやさしい經濟學⑵ ニュースがわかる』, 日本經濟新聞出版, 2013年.

면 훈련도 받지 않고) 경제평론가를 자칭하는 인물이 몇 명이나 있다. 그중에는 경제학의 상식에서 보면 명확하게 틀렸다고 할 수 있는 내용을 열심히 선전하고, 저서를 베스트셀러로 만드는 사람도 있을 정도이다.

정말이지 '악화가 양화를 구축'하는 셈이다. 그렇다고 해도 틀린 언설이 널리 유포되는 것은 큰 문제이다. 그것이 디플레이션 정책을 지지하는 토양이 되어 버리기도 한다는 사실을, 절대로 간과할 수 없다.

그렇다고 해서 나 혼자의 힘으로는 세상에 나돌아다니는 자칭 경제평론가를 구축하고, 경제평론의 질을 컨트롤할 수 없다. 역시 이 책을 손에 쥔 분들께서 조금이라도 빨리 올바른 경제학에 눈을 떴으면 한다.

잘못된 경제학이나 가짜 금융론이 퍼지면, 그 결과로서, 일본은 디플레이션에서 탈출할 수 없고, 불황이나 실업이 초래되어, 세상을 덧없이 여기고 목숨을 버리려는 사람까지 적지 않게 나온다.

그런 흐름을 조장하게 된다는 점에서, 자칭 평론가에게는 큰 책임이 있다. 자칭 평론가만이 아니라 학자들도 마찬가지다. 틀린 주장을 전개하고, 사람들을 오해하게 만드는 것을 일삼게 된다면 '경제학은 도움이 되지 않는다'는 비판으로부터도 벗어날 수 없다.

일은이 설명에 사용하는 사술詐術 같은 그래프

　나나 다카하시 요이치 씨, 와카타베 마사즈미 씨, 가쓰마 가
즈요 씨와 같이 '일은류이론'을 비판하는 사람은 경제 관계 미디어
의 세계에서는 좀처럼 주류가 될 수 없다. 올바른 것을 쓰면서 베
스트셀러를 연발하는 가쓰마 씨는 역경을 재능으로 극복하고 있
다. 정말 드문 예라고 할 수 있을 것이다.
　매스컴은, 앞에서 살펴본 이유로, 결국 일은이나 각 성청에
유리한 여론을 형성하기 위한 지면으로 기울어지기 쉽다. 같은 내
용을 유식자나 학자들에게도 적용할 수 있다. 말하자면 '어용학자'
의 육성이다.
　더구나 관청은 유식자나 학자에 대한 대처가 매우 뛰어나다.
　예를 들면, 학자가 경제신문에 기사를 쓰는 경우이다. 유명한
전국지에 기고하게 되면, 그 학자에게는 큰 찬스가 된다. 거기에
어떤 경제학자가 관청을 비판하는 문장을 썼다고 하자. 그러면 어
떻게 될 것인가.
　그날 중으로 관청으로부터 연락이 온다. 말하길 "선생의 원고
에 대해 설명하고 싶습니다. 찾아뵈어도 괜찮겠습니까" ―.
　설명이라는 것은 즉 회유이다. 방대한 데이터를 준비하고, 소
소한 잘못을 지적하며, 그러나 어디까지나 저자세인 채로 반론을
전개해 간다.
　여기서 논쟁을 하더라도 상세한 데이터에 관해서는 학자가
당할 수가 없다. 어쨌든 관청이 쥐고 있는 데이터는 국가예산과
대량의 인원을 써서 수집·분석한 것이다. 또한 학자는 근본이 성

실하기 때문일까, 가령 자잘한 부분이라고 해도, 잘못을 지적당하면 강하게 응수할 수 없게 된다.

그렇게 해서 학자를 궁지에 몰아넣은 시점에 공무원이 내놓는 것이 감언이다.

"앞으로 선생에게 이런 일이 없도록, 우리에게 말씀해 주시면, 언제라도 데이터를 가지고 오겠습니다. 또한 ○○연구회에도 초대하겠습니다."

관청의 데이터를 입수할 수 있다고 하면, 학자에게도 매력적인 일이다. 이렇게 해서 그는 관청에 포섭되어 간다. 두 번 다시 관청에 대한 비판 같은 것은 쓰지 않을 것이다.

나 자신, 최근에, 일은 맨과 동석했을 때 열성적인 '설명'을 받은 적이 있다. '일은류이론'이 얼마나 올바른가에 대한 설명을 들은 것이다.

하지만 거기에 사용된 그래프는, 얼핏 보면 일은이 옳다는 것을 증명하는 것이지만, 사실은 자기들에 유리한 시기만을 계측하고, 계측단위를 확대한 것이었다. 일은은 사술에 다름 없는 그런 수단을 사용해서라도 비판을 봉쇄하려고 한다.

"선생은 일본은행의 정책이 세계적으로 보아 이상하다고 말씀하시지만, 이 시기의 그래프를 보면 화폐는 물가에 전혀 작용하지 않고 있습니다. 이상한 체질인 것은 일본경제입니다. 정당한 정책을 취하더라도 디플레이션이 해소되지 않기 때문입니다" ─.

그것이 일은의 변명이었다. 이상한 것은 일본경제의 체질이고, 자신들에게 책임이 없다고 한다. 더구나 근거는 알맞게 조작한 그래프를 사용해서……. 도저히 납득할 수 없었다.

만약 관청이 반론할 수 없을 것 같은 학자, 혹은 '설명'에도 굽히지 않고 거꾸로 논파해 버리는 그런 학자가 나올 경우에는, 어용학자가 나설 차례이다. 관청에서 신문사로 "반론을 쓰고 싶다. 나중에 학자를 지명하겠다"는 전화가 간다고 한다. 그리고 이름이 알려진 어용학자가 반론을 집필한다.

그 결과는 어떻게 될까. 말이 좋아서 논쟁이지, 운이 나쁘면 '뒤에 내는' 반론 쪽이 설득력이 있어 보이기 때문에, 여론도 그쪽으로 흘러가 버리는 경우까지 있다.

관청에 포섭될 것인가, 반론에 직면하면서도 싸울 것인가. 학자도 성실하게 대처하는 것이 힘들고, 목숨 걸고 논쟁하는 것에도 지친다. 그러나 잘못된 정책을 추진하는 관청이나 일은에 포섭된 대가를 치르는 것은 누구인가 — 그것은, 디플레이션이나 엔고불황에 고통받는 국민이다.

일은이 무시하는 해외에서 온 논문이라는 것은

내가 일은을 비판하거나 디플레이션의 폐해에 대해 이야기하면, 많은 학자는 입을 다물어 버린다. 우수한 학자일수록 그렇게 되는 경향이 있다. 어쩌면 '장래, 일은의 정책위원회 심의위원으로 지명될 수 없게 되는 것은 아닐까'하고 걱정할지도 모른다.

혹은 일은의 은행 내 연수 강사로 의뢰받을 수 없게 된다. 혹은 제자가 일은에 취직할 수 없게 된다. 일은금융연구소가 주최하는 국제회의에 초대받지 못한다……. 그런 염려도 있을지 모르겠다. 실제로 일본의 대학이나 연구기관에서 일하고 있으면, 그렇게 되어도 이상하지 않다.

이 책을 읽고 "당신은 미국에서 살고 있으니까 그렇게 거침 없이 이야기할 수 있는 것이다"라고 화를 내는 학자가 있을지도 모르지만, 그런 사람이 정말로 국민생활에 대해 생각하고 있는 것일까.

일은의 파워를 가지고 대응하면, 일본의 경제학자들을 사상적으로 통제해 버리는 것도 불가능하지 않다. 적어도 시스템 상으로는 그렇게 할 수 있다.

미리 양해를 구해야 하는 것은, 내가 알고 있는 일은 맨들은, 거의가 사람을 대하는 태도가 좋은 훌륭한 신사라는 점이다. 시라카와 총재도, 그 인격에 의심할 만한 점은 없다. '착실한 인간의 사회적 기능'을 냉정하게 분석하고 있는 가쓰마 勝間 씨의 말을 빌리면, 모두 성실하지만, 그러나 '조직에 너무 충실한' 인물인 것이다.

내 제자 중에도 일은에 취직한 사람이 많기 때문에, 예전에는 '일은은 다른 정부기관과 비교해도 사람 됨됨이가 좋은 인간을 채용하고 있구나' 하는 인상을 가지고 있었다. 그런데도 '개인'이 아니라 '전체'가 되면, 일은도, 그리고 매스컴도, 학자들도, 일본경제를 디플레이션불황의 바닥으로 침몰시키는 그런 방향으로 협력해 버린다.

일반 학자들은, 디플레이션이나 금융정책, 무엇보다도 경기 대책에 관한 논의에는 소극적이다. 디플레이션 탈출이나 금융완화에 대해 쓰여진 책이나, 그 저자에 대한 비판도 많다. 비판 자체는 필요하지만, 자잘하고 기술적인 논점에 집착하는 사람뿐이다,

그런 점에는 의문을 제기하고 싶다.

일본은행의 금융정책은, 골프에서 그린을 향해 쳐야할 볼을 반대 방향으로 치려고 하는 것과 같다. 그에 대해 이러쿵저러쿵 구실을 붙여 정당화하는 학자가 너무 많다.

아니면 벙커에 들어간 볼을 샌드웨지가 아니라 퍼터로 쳐 올리려는 시도에 비유될 만한 정책도 많다. 그 이유를 물으면, 일은도 매스컴도 학자도 "그린을 향해 쳐도, 만약 오버해 버리면, 절벽이 기다리고 있습니다. 하이퍼인플레이션이라는 절벽이"라고 대답한다. 그러나 일본경제는 전후 60년 이상 석유위기 이외의 시기에는 인플레이션의 절벽은커녕 구덩이에도 떨어진 적이 없다.

일은은 해외의 유명한 경제학자를 부른 국제회의를 많이 개최하고 있다. 따라서 일은은 최신의 경제학도 알고 있다, 외야에서 쓸데없는 말참견을 해서는 안 된다, 그렇게 일은을 변호하는 사람도 있는 것 같다.

하지만 실제로는 어떤가. 몇 번이나 말하듯이, 일은은 경제학 200년 이상의 역사를 마치 없었던 것처럼 행동해 왔다. 일은이 개최한 국제회의에서 발표된 해외 경제학자의 논문이 아무리 예리하더라도, 일은의 주장과 다르다면 철저하게 무시해 버린다. 세계적으로 보면 당연한 것으로, 그것이 일본경제를 위하는 학설이어도, 그 제언은 정책으로서 채용되는 일이 전혀 없다. 세금 낭비이다.

일본의 디플레이션은 금융완화의 부족이 원인이다. 또한 단기증권만을 대상으로 한 매입시장조작이 아니라, FRB가 하려고 하는 그런 증권의 매입시장조작이 필요하다고 나는 설득해 왔다.

전면적으로 찬동해 주는 이와타 기쿠오, 다카하시 요이치, 와카타베 마사즈미, 하라다 유타카原田泰, 다케모리 슌페이竹森俊平 등의 여러분들, 본질적으로 찬동해 주는 이와타 가즈마사, 이토 다카토시 등과 함께 이전부터 줄곧 그렇게 이야기해 왔다.

하지만 그런 상황을, 많은 경제학자, 즉 본래는 동료이어야 할 인간들이 모른다. 아니면 알려고도 하지 않는다.

따라서 나는 매스컴보다도, 학자보다도, 일은보다도 정치가보다도, 매일매일의 삶을 성실하게 살고, 일본경제의 문제를 피부로 느끼고 있는 독자 여러분들이 이해해 주었으면 한다. 그리고 그를 위해 필요한 일은법 개정, 국민이 투표를 통해 실현할 수 있는 그런 사회로 만들어 주었으면 하고 바라고 있다.

저널리즘은 '정의의 편'인가

전술했듯이, 2010년 가을학기의 반년 동안, 나는 하버드대학의 '미일 관계 프로그램'에 '아베安倍 펠로우'로 부임했다. 거기서 예전에 예일대학 대학원 때 지도교수를 맡아주었고, 그 후에도 금융정책의 국제협조에 대한 연구를 할 때 상담 상대가 되어 준 리처드 쿠퍼 교수와도 재회했다. 오랜만에 직접 토론할 수 있었다.

'이제 이 나이에는'이라고 주저하는 나에게 아베 프로그램에 응모하는 것을 권유해 준 것이, 같은 프로그램의 주최자인 수잔 파Susan Jane Pharr 교수이다. 일본 연구자라서 그렇지는 않겠지만, '야마토大和 나데시코'를 방불케 하는 단아한 풍모의 파 교수. 하지만 과연 에드윈 라이샤워 Edwin Oldfather Reischauer 나 에즈라 보겔 Ezra Feivel Vogel 두 교수의 후계자여서 그런지 연구회 등에서의 코멘트는 준엄하다. 또한 총괄 등의 지휘 솜씨도 훌륭하다.

파 교수에게는 캘리포니아대학의 에리스 크라우스 Ellis S. Krauss 교수와의 공저 『일본에 있어서 미디어와 정치』가 있다.* 이 책의 기본적인 메시지는 "미디어는 요술쟁이"라는 것이다. '요술쟁이'는 원문에서는 '트릭스터 trickster'이다. 일본에서는 그다지 친숙하지 않은 단어일지 모르지만, 아이들의 생일파티 등에 불려오는 매지션 magician 같은 직업이다.

이 책에 의하면, 미야자와 기이치 宮澤喜一 내각이 무너진 것도 미디어가 정계의 통념을 깨고 독자에게 새로운 세계를 '요술처럼' 보였기 때문이라고 한다. 또 이 책에는 알트만 게이코 Altman 京子 씨도 기자클럽에 대한 논문을 싣고 있다. 그녀는 예전에 예일대학에서 내 수업에 참가했던 것으로 기억하고 있다. 이것들도 유익한 문헌이다.

저널리즘은 정치권력에 물들지 않는 '정의의 편'이어서 정계를 지켜보고 있다는 견해는, 나의 '아베 펠로우'에서의 테마 '경제 (금융)정책이 잘못되는 것은, 무지에 의한 것인가, 이해에 의한 것인가'에 직접 관계된다. 그래서 나는 파 교수에게 인터뷰를 요청했다.

파 교수는 "나중이라면 인터뷰에 응해도 괜찮지만, 미일 프로

---

* Edited by Susan J. Pharr and Ellis S. Krauss, *Medai and Politics in Japan*, University of Hawaii Press, 1996.

그램에는, 일본의 메이저 신문의 기자가 와 있습니다. 내일 제 집에서 크리스마스 파티를 여니까, 보스턴으로 와서 우선 문제의 장본인들에게 물어보는 것이 좋지 않을까"라고, 능숙하게 볼을 중개해 버렸다.

'디플레이션 문제는 사내에서도 미묘하기 때문에 오프 더 레코드로'

이렇게 해서 두 사람의 기자에게 회견을 신청하자, 그중 한 기자는, 내가 내각부에 있던 시절에 취재하러 온 적이 있다고 한다. 그러나 "디플레이션 문제는 사내에서도 미묘하니, 제 회사명과 이름 모두 오프 더 레코드로 해 주십시오"라고 했다.

'사내에서 미묘'하다는 것은, 사실은 자주 듣는, 정말 미묘한 표현이다. 그러나 기자는 미묘하든 명백하든, 거기에 있는 진실을 세상에 전달하는 것이 일 아닌가.

또 한 사람의 기자는 미국에 막 왔다. "맨큐의 교과서를 흥미롭게 읽고 있습니다. 일본의 교과서보다 이해하기 쉽습니다. 저는 실명을 밝혀도 상관없습니다"라고 한다.

파티가 시작되기 전에 이루어져 두 사람이 같이 하는 인터뷰가 되었다. 여기서는 두 사람 모두 이름을 밝히지 않는다. 그러나 중견의 현역 기자로부터 다양한 것을 들을 수 있었던 것은, 적어도 흥미로운 체험이었다. 솔직하게 대응해 준 두 사람에게는 매우 감사해 하고 있다.

이하에는 비판하는 듯한 내용이 나오는데, 그것은 두 사람보다는 신문지상에서 보는 기사 일반에 대한 의견이다.

먼저 솔직한 감상부터 말하자면, 오프 더 레코드로부터 유연한 의견을 들을 수 있다고 생각했지만, 그렇지도 않았다.

예를 들면 한 기자는 "환율에는 그때그때의 정치 정세, 돌발 사건 등 초단기 요인, 그리고 장기의 생산성, 경쟁력 등의 요인이 있지만, 그것은 충분히 배려하고 있습니다. 지금의 경제학에서 알 수 있는 것은 모두 고려하고 있을 것입니다"라고 한다. 그러나 현재의 경제문제를 이해하는 데 가장 중요한, 금융정책이 물가나 환율에 미치는 영향 같은 것은 전혀 관심 밖에 있는 것 같았다.

정치 정세나 생산성과는 별도로, 외국의 금융확장이 엔고를 촉진시키고 자국의 금융확장이 엔고를 저지한다는 변동환율제하의 기본원칙도 전혀 이해하고 있지 못한 듯하다. 왜 내가 신문의 일면이나 경제면에 실망하는가, 그 이유를 알게 된 것 같았다.

또한 중견 기자가 "맨큐의 교과서를 읽고 있습니다"라고 한 것에도, 이상한 느낌도 들었다. 맨큐의 교과서는 대학 레벨의 입문서다……. 그렇다고 해도 표준적인 경제학을 배우려고 하고 있으니 나로서는 응원하고 싶다.

"어떻게 하면 현재 신문의 몰이해, 일은이 말하는 대로 된다는 그런 편견을 바로 잡을 수 있을 것인가" — 그런 나의 물음에는 "논설위원을 모이라 해 놓고 설득하는 수밖에 없겠죠"라고 대답했다.

실은 그에 가까운 기회가 국가비전연구회(나카니시 마사히코中西眞彦 대표)의 후의로 만들어진 적이 있었다. 그건 상당히 감사한 일이었지만, 신문업계의 높으신 분들의 의식개혁은 어렵겠다고 느낄 뿐이었다. 거기에서도 기자들이, 지금 일본경제가 가장 바라고 있는 금융완화를, 입을 맞춰서 "극약입니다"라고 말한 것에는 경악할 수밖에 없었다.

두 사람의 신문기자도, 그 금융지식은 어디까지나 일본식에 치우친 것이었음에도, "공평하게 여러 가지 생각을 반영하고 있습니다"라고 자신 있는 태도를 보였다. "데스크가 기자가 쓴 기사에 압력을 가하는 일도 없다"고 한다.

도쿄전력에 관해서도, 신문에 광고를 내주는 메이저 클라이언트였지만, 지진이 일어나기 전에도 비판적인 기사를 데스크에 의해 거부당하는 일은 없었다고…….

신문이 커트한 증세에 관한 표현이라는 것은

그런데도 내가 매스컴이 일은에 치우쳐 있다고 생각하는 이유는, 내 집필에 관계된 실제 체험 때문이다.

나도 종종 신문에 기고하고 있다. 입장으로 말하자면 '쓸 수 있도록 배려 받고 있는 것이다'. 따라서 매스컴에 비판적인 내용을 여기에 쓰면, 더 이상 원고나 인터뷰 의뢰가 오지 않을 것이라는 불안이 머리를 스치기도 했다.

다만, 나는 미국에 살고 있고, 나이도 적지 않다. 매스컴으로부터 어떤 처사를 당하더라도 그렇게 두려워할 것도 없다. 오히려 비판이나 대우에 관한 우려 때문에 매스컴이나 일은을 겁내는 학자가 많은 것이 문제인 것이다. 따라서 일은에 의한 정보조작, 학자를 조정하는 것이 가능해 지는 것이다.

중요한 것은 나의 원고수입보다 일본국민의 장래이기 때문에 굳이 독자에게 전달하고자 한다.

나는 리플레이션파 중에서는 운이 좋은 것 같다. 하버드대학의 쿠퍼 교수와 공저를 낸 적이 있어서일까, 2010년 모 경제지에 몇 개월 동안에 두 번, 금융정책의 중요성을 호소할 찬스가 있었다.

하지만 첫 원고에서는 와카타베, 가쓰마勝間 두 분과의 공저 『전설의 교수에서 배워라!』에 게재한 고故 오카다 야스시 씨가 만든 그래프를 인용하려고 했더니, 지면 관계로 삭제해 달라고 한다. 이는 일은의 금융정책, 그 무대책 상태가 엔고를 불러 일본의 생산을 격감시켰음을 보여주는 그래프였다. 미국의 유명 경제학자에게 보여주면, 한눈에 나의 의도를 이해해 줄 수 있는 중요한 것이었다. 노드하우스 교수도, 조겐슨 교수도, 예전에 공화당의 대통령자문위원장이었던 펠드스타인 교수도, 이 그래프를 보는 것만으로 내 질문의 본질을 이해해 주었다.

경제지에는 세 개의 그래프 중 그럭저럭 두 개를 부탁해서 게재할 수 있었지만, 이번에는 또 다른 문제가 부상했다.

이 책에도 쓴, '진재震災로부터의 부흥을 지향하는 시기에 증세하는 것은, 병에 걸린 아이에게 짐을 들게 했다가 병이 나으면 짐을 내려도 좋다고 하는 것과 같은 것'이라는 표현이, 지면에서 사라져 버린 것이다. 두 번째 기사에서는 게재되었지만, '역시 신문은 일은 편인가'라고 억측하지 않을 수 없었다.

또한 신문사 계열의 모 종합지는, "정부의 엔고 종합 대책은 전혀 대책이 되지 못하고, 국민의 세금을 써서 일본 공동화를 조장하는 것이다"라고 썼더니, 그 의도를 잘 이해해 주었다. 노다 내각을 비판하는 캐치프레이즈를 몇 가지 가르쳐 주었을 정도다.

그러나 '신문이나 잡지의 매출이 떨어지고 있는 것도 정부의 디플레이션 정책에 의한 것인데도, 어째서 신문들은 모두 일은의 디플레이션 정책을 옹호하는 것일까'라는 말은, 마지막 교정원고까지는 남아 있었지만, 발행된 지면에서는 사라져 있었다.

물론 이런 것들은 담당 편집자만의 책임이 아니라, 데스크나 편집장의 의향도 있었겠지만, 낙담한 것은 사실이다.

최근에도 신문사 계열의 주간지와 일은, 거기에 시라카와 총재의 정책에 대해 두 시간 정도 차분히 인터뷰를 했다. 나의 비판적 입장도 잘 이해해 주었다. 하지만 교정원고를 보면 인터뷰는 100자 이하의 짧은 것이었다. 담당한 기자도 그 점을 미안해 했지만, 내가 강조한 '엘피다 메모리의 파탄도 원인을 밝히자면 일은의 금융정책이 엔고를 방치했기 때문입니다'라는 점에 대해서는 전혀 언급하지 않았다. '그것만은 살렸으면 좋겠습니다'라고 부탁해 겨우 실을 수 있었지만…….

물론 각각의 기자, 편집자는 나에게 흥미나 호의를 갖고 있다. 따라서 나와 일은의 페킹 오더(pecking order, 권위의 서열)를 다투어 봤자 방법이 없는 것처럼, 기자와의 페킹 오더는 다투지 않는다. 다만 여기에서 독자가 알았으면 하는 것은 이러한 원고 조작으로 국민의 미래를 위해 알아야 하는 정보가 차단되어 버린다는 점이다. 나에게는 그것이 유감이다.

『관보복합체』가 밝힌 경악스러운 진실

일본경제신문의 편집위원을 거쳐 독립한 마키노 요 씨가 집필한『관보복합체 권력과 일체화하는 신문의 대죄』는 베스트셀러가 되었는데, 일본 미디어의 진실을 선명하게 그려내고 있다.

예를 들면, 미국과 일본에 있어서 기사 제작 방법의 차이이다.

미국에서 특종을 얻고자 하는 기자는, 많은 경우, 혼자서 취재한다. 거기에서 워터게이트 사건과 같이 대통령의 자리까지 뒤흔들 수 있는, 그런 기사도 나오게 된다.

한편 일본의 경우에는 검찰청, 재무성, 일은 같은 '정부 관청'이 보증하는 데이터를 이용해 기사를 쓰려고 한다. 그렇게 함으로써 각 조직에 유리한 해설이 붙은 기사만 지면에 게재되는 것이다.

"생생한 데이터로부터 직접 경제법칙을 생각할 능력도, 의욕도, 보통의 기자는 가지고 있지 않다."

그렇게 말하는 것은, 스스로 액셀을 구사하여 경제 데이터를 명쾌하게 기사화하는, 산케이신문의 다무라 히데오 논설위원이다.

다무라 씨가 지적하는 그런 기자들뿐이라, 경제의 기본원리도 공부하지 않고, 그 때문에 각 성省이 쓴 해설을 기다릴 수밖에 없는 것이다.

특종에 필요한 것은, 각 성이나 정치가로부터 조금이라도 빨리 정보를 얻는 것, 그 때문에 요인과 밀접한 관계를 갖는 '뻗치기" 취재이다. 그렇게 해서 일부 기자는 유명 정치가의 측근과 같은 존재, 예컨대 '다나카 담당 田中番', '후쿠다 담당 福田番' 등을 거쳐 실력자가 되어 간다.

'정부 관청'에 접근하는 것이야말로 출세로 향하는 길 — 그것이 일본의 미디어인 것이다.

또한 카메라 등에서 높은 기술력을 자랑하는 올림퍼스 Olympus 에서는, 예전 경영진이 '날림[飛ばし]'**이라는 수법으로 투자의 실패를 숨기고, 분식 결산으로 쉬쉬하며 수습하고 있었다. 그것을 외국인 CEO인 마이클 우드포드 Michael C. Woodford 가 회원제 월간지의 기사에서 감지하고, 사내 社內를 개혁하려고 했지만, 거꾸로 해임되어 버리고 말았다.

그렇게 큰 사건에도, 기자클럽에 속하는 신문과 텔레비전은, 처음에는 미끼를 물지 않다가, 결국 외국인 경영자의 독씨름[獨相撲]으로 정리하는 것 같았다.

왜냐하면 신문·텔레비전은, 경찰이 움직이지 않으면 보도하지 않으려는 경향이 있기 때문이다. 결국, 검찰이 움직임으로써 신문·텔레비전도 추적하기 시작했던 것인데, 이 지점에도 일본 신문·텔레비전의 체질이 잘 나타나 있다고 할 수 있고, 마키노 씨는 그것을 선명하게 묘사하고 있다.

---

* 원문에는 '夜討ち朝駆け'로 되어 있으며, 그 뜻은 신문 기자 등이 취재를 위해 아침 일찍 또는 밤늦게 불시에 요인 등의 집을 방문하는 일을 말한다. 적절한 말이 없어서 비슷한 '전문용어'를 활용했다.

** 날림飛ばし 이란, 결산 대책을 위해 평가 손실을 본 유가 증권을 일시 다른 회사에 전매轉賣하는 일을 가리킨다. 네이버 사전.

오자와 이치로 보도의 바이어스로 알 수 있는 것

신문·텔레비전의 자세에 관해서 말하자면, 오자와 이치로 씨의 소위 리쿠잔카이사건 陸山會事件 *에 대해서도, 고개를 갸우뚱하지 않을 수 없었다.

나는 오자와 씨의 정치적 자세에 대해서는 완전히 중립적인 입장이다. 애초에 명확하게 판단할 정도의 정보가 없었다. 다만 오자와 씨와 그의 그룹은, 내가 주장하는 금융정책의 중요성에 대해, 다른 정치가 그룹보다는 이해해 주었다. 디플레이션이나 엔고, 공동화와 지방 잘라 버리기[地方切り捨て]에 관해서는, 높은 문제의식을 가지고 있는 점에도 호감을 가질 수 있다. 그뿐이다.

내가 의문을 느낀 것은, 그가 무죄 판결을 받았을 때의 신문·텔레비전이 보여준 보도 태도이다. 법정 심리 과정에서 문제가 된 것은, 검찰관이 준비한 수사보고서에 증거능력이 있느냐 하는 점이었다. 실은 내 친구 중에도 총회꾼** 사건에 관계한 죄로 체포되어, "서명하지 않으면 유치장에서 못 나간다"고 협박을 받아 말하지도 않은 내용의 공술서에 사인을 강요당한 인간이 있다.

---

* 오자와의 자금관리단체 '리쿠잔카이 陸山會'에 대해 주간지가 축재의혹을 보도했다. 그에 대해 오자와가 명예훼손으로 손해배상소송을 제기하여 민사소송이 되었다. 2009년에는 시민단체로부터 도쿄도 세타가야구 世田谷區 의 토지 구입에 관한 정치자금규정법위반으로 고발되었기 때문에 형사사건으로 발전했다. 2010년에 도쿄지검 특수부에 의해 오자와의 비서 3명이 기소되었고, 2011년에 검찰심사회의 기소 결정으로 오자와 자신도 기소되었다.

** 총회꾼 總會屋 이란, 약간의 주식을 가지고 주주 총회에 참석하여 말썽 등을 일삼는 사람이다.

일본이 법치국가이기 위해서는, 정당한 절차 외에는, 어떤 사람도 죄를 뒤집어써서는 안 된다. 리쿠잔카이사건의 재판에서도 그 기본원칙이 무시되었던 것이다.

하지만 많은 신문·텔레비전의 보도에서는 그런 기본원칙이 무시되고 있었다. '무죄가 되기는 했지만, 오자와 씨와 그 주위에는 명료하지 않은 것이 느껴진다'는 식이다. '한없이 흑黑에 가까운 회색'이라는, 어떤 정치가의 말을 긍정적으로 전달한 프로그램도 있었다. 재판은 흑인가 백인가를 다투는 것으로, 회색의 농담濃淡 등은 관계가 없음에도 그렇다.

일본의 보도에서는, 가끔이라기보다는 거의 모든 경우, '무죄추정의 원칙'이나 '의심만으로 처벌하지 않는다'는 재판의 기본이 무시된다. 어디까지나 이미지로 이야기되고, 체포, 기소된 단계에서 죄인으로 취급한다. 그것도 미디어가 어디까지나, 경찰이나 검찰의 정보에만 의지하고 있기 때문일 것이다.

경제에 관해서도 마찬가지이다. 미디어에서 경제를 보도하는 인간이 일은이나 재무성에서 나오는 정보에만 의지하고 있는 이상, 기사나 프로그램이 일은이나 재무성에 기우는 것도 당연하다. 권력과 미디어의 유착은 강하고 깊다.

'분위기를 읽는' 일본사회의 폐해

도쿄대학출판회에서 『지의 기법 知の技法』이라는 서적 시리즈가 출판되고 있다(편자는 고바야시 야스오 小林康夫 씨와 후나비키 다케오 船曳建夫

씨). 구체적으로 도움이 되는 학습, 연구의 가이드북으로, 일본에
서는 두드러지게 충실하다고 할 수 있다.

시험 보는 방법, 취직 소논문 쓰는 방법, 리포트 쓰는 방법 같
은, 소위 하우 투(how to-R) 시리즈는 많지만, 이런 '어떻게 학습할
것인가'나 '어떻게 연구할 것인가'와 같은 기본을 확실히 몸에 익
히게 해 주는 그런 책은 의외로 적다. 하지만 그것은 학생이나 학
자에게 있어서는 중요한, 그리고 끊임없는 관심사이다.

『지의 기법』에서 인상에 남아 있는 것은 다음과 같은 이야기
이다.

일본에서 중요시되는 것은 컨센서스를 구하는 것이다. 대학
에 입학할 때까지 12년 동안의 교육에서는 어떻게 주위의 생각에
동조하고 공감할 것인가를 훈련받는다고 한다. 정말로 딱 그렇다.
거기에서 그치지 않고, 나는 대학에서의 교육도 마찬가지가 아닐
까 하고 생각한다.

일본에서는 학교의, 회사의, 혹은 주위의 분위기를 파악하는
것이 중요시된다. 올림퍼스사건에서도 우드포드 사장은, (외국인이
기 때문이 아니라) 회사의 분위기를 파악하지 못했기 때문에 배척당한
것처럼 생각된다. 실제로 그는 회사 내의 '오탁한 분위기'를 파악
하고 있었던 것인데……

이전에, 나의 금융정책에 관한 논쟁에 대해, 친구가 이렇게
주의를 준 적이 있다.

"아버지가 말하곤 하셨습니다. 상대를 정말 논파하기 위해서
는, 상대에게 '내가 논쟁에 졌다'는 것을 들키지 않는 것이 중요하
다고"

나의 설봉 舌鋒이 때로는 너무 날카롭다고 느꼈던 것이리라. 그는 미국의 대학을 졸업하고, 거기서 교편을 잡았는데, 마음은 '분위기를 읽는' 일본인인 것이다. 나는 그에 대해 상당한 존경심을 갖고 있었지만, 비판의 대상에게 사양할 필요가 없다고 생각한다.

내 사고의 기준은 일본에는 없다. 미국의 텔레비전에서는, 의견이 대립하는 사람들끼리 숨 돌릴 틈도 없는 기세로 격론을 벌이는 것이 보통이다. 그 광경은 '크로스 파이어(cross fire, 십자포화)'라고도 '하드볼(hardball, 강경한 태도)'이라고도 불린다. 특히 대통령선거에서의, 격앙 激昂이라고도 할 수 있는 후보자들의 논쟁은 무시무시하다. 나에게는 그것이 보통의 광경처럼 보인다.

하지만, 어떤 일본 싱크탱크의 토론회에서는, 이 책에서 하는 것과 또 같은 '일은류이론'에 대한 비판을 했더니, 사회자가 '이 토론회에서는 지명해서 비판하는 것은 허용되지 않습니다'라고 했다.

어떤 학자의 다음과 같은 말에 의해 토론의 기가 꺾인 적도 있었다.

"선생의 의견은 극단적이라서 토론이 되지 않습니다. 공통점을 발견하는 이야기라면, 토론도 발전하겠지만"

…… 정말이지 일본적인, 분위기를 읽는 사고이다. 하지만 나로서는 그것이 토론이라고 생각할 수 없다.

나는 상대가 아무리 존경할 만한 인물이라고 해도, 그 의견에 찬성할 수 없을 때는, 확실하게 그렇게 표명한다. 지명하는 것도 구미歐美의 상식이다.

지동설을 주장하는 인간이 "천동설도 일부는 맞다"고 말할 수 있을 것인가. 나에게 있어서 지동설이라는 것은, '디플레이션이나 엔고는 금융정책으로 해소할 수 있다'는 것이고, 천동설이라는 것은 '금융정책은 효과가 없다'는 '일은류이론'이다.

건전한 비판이 명예훼손이 되는 일본

의사들의 세계에서도 같은 일이 일어난다고 한다. 의견이 달라도 비판하지 않는 것이 보통이라고 한다.

옛날이야기인데, 대학의 이과 계열의 두 선생이 정반대의 내용을 주장해서, 학생이 왜 다른지를 물었더니, "전공이 달라서 다른 수업 내용에 대해서는 의견을 말할 수 없다"고 대답했다고 한다. 의사의 상대는 환자여서 의사들끼리 다퉈서는 안 된다는 사고 방식인 것이다.

경제평론가도, 상대는 독자, 즉 국민이다. 비전문가가 거의 모든 상대에게 어떻게 호소할 것인가가 일이기 때문에, 동업자가 잘못된 의견을 유포하더라도 눈을 감아버리는 풍조가 있는 것 같다. 그런 상황 속에서 내가 별나 보이는 것도 당연하다.

나는 누구에 대해서도 주저 없이 의견을 던지고, 서로 논쟁을 벌인다. 그 때문에 재판까지 갈 뻔한 적도 있다.

내각부 시절, 어떤 고명한 평론가를, 잡지 속에서 지명하여 비판했다. 그의 '금융완화를 하지 말고, 비효율적인 기업을 도태시켜라'라는 논설이 국민의 장래를 오도할 것이라고 생각했기 때문이다.

미국에서는 그런 것이 보통이다. 폴 크루그먼이 예일대학의 역사가 폴 케네디를 비판한 적도 있다. 나도 같은 식으로 비슷한 표현을 사용했다.

하지만 그 평론가는 나에게 내용증명과 배달증명이 붙은 문서를 보내왔다. 내용은 '명예를 훼손하는 언론(활동을-옮긴이)을 계속하면, 이 이상의 수단으로 고소할 수 있다'는 것이었다. 재판이라고 명기하지 않았지만, '이 이상의 수단'이라는 것은 그것 외에는 생각할 수 없었다.

명예훼손 전문인 변호사가 방전防戰에 노력해준 결과, 소송사태까지는 가지 않았지만, 그때의 '학문상의 비판이 재판사태까지 갈 수도 있다는 것인가'하는 놀라움은 지금까지도 잊을 수 없다. 상대는 친구이고, 경제학자로서도 존경할 만한 인물이었기 때문에, 이런 반응(반격)이 올 것이라고는 꿈에도 생각 못했다.

이것도 역시 일본적 분위기 때문일 것이다.

주위에 맞춘다. 화和를 어지럽히지 않는다. 아무리 옳다고 생각해도, 주위와 비교하여 극단적으로 여겨지는 기사는 피한다. 그때문에 독자 취재보다도 '정부 관청'에 의지한다. 그 결과 권력과 유착하는……

하지만 문제는 업계 내의 '화和' 같은 것은 아닐 것이다. 특히 경제에 관해서는, 일본의, 그 국민의 장래 생활이 걸려 있는 것이다. 분위기를 파악하지 못하고, 화和를 어지럽혀서라도, 스스로가 옳다고 생각한 것을 말해야 할 때는 확실하게 말할 필요가 있다.

종장

일본은 이제 곧 부활한다

20조 엔이나 되는 수급 격차 gap를 안게 된 이유

여기 종장에서는, 지금까지의 설명을 정리하면서, 일본경제
가 부활할 수 있는 길을 제시하고자 한다. 정치가를 실례를 무릅
쓰고 '돌팔이의사'라고 쓴 나 나름의 '처방전'이다.

동일본대진재 후, 일본경제는 상실된 공급능력의 회복을 서
둘러야 한다는 과제를 안고 있다. 거기에 중동 정세 악화에 따른
원유가격의 폭등은, 화폐의 측면에서가 아니라, 실체적인 측면에
서 곤란한 상황을 초래하고 있다. 그것은 각국이 공통적으로 안고
있는 문제이지만, 왜 일본만이 다른 나라들, 발전도상국은 물론이
고 선국들과 비교해도 나쁜 거시경제의 퍼포먼스를 계속하고 있
는 것일까.

세계 여러 나라들이 모두 원유가격의 폭등이라는 역풍 속을
항해하고 있는데, 그 속에서 일본만이 유독 따돌림을 당하는 이유
는 무엇일까 —.

그것은 일본경제만이 디플레이션이나 엔고에 수반된 수요부
족에 시달리고 있기 때문이다. 선진국들이 리먼쇼크 이후 금융완
화를 극단적으로 확대하는 와중에도 일본만은 확대하지 않았다.
그 때문에 일본이 엔화 강세로 힘들어하고 있는 것이다.

이 수요부족이 왜 발생한 것일까를 설명해 보자.

리먼쇼크 전에는, 불량대출이 포함되어 실제로는 가치가 없
는 서브프라임 론(신용력이 낮은 개인에 대한 주택 융자)과, 그것을 '금융공
학'이라는 이름하에 합성한 증권이 유통하고 있었다. 더구나 그것
이 가치가 있는 것으로 생각되고 있었다.

신용력이 낮은 사람들에게 대출된 채권의 가치가 낮은 것은 누구나 알 수 있을 것이다. 여유가 없는 사람은, 빚을 갚을 수 있는지 어떤지 (아마도 스스로도) 알 수 없다. '돈을 빌린 사람(차주)'의 지갑을 정확하게 파악하고 있지 않은 '돈을 빌려준 사람(대주)'으로서는, 아무리 차주가 '꼭 갚겠습니다'라고 해도 정말로 갚을 수 있는지 알 수 없다.

종래의 이론에 의하면, 차주의 파산이 랜덤하게 일어나는 것이라면, 위험한 증권도 분산해서 가지고 있으면 괜찮다고 한다. 따라서 합성한 증권에 가치가 있다는 신화가 생겨나는 것이고, 저당을 기초로 한 증권MBS 이, (위험이 많더라도) 높은 이자를 낳는 증권으로서 매매되고 있는 것이다.

그러나 분산투자의 원리는, 경기가 나빠지고, 거의 모든 자기 소유의 집을 담보로 돈을 빌린 사람이 거의 동시에 변제불능이 되는, 그런 사회에서는 성립하지 않는다.

이렇게 해서 MBS에 가치가 없는 것을 알았기 때문에, 리먼쇼크가 발생한 것이다. 모두가 부富라고 생각하고 있던 것이, 마치 신데렐라 이야기에 나오는 밤중의 호박 마차와 같이 갑자기 사라져 버린 것이다.

선진국들의 중앙은행은, 화폐의 증발, 특히 여러 자산을 대폭 사들이는 양적완화QE를 통해 이에 대처했다. 특히 미국은 일본이 금융완화를 소홀히 하고 디플레이션에 빠져버린 것을 '반면교사'로 삼아 일찍부터 대응했다.

한편 일본은, 부동산투자신탁REIT 등을 사들이는 '포괄양적완화'를 최초로 시행했다고 알려져 있지만, 그 규모는 매우 작았다. 그 결과 일본의 화폐공급량은 거의 증가하지 않았다.

그때까지 금융정책을 긴축적으로 행하고 있던 일은은, "우리나라에서는 서브프라임 위기는 일어나지 않았다"고 자만했던 것이다. 확실히 그때까지는 옳았다. 하지만 그 뒤가 최악이었다.

변동환율제하에서, 한 나라의 금융확장은 해당 국가의 환율을 절하하고, 무역 상대국의 환율을 절상한다. 자국의 금융확장은 보통 타국의 경기를 악화시키게 되는 것이다.

선진국들의 리먼쇼크에 대응한 금융확장으로, 대응하지 않은 엔의 실질실효환율이 절상되어, 수출산업의 경쟁조건, 그 허들이 매우 높아져 버렸다.

일본 국내에서 금융위기는 일어나지 않았지만, 세계의 환율시장이 직결直結 되어 있다. 그 때문에 선진국들의 금융확장이 초래한 충격이 엔의 독보고獨步高'라는 형태로 일본을 직격한 것이다.

이는 일은이 금융을 완화하면 막을 수 있었던 문제이다. 하지만 제1장의 도표2가 보여주듯이, 밸런스 시트의 확대를 보더라도, 일은의 대응은 전혀 불충분했다. 금융정책에서는 보수적인 유럽중앙은행ECB에도 미치지 못하는 긴축의 정도였다.

그 결과, 제2장에서 언급했듯이, 일본의 광공업생산은 리먼쇼크 이후 격감하게 되었다. 광공업생산 변화율로 측정하면, 일본은 리먼쇼크의 진원지가 아니었음에도, 엔고의 파고가 몰려왔고, 그 때문에 진원지인 미국이나 영국보다도 크게 생산이 떨어졌다.

그 뒤에도 실질실효환율은 엔고가 계속되면서 산업의 족쇄가

* 일본 엔의 가치가 다른 나라의 통화에 비해 독보적으로 높아졌다는 의미이다.

되고 있다. 광공업생산지수는 리먼쇼크 전의 하락과 비교하면 약 간밖에 회복되고 있지 않다.

그 결과 일본경제는, 잠재성장 경로라는 측면에서 볼 때 상당 히 대폭적인 수급 격차를 안고 있다. 가타오카 고시 씨는 이러한 격차gap가 20조 엔 정도에 달할 것이라고 설명하고 있었다. 잠재 GDP의 4%에 가까운 숫자이다.

2012년의 밸런타인데이의 금융완화 후, 그 대단하던 일은도 금융을 완화하고, 서서히 과거의 격차를 줄이고 있다. 그러나 리 먼쇼크 이래의 디플레이션 갭의 대부분이 금융정책이나 환율정책 을 능숙하게 잘 운영해 왔으면 피할 수 있었던 것이라고 생각하 면, 유감스럽기 그지없다.

일은의 밸런스 시트를 지키기 위해서라는 이유만으로

엔고가 발생하면 기업은 코스트 경감, 제품 가격의 인하로 대 응하는 수밖에 없다. 이는 일종의 자연요법과 같은 것이다. 의사 가 필요한 약, 즉 돈을 대주지 않기 때문에, 오랜 시간을 들여 기 업 자신이 합리화에 노력해야 하는 것이다. 그 인내 과정에서 파 산하는 엘피다 메모리 같은 기업도 나온다.

치료약을 가지고 있는 의사가 그것을 내주지 않은 것에 책임 을 느끼지 않아도 되는 것일까. 일은의 밸런스 시트를 지키기 위 해서라는 이유만으로…….

내가 일본에서 자주 원고를 부탁받거나, 강연에 초청되는 것은 아니다. 원래 외국에 거주하고 있기 때문에, 그런 것을 탄식해 봤자 어쩔 수 없다. 그러나 그 이유 중 하나는 내가 세상의 통설, 즉 일은이나 재무성에 유리한 의견을 가지고 있지 않은 것에 있을 지도 모른다.

2012년 6월, 와카타베 씨, 가쓰마 勝間 씨와 집필한 책을 읽으신, 재팬 소사이어티의 본가, 뉴욕의 사쿠라이 모토아쓰 櫻井本篤 이사장께서 초청해 주었다. 우연히 옛날부터 알고 지내던 노부코 信子 부인이 뉴욕의 서점에서 발견하셨다고 한다. 그 당시 사회자와 토론자는 경제학자로서 옛날부터 알고 있는 폴 쉬어드 Paul Sheard 박사였다.

폴은 오스트레일리아 출신의 뛰어난 경제학자이고, 아오키 마사히코 靑木昌彦 소장 시절의 경제산업연구소에서 활약했다. 실무경험도 풍부하여, 리먼브라더즈나 노무라증권 野村證券 에서 요직을 지냈다. 오사카대학 大阪大學 경제학부 국제협조기부강좌의 조교수였던 적도 있다. 당연히 일본경제에도 밝고, 일본기업이나 일본의 경영에 관한 책도 집필하고 있다.

그가 행한 내 이야기에 대한 코멘트와 질문은 이 책을 정리하는 데에도 상당히 유익하다고 생각되어, 내 대답에 얼마간의 가필을 해서 인용하고자 한다(이하, 번역도 필자).

(쉬어드) 하마다 씨가 지적했듯이, 일본 거시경제의 놀랄 만한 현상은, 그것이 장기적인 디플레이션 상태를 계속하고 있다는 점입니다. 이는 일본과 같이 변동환율제하에서 중앙은행의 독립성이 보장된 나라에서는 일어날 수 없는 일이라고 생각됩니다.

일본의 GDP 디플레이터는, 그 최대치에서 18% 하락하고 있습니다. 같은 시기에 미국의 GDP 디플레이터는 40% 상승하고 있습니다. 일은은, 일본의 디플레이션이, 적극성이 불충분한 금융정책 때문이 아니라 실질경제가 요인이라고 말하고 있습니다. 특히 현재와 장래의 잠재성장률을 낮추고 있는 인구구성의 변화에 의한 것이 크다고 합니다. 따라서 디플레이션을 극복하기 위해서는 정부와 산업이 디플레이션을 저지해야 한다는 것입니다.

하마다 씨 이에 대해 어떻게 생각하십니까?

(하마다) 인구감소는, 논리적으로는, 인플레이션 요인이 될지언정 디플레이션의 요인이 될 수 없습니다. 일은은 자신의 책임회피가 될 수 있는 구실은 무엇이든 사용하고 싶어합니다. 지금 말씀하신 내용으로 내 강의 취지를 100% 종합해 주셨습니다. 이것은 무엇보다 일본의 정치가, 관료, 실무가, 그리고 경제학자가 들었으면 하는 내용입니다.

(쉬어드) 일본은행은 비전통적인 금융정책에 관해서는 세계를 선도하고 있다고 합니다. 양적완화, 사채 社債, CP Commercial Paper,[*] ETF(상장투자신탁),[**] REIT(부동산투자신탁)를 사들이는 조작은, 각국이

---

[*] CP, 즉 Commercial Paper란, 미국에서 기업의 단기작업을 조달하기 위해 발행하는 무담보 약속 어음이다.

[**] 上場投資信託이란, 금융상품거래서에서 거래되는 투자신탁을 가리키는데, ETF나 상장투신이라는 약칭이 자주 사용된다. 일반의 투자신탁은 금전의 출입에 의해 해약 설정되지만, ETF는 투신회사가 지정한 현물금융상품에 의한다. 일반 투자신탁이 조합한 자산만을 증권화하는 것에 대해, ETF는 투자가가 거출하는 현물까지 증권화한다. 미시경제에 대한 효과로서 기동적으로 포트폴리오의 구축

일은을 흉내 내고 있다고. 그것은 사실입니다만, 그런 조작으로 일은의 밸런스 시트를 대폭 확대하는 것을, 일은은 거절하고 있습니다.

예컨대 국채를 대량으로 사면, 밸런스 시트는 곧 팽창하게 되겠지만, 하마다 씨도 보여주셨듯이, 2008년의 리먼쇼크 이후, 일은은 23%밖에 확대하지 않았습니다. 한편, FRB은 밸런스 시트를 214%, 영국 중앙은행은 282%, 문제를 안고 있는 ECB에서 조차 108% 확대하고 있습니다.

만약 일은이 같은 비율로 밸런스 시트를 확대하고 있었다면, 지금까지 산 27조 엔에 더해 275조 엔(일본 국채 잔고의 41%)을 사들일 수 있습니다. 어째서 일은은 그렇게 하는 것을 꺼려할까요?

(하마다) 구체적인 숫자를 가지고 명확한 설명을 해 주셔서 감사합니다. 마지막 질문은 사실 내가 여러분에게 인터뷰하면서 '일은은 왜 올바른 정책을 취하지 않는 것일까'라는 테마로 연구하고 있는 부분입니다.

(쉬어드) 여기서 소비증세가 행해지면 디플레이션과 불황은 점점 더 진행됩니다. 다만 그 악영향까지 일은의 금융정책으로서 비난받는 것은 불공평하다고 생각합니다. 책임은 일은만이 아니라 재무성에도 있기 때문이죠.

하마다 씨는 최근 일은에 비판적이지만, 내각부에서 정책결정에 밀접하게 관여해 온 시기도 있었습니다. 지금 하마다 씨가

과 변경이 가능해진다. 가상통화와 함께, 세계 금융위기의 피난처로서 활용되고 있다. ja.wikipedia.org/wiki/上場投資信託.

시라카와 총재나 일은 간부를 만나 의견을 말씀하신다면, 그들이 뭐라고 하겠습니까?

또한, 왜 일본의 학자나 실무 이코노미스트 모두 비슷한 (일은에 가까운) 견해 이외에는 말하지 않는 것일까요? 금융정책과 금융론에는 일본류의 전통이론과 일본적 日本的이 아닌 (세계 공통의) 전통이론이 (따로-옮긴이) 있는 것일까요? 세계의 상식은, 일본에서는 왜 이단적인 것일까요?

(하마다) 나도 완전히 같은 감상을 가지고 있습니다. 보통은 다른 의견으로 다투는 패널 디스커션에서, 이 정도로 찬성해 주신 것은 태어나서 처음입니다. 정말로 감사합니다.

'공짜 점심'이 가능한 일본경제

2011년의 동일본대진재는, 주로 불충분한 금융완화 때문에 과거 5년 동안 계속되어 온 수요부족이 해소되지 않고 있던 상황에서 닥쳐왔다.

진재 震災는, 생산공급능력 저하를 통해 가격상승 압력이 된다. 그러나, 다른 한편, 자금 면에서는 비상시를 대비한 화폐수요나 보험금 지불준비를 위한 자금 환류 還流를 통해, 엔 표시 자산의 수요를 증가시킨다.

이는 디플레이션 압력을 조장한다. 한신아와지대진재 阪神淡路大震災 때에는 1달러 79엔대로 엔고가 되었고, 동일본대진재 후에는 과거 최고치인 76엔대를 기록했다.

진재 직후의 시장통계지표, 예컨대 백화점, 외식, 여행의 매상은 대폭 감소함으로써, 수요부족이란 시그널을 발하고 있었다. 또한 신차 판매대수도, 공급요인도 있기는 하나, 격감하고 있다. 엔고와 함께 수요부족경제의 기조도 계속되고 있었던 것이다.

이에 대해 자민당의 야마모토 고조 중의원의원은, 부흥을 위한 국채를 20조 엔 규모로 일은에 인수시킬 것을 제안했다. 당시 일본의 수급 격차를 약 20조 엔으로 보고, 부흥 재원을 돈을 찍어내서 조달한다는 정당한 정책이다.

일은이 현존 국채를 매입시장조작(공개시장조작)하는 것으로도 같은 내용을 달성할 수 있다. 정부가 이자를 지불해야 하는 국채를 일은이 매입함으로써, 구제비용을 무이자 화폐로 조달하는 것이다. 국채도 줄고, 디플레이션도 해소된다. 이는 일석이조의 프리 런치(공짜 점심)처럼 보인다.

보통, 경제현상에서는, 프리 런치는 허용되지 않는다. 이 경우에도 제로금리 상태라면, 화폐공급의 증가가 국채부담을 감소시키더라도, 그것이 인플레이션 경향을 조장하여 국민의 실질소득을 감가減價 시킴으로써 사실상의 과세가 되기 때문에, 프리 런치는 되지 않는다.

다만 현재 일본에서는, 얄궂은 표현일지 모르지만, 오랫동안 국민을 디플레이션으로 고통스럽게 한 뒤이기 때문에, 이 프리 런치가 가능한 것이다.

일은이 오랫동안 계속해 온, 소위 '디플레이션 지향'의 금융정책의 결과, 매입시장조작은 인플레이션을 초래하지 않는다. 오랫동안 국민이 디플레이션으로 고통을 받은 뒤이기 때문에, 확장정책도 곧바로 장래의 물가상승에 대한 기대를 가져오지 않는다. 금융정책의 유효성을 떨어뜨리는 면에서는 문제이지만, 국채 부담을 줄이는 데는 절호의 조건이 갖추어져 있는 것이다.

이미 말했듯이, 금융완화를 하지 않고 소비세율을 일거에 올리면, 소득이 줄어들어 곧 세입이 감소하고, 일본경제는 괴멸하게 된다. 그러나 정부나 정치가가 잘 일은을 설득하여 금융완화를 행하고, 디플레이션 압력을 불식하고 나서 증세를 하면, 소비자, 산업계, 그리고 재무성 3자에게 있어서 (만담落語은 아니지만) '삼자가 모두 이득을 보게 되는 것[三方一兩得]'이다.

그렇다고 하더라도, 동일본대진재 뒤의 일본경제에서는, 개별 상품의 가격상승이 일어날 가능성이 있다. 설령 그렇게 되더라도, 개별 가격의 상승이 일반적인 물가(생선식품을 제외한 코어소비자물가지수, CPI)의 상승으로 이어지지 않도록 해야 한다.

그렇게 하기 위해서는, 가능한 빨리, 예컨대 코어CPI 2~3% 정도의 인플레이션 타깃을 설정하고, 디플레이션에 대해서만이 아니라, 인플레이션에 대한 제어장치도 설정해 두면 좋다. 인플레이션 타깃은, 디플레이션 탈각을 위해서만이 아니라, 인플레이션 방지를 위해서도 매우 유효하기 때문이다.

소비세 인상폭은 압축할 수 있다

국채의 일은 인수로 디플레이션을 타파할 수 있으면, 나라의 재정상태도 자연 증수增收로 한숨 돌릴 수 있게 된다. 그렇게 함으로써 소비세 인상폭을 압축할 가능성도 생기게 된다.

나도 결코 증세 그 자체에 반대하고 있는 것은 아니다. 정부의 재정이 준비되어 있지 않으면, 동일본대진재 같은 상황이 발생했을 때, 기동적인 대책을 실시할 수 없다. 그러나 증세 전에 할수 있는 것이 얼마든지 있다고 말하고 싶다. 그리고 만약 증세가 필요하다고 해도 그에 적합한 방법이 있다.

금융을 완화하지 않은 채 소비세를 인상하는 것은, 최악의 경우, 소비세 수입 그 자체가 감소해 버릴 수 있다.

그렇지 않더라도 세율 상승으로 인한 경제활동의 둔화 때문에, 소득세나 법인세의 감수減收가 소비세의 증수增收를 상쇄하는 것은, 이미 말했던 하시모토 류타로 내각의 교훈에서도 명확하다.

당시에는 겨우 2%의 증세로도 재정수입이 감소해 버렸다. 하물며 지금 재해 후 국민이 고통받는 시기를 노린 것처럼 세 부담을 가중시키려고 하는 것은, 순서로 보더라도 이상하다.

가령 소비세를 인상할 수밖에 없다 하더라도, 그렇게 함으로써 경기를 악화시키지 않고, 더구나 장기적으로는 바람직한 세입세출의 밸런스를 회복시키고자 한다면, IMF가 제언하듯이, 소비세를 매년 1%씩, 예컨대 10년 동안 인상해 가는 정책을 나는 추천하고 싶다.

그런데도 여전히, 과세에 의한 효율 저하를 완전히 피할 수는 없겠지만, 그 영향은 점진적인 것이 된다. 게이오대학慶鷹大學의 후카오 미쓰히로 교수가 강조하듯이, 장래의 증세를 피하려는 국민에 의한 소비의 조기효과도 기대할 수 있다.

세금이 모두 효율적인 면에서 손실을 낳는다고는 할 수 없다.

예컨대 환경세와 같이, 사람들이 환경오염을 초래하는 인센티브를 제거하려는 세금도 있다. 그것은 세수를 올리면서 환경을 정화하는 효과가 있다.

미국 에너지부가 추정한 2010년 일본 온난화가스 배출량에 기초하여, 미국 에너지부가 제안하는 탄소세를 부과한다면, 쿠퍼 교수는 약 8000억 엔의 세수를 기대할 수 있다고 말한다. 이 정도로는 충분하지 않을지 모르지만, 재정재건을 위해서는 진지하게 고려되어야 하지 않겠는가.

또한 환경세의 효과는, 물이나 공기를 깨끗하게 하는 것만이 아니다. 이노베이션을 통해 새로운 수요를 낳는 계기가 된다. 그를 통해 일본은 저성장에서 벗어나는 실마리를 찾을 수 있을지도 모른다.

세계는 일본경제의 부활을 알고 있다

변동환율제하에서는, 미국의 금융완화가 일본에 경기수축적인 영향을 미친다. 미국의 FRB는 열심히 금융완화 자세를 계속하고 있다. 한편, 일본은 표면적으로만 완화 자세를 보이고 있는데, 본격적으로 착수하는 것처럼 보이지는 않는다.

일은 총재의 발언에서 "2012년 2월의 밸런타인데이 완화는 효과가 없었다", "실제로 효과가 발생하게 되면 과거 일은이 취했던 입장이 설 데가 없어져 곤란하다", "디플레이션의 범인은 인구구성이다"라는 속마음이 드러나 버리기 때문에, 2012년 9월의 금융완화에는 시장이 거의 반응하지 않았다. 밸런타인데이나 9월의 완화 선언 자체가 "미끼"*와 다름없는 정책이라는 것은 이미 말했다.

현재에도 디플레이션이 계속되고 엔고가 산업을 어렵게 만들고 있는 것 자체가 일은이나 재무성의 환율정책이 우유부단하고, 양적으로 불충분했다는 점을 보이고 있다.

하나의 바로미터인 환율을 예로 보더라도, 실질실효환율을 리먼쇼크 이전 상태(명목환율이 1달러 90~100엔의 수준)로 근접시키는 것이 바람직하다.

변동환율제하에서, 협조 내지는 단독으로 행하는 환율개입에 기대지 않더라도, 구미와 비교하여 금융완화 정도의 차이로, 엔고를 방지할 수 있다. 금융만으로 환율은 충분하게 바꿀 수 있는 것이다.

동일본대진재는, 부담을 장래로 계속 미뤄 온 공채의존형 재정의 약점을 드러냈다. 그러나 소비증세로 한꺼번에 재정을 개선하려고 해도, 그것은 국민경제의 파이 전체를 작게 만들어 버린다. 그로 인해 초래되는 것은 세입 감소에 불과하다.

증세를 너무 서두르면, 오히려 일본경제에 데미지를 입히게 되는 것이다.

우선 필요한 것은, 충분한 양적완화를 통해 디플레이션, 수요 부족, 저성장에서 벗어나는 것이다. 그리고 그것은 경제를 배운 인간이라면, 전 세계 누구나 알고 있는 상식이다.

---

* 원문에는 見せ金로 되어 있다. 미세가네는 '믿도록 하기 위해서 상대방에게 보이는 돈'이라는 의미를 갖기 때문에 여기서는 그냥 '미끼'라고 번역했다.

거기에 일본이 부활할 수 있는 열쇠가 있다. 환언하면 세계는 일본경제의 부활을 이미 알고 있는 것이다.

후기
'아름다운 나라'를 되찾기 위해서

이 책의 편집자, 고단샤講談社의 마부치 다카시間淵隆 씨를 처음 만난 것은, 와세다대학의 와카타베 마사즈미 교수가 주최하는 '경제저널리즘연구부회'가 끝난 뒤 이루어진 뒷풀이 자리였다. 이 연구회는, 경제학자만이 아니라, 정치학이나 사회학의 대학원생과 교수진이 저널리즘의 생생한 목소리를 들을 수 있는 유니크하고 학제적인 세미나로, 쓰보우치 쇼요坪內逍遙*와 관계된 건물 근처에서 개최된다.

와세다대학과 예일대학을 연결하는 아사카와 간이치朝河貫一의 펠로우십으로 와세다에 체재하고 있던 나는, 연구부회研究部會에서 많은 것을 배우고, 보통은 만날 수 없는 저널리스트를 만날 수 있는 귀중한 기회를 얻었다. 산케이신문의 다무라 히데오 씨는 이 모임의 단골이고, 도쿄신문의 하세가와 유키히로長谷川幸洋 씨, 『관보복합체』의 저자 마키노 요 씨를 만난 것도 이 모임이다.

많은 베스트셀러를 만들어낸 마부치 씨의 뛰어난 편집 솜씨는, 전 재무관료, 그리고 가에쓰대학 교수인 다카하시 요이치 씨로부터 듣고 있었다. 그러나 그때 생각하고 있던 책의 내용을 말

---

* 쓰보우치 쇼요는 일본의 소설가, 평론가, 번역가, 극작가이다. 소설가로서는 주로 메이지시대에 활약했다. 대표작으로 『小說神髓』, 『當世書生氣質』 및 세익스피어 전집의 번역이 있고, 근대 일본문학의 성립이나 연극개량운동에 커다란 영향을 미쳤다. 본명은 쓰보우치 유조坪內雄藏이다. a.wikipedia.org/wiki/坪內逍遙.

하자, 마부치 씨는 "그건 디플레이션과 엔고의 경제학으로 전문가
만 읽는 것입니다. 보다 넓은 독자를 위해서 (경제학이 아닌-옮긴이) 사
회학을 써 주시기 바랍니다"라고 말씀하셨다. 그 결과 완성된 것
이 이 책이다(다음 책에서는 그 '경제학'을 세상에 물을 예정이다).

이 책이 '사회학'이라고 할 수 있을지는 잘 모르겠다. 다만 나
는 운 좋게 많은 초일류학자들로부터 배웠고, 개인적인 교우도 얻
었다. 존경하는 경제학의 거장들이, 각자 진지하게, 어떻게 하면
경제 메커니즘의 진리를 파악할 수 있을까 불철주야 노력하고 있
는 것을, 몸으로 느낄 수 있었다. 그래서 그런 인간 모양, 즉 경제
정책결정 과정의 '인간학'을 쓰기로 한 것이다.

또한, 미국에서 오랫동안 생활하고 있어서, 일본과 미국 사회
의 차이, 사고의 다름에 관한 감상을 이전 저서 『예일대학의 서재
로부터 경제학자의 미일 체험 비교』(NTT출판)*의 후속편 같은 형태
로 집필한 부분도 있다.

본서의 골격이 완성될 무렵, 마부치 씨가 미국 코네티컷주,
뉴헤이븐에 있는 예일대학을 방문했다. 그래서 아이비리그에 속
하는 예일대학의 오래된 건물 앞에서 내 사진을 찍었다. 그것이
본서의 표지가 되었다.

나는 그를 예일대학의 경제학부, 콜스연구소 Cowles Foundation for
Research in Economics 의 커피 룸으로 안내했다. 대학원생 시절, 나도

---

* 浜田宏一, 『エール大學の書齋から―經濟學者の日米體驗比較』, NTT出版,
1993年.

거기에 있는 도서실에서 많은 시간을 보낸 반가운 건물이다. 거기에는 어빙 피셔Irving Fisher, 티알링 코프만스Tjalling Charles Koopmans, 거기에 지도교수 제임스 토빈 같은 경제학의 3대 거장들의 사진이 걸려 있어 우리를 내려보고 있다.

예일대학 콜스연구소 앞에서

피셔는 화폐수량설의 시조인 동시에 현대적인 저축이론의 선구자이다. 또한 예일 경제학부의 창시자이기도 하다. 토빈이 기록하는 바에 의하면, 피셔는 자신의 경기판단을 너무 신용해서 대공황 때에도 적극적인 태도로 주식에 크게 투자하고 그것을 주변에도 권유했다고 한다. 그리고 주가가 폭락해 피셔는 자택까지 내놓아야 하는 지경에 처했다. 간판 교수는 대학이 도와주어야 했고, 대경제학자도 더 이상 대학에서 인기를 얻지 못하게 되었다고 한다.

코프만스 교수는 네덜란드 출신으로 상당히 잘생긴 선생이었다. 나도 그 명석한 강의를 들었다. 선형계획법 경제학의 적용으로 소련의 칸토로비치Hermann Kantorowicz와 함께 뒤에 노벨상을 수상했다.

그 때문이기도 했을까, 교수는 러시아어를 공부하고 있었다. 나는 전에, 결국 참지 못하고 "선생님 연세에 새로운 외국어를 공부하는 게 힘드시죠"라고, 상당히 실례되는 질문을 해 버린 적이 있다. 선생님은 "고이치, 그렇게 인간의 지적 능력의 사정射程을 과소평가해서는 안 된다"고 조용히 타이르셨다.

콜스연구소는 원래 시카고에 있었다. 코프만스는 거기서 밀턴 프리드먼과, '계측 없는 이론'인가 '이론 없는 계측'인가에 대해서 논쟁했다. 프리드먼이 "이치가 맞더라도 실증으로 뒷받침되지 않는 지식은 쓸모없다"고 주장한 것에 반해, 코프만스는 거꾸로 "아무리 통계상의 상관이 있어도, 왜 그렇게 되는지 이치를 알 수 없는 그런 관계는 정책에 쓸 수 없다"고 주장했다. 나에게는 "인구 감소가 디플레이션의 원인이다"라는 주장이, 정말이지 쓸모없는 '이론 없는 계측'의 가장 좋은 예라고 생각된다.

은사 토빈에 대해서는 몇 번이나 언급했다. 콜스연구소에 계시는 또 한 분의 지도교수는 필립스곡선에서 업적을 낸 에드먼드 펠프스Edmund Strother Phelps 교수이다. 역시 노벨경제학상 수상자이다. 커피 룸에서 은사들의 시선을 느끼면서, 나는 이렇게도 훌륭한 공부와 시련의 때를 가질 수 있었구나 하고, 감개무량했다.

일본경제 회복의 방법을 세계경제학의 거장들에게 배웠음에도 지금까지 일본에서 좀처럼 받아들여지지 않은 것은 유감스럽다. 그 생각이 지나친 나머지, 이 책에서는 많은 분들에게 실례되는 말을 했을 지도 모른다. 그것도 일본경제와 국민을 생각해서 그런 것이다. 용서해 주기 바란다.

후쿠이 도시히코 전 일본은행 총재가 양적완화를 계속하고 있던 2006년 이전에는, 일본경제는 소강상태, 아니 그 이상인 중흥의 상태에 있었다. 그러한 때에 원고를 의뢰받았다면 "그럭저럭 일은도 정부도 잘 하고 있다"는 식이 되었을 것이다. 일본경제나 국민에게 있어서는 그 편이 좋았을 것이다.

하지만 지금 같은 상태에서는 '내 처방을 3분의 1이라도 듣는다면, 일본경제는 회복되고, 국민생활도 향상될 텐데'라고 생각하면서 쓰게 된다. 힘든 작업이지만, 삶의 보람이 있다고도 할 수 있다. '내 일이 일본경제에 도움이 될 것이다'라는 사명감使命感이 충실감忠實感이 되기도 한다. 그리고 내가 보고 있던 것은 일본경제 부활이라는 희망에 다름 아니다.

최근, 나이 탓인가 내 일생을 되돌아보는 일이 많아졌다. 또한 '도쿄대학 친구들의 모임(東大友の会, Friends of UTokyo, Inc.=FOTI)'의 모금에 관계하게 되어서 장학금이라는 것에 흥미를 갖게 되었다. 그리고 새삼 놀란 것이 내 연구생활이 정말로 많은 공적 단체나 개인[私人]의 선의에 뒷받침되고 있었다는 점이다. 내가 공금公金 뭉치로까지 생각되었다.

콜스연구소 커피룸에서

일본육영회 장학금에서 시작해서, 나카하라 노부유키 씨의 아버지 나카하라 노부헤이中原延平 씨가 시작하신 신일본장학회, 풀브라이트기금, 예일대학 대학원장학금, 포드박사 논문펠로우, 오히라 마사요시大平正芳 기념재단, 미국학술진흥회, 국제교류기금, 아베 신조 씨의 엄부 신타로 晋太郎 씨와 관련 있는 아베 펠로우, 예일대=와세다대의 아사카와 간이치 기념 펠로우 등이다. 노무라증권, 도요타자동차, 제트로 Jetro 뉴욕사무소 등으로부터 받은 연구비에도 깊이 감사한다.

이들 장학금이나 원조에는 스스로 노력해 획득한 것도 있다. 그러나 전술한 분들, 기관의 선의 없이는, 내 연구생활은 성립할 수 없었다. 예컨대 풀브라이트 유학생으로 도미 渡美 하지 않았다면, 어떤 학자생활이 기다리고 있었을 것인가 상상할 수도 없다.

따라서 이번에는 내가 청년을 원조하는 입장이 되어야 한다. '도쿄대학 친구들의 모임' 등을 통해 조금은 하고 있지만, 이 정도로 많은 은혜를 돈으로 갚는 것은 거의 곤란하다. 제멋대로일지는 모르겠으나, 이 책과 같은 형태로, 즉 내가 알게 된, 혹은 연구의 결과로 얻은 지식을 국민에게 전달하는 형태로 은혜를 갚는 수밖에 없다.

2012년 10월 30일, 정책결정 회합이 개최되고, 일은의 기자회가 있었다고 한다. 시라카와 총재에 관해서는, 여전히 금융완화를 연기하려고 해서, 물가의 '예상목표 目途'도 2014년이었던 것을 2015년으로 바꾸고 있는 듯하다. 동화 「원숭이와 게의 싸움」에 나오는 장래 얻게 될 감 柿 에 대한 약속은 점점 멀어졌다.*

---

* 「猿かに合戰」은 일본 민화의 하나로 교활한 원숭이가 게를 속여 죽게 만들고, 죽임을 당한 게의 아이들에게 복수를 당한다는 이야기이다. 지역이나 시대에 따라 「さるとかに」, 「かにむかし」 등 별명이 있다. 이야기를 간단히 요약하면 다음과 같다. 게가 주먹밥을 가지고 걷고 있을 때, 교활한 원숭이가 주운 감의 씨앗과 교환

총재 기자회견에서 가장 걱정이 된, 아니 국민의 미래를 생각하면 분노까지 느끼는 것은, 많은 기자가 완화의 효과에 의심을 보이고 있다는 점이다. '자금조달이 가능해도 대출은 늘지 않는다'는 것은 버냉키 등의 '신용가속이론'이 있다는 것을 전혀 모르는 주장이고, '국내금융을 완화해도 해외로 자금이 흘러간다'는 의견에 관해서는, 그래서 무엇이 나쁘다는 것이냐고 말하고 싶다. 자금이 유출되면 엔저가 되고, 그래서 수출수요가 증가하기 때문이다.

　　이들 질문은 금융, 국제금융에 관한 학부생 레벨의 상식을 갖고 있지 않음을 보여준다. 이미 인용한 다나카 쇼조의 말이 점점 현실성을 갖게 된다.

　　아베 신조 씨의 저서와 같이, 일본에 돌아올 때마다, 나도 일본은 '아름다운 나라'라고 실감한다. 자연의 아름다움에 그치지 않고, 마음의 깊은 정도 있는 나라이다. 병원에서 검사 채혈을 하는 것만으로도, 치료의 섬세함이나 친절함이 전해져 온다. 이렇게 아름다운 일본이, 금융정책을 '맥 빠지는' 수준으로 유지하고 있기 때문에, 매년, 청년실업률이 높은, 설비가동률의 저하가 계속되

하자고 제안했다. 게는 처음에는 거부했지만, 씨앗을 심으면 성장해서 감이 많이 열리고, 그것도 계속 수확할 수 있다는 원숭이의 감언이설에 속아 주먹밥과 감의 씨앗을 교환했다. 게는 곧 집으로 돌아가 씨앗을 심었고, 뒤에 씨앗이 자라 감이 많이 열렸다. 거기에 원숭이가 와서 나무에 올라갈 수 없으니 대신 감을 따주겠다고 하고 나무에 올라가 감을 실컷 따 먹었다. 게가 이를 불평하자 아직 성숙하지 않은 푸른색의 딱딱한 감을 게에게 던져 주었다. 게는 그때의 쇼크로 새끼들을 낳고는 죽어버리고 말았다. 화가 난 게의 새끼들이 밤, 절구통, 벌, 소똥과 손을 잡고 원숭이를 죽이고 원수 갚기에 성공했다. 본문에서 감柿에 대한 약속이란, 원숭이가 게에게 했던 이야기를 빗대서 금융완화에 대한 약속이 지켜지지 않고 있음을 비판한 것이다.

고, 또한 그것이 장래의 성장 활력을 빼앗고 있는 것은 유감스러울 따름이다.

나는 호텔의 주변을 둘러싼 빈 택시의 긴 행렬을 볼 때마다 일본경제의 현재 상황에 대해 이것저것 생각하게 된다. 엔고, 디플레이션, 공동화를 해소하여 '아름다운 나라'를 되찾았으면 좋겠다. 그것이 내 간절한 바람이다.

나는 2009년 9월, 목 부분의 내부 출혈로 고생하다, 스텐트 stent를 혈관에 집어넣는 수술로 목숨을 건졌다. 3년 지나서, 거의 보통과 다름없는 생활을 할 수 있게 되었다. 일을 할 수 있는 상태를 내려 주셨으니, 이제부터는 내 경제학적 식견을 국민의 장래를 위해 열심히 전달하는 것이 천명인 것처럼 생각된다.

이 책을 마치면서, 우선 나의 심신 양면으로 외국생활에의 적응을 도와주고, 특히 수술 후의 회복 과정에서 마음을 다해 간병하고 격려해 준 아내 캐롤린 보던에게 감사한다. 아내의 노력 없었다면 이 책도 빛을 보지 못했을 것이다.

내가 사는 미국에서는, 반려자에 대한 저자의 사사謝辭로 상투적인 문구가 '당신의 주말을 희생해 주어서 감사하오'라는 것이지만, 캐롤린의 경우에는 본인이 "원고의 마감 때에는 캐나다에 단풍을 보러 가야 하니 그때까지는 일을 마쳐주세요"라는 내용이었다. 오히려 그것이 격려가 된 것은 틀림없다.

이 책을 집필함에 있어서 신세진 분은 수를 헤아릴 수 없다. 생각나는 분을 몇 사람 들어서 여러분에 대한 인사를 대신하고자 한다.

이 책에 게재된 도표를 작성해 주신, 더구나 초고를 읽고 의견을 주신, 미쓰비시UFJ 서치 앤 컨설팅 Mitsubishi UFJ Search and Consulting 의 가타오카 고시 씨에게 마음으로부터 감사드린다. 경제학의 정통적인 훈련을 받으면서 금융 실무에도 정통한, 또한 매일매일의 정책문제에 날카롭고 비판적인 눈으로 주시하는 가타오카 씨와 같은 이코미스트가 성장한 것은 정말로 기쁘다.

또한 올바른 금융이론을 오랫동안 계속 주장해 온 이와타 기쿠오 씨의 주변에 모인 '쇼와昭和 크라이시스 연구회' 멤버들에게는 개인을 통해서도, 그 연구 연락 네트워크를 통해서도 상당한 신세를 졌다. 몇몇 분들은 이 책의 내용에 등장하지만, 여기서는 연구 그룹 전체에게 감사하고 싶다.

또한, 내가 내각부에서 정책경영의 실상을 잠시 체험하면서 기록해 두었던 수기 mémoire 도 이 책이 나오게 된 베이스 중 하나가 되었다. 그 기록을 읽고 귀중한 의견을 말해 준, 고故 가토 히로미 씨(전 내각부대신 관방심의관), 이와타 가즈마사 씨(전 일은 부총재), 조넨 쓰카사 씨(감사와 분석)에게도 마음으로부터 감사말씀 드리고 싶다. 전 내각부의 기유나 준코 喜友名純子 씨, 히토쓰바시대학 경제연구소의 마쓰자키 미도리 松崎緑 씨, 그리고 예일대학의 연구실에서 일하는 한편 기록을 읽어 주신 분들에게도 같은 감사를 드리고 싶다.

이 책과 관련된 연구, 혹은 '법경제' 연구를 위해 체재한, 고베대학 경제경영연구소(가미히가시 다카시上東貴志, 다카하시 와타루 두 교수), 히토쓰바시대학 경제연구소(아오키 레이코青木玲子 교수), 도쿄대학 대학원 경제학연구과(요시카와 히로시吉川洋, 후쿠다 신이치福田慎一 두 교수), 그리고 와세다대학 정치경제학부(야부시타 시로藪下史郎, 와카타베 마사즈미, 하라다 유타카

^{각 교수)}의 여러분들에게도 진심으로 감사드린다.

내 의견은 일본의 통설과 동떨어져 있기 때문에, 금융정책에 관해서 의견을 들을 기회도 적지 않았지만, 그럼에도 발표 기회를 여러분들이 마련해 주셨다.

국제문화회관_(아카시 야스시明石康 이사장), 코네티컷주의 페어필드 재팬 소사이어티_(가와이 요코河井容子 씨), NIRA_(우시오 지로牛尾治朗 회장, 이토 모토시게 이사장, 간다 레이코神田玲子 부장), 감사와 분석_(가쓰마 가즈요 씨), 노무라총합연구소_(이노우에 데쓰야井上哲也 씨), JIIE_(호시 다케오星岳雄 편집장) 등이다. 재팬 소사이어티_(뉴욕)의 사쿠라이 모토아쓰·노부코信子 부부께서는 뉴욕에서의 발표 기회를 만들어 주셨다.

이상의 분들에게는 나와 의견을 달리하는 사람, 그중에는 완전히 정반대의 사람도 포함되어 있다. 그러나 통설과 다른 의견_(그것은 세계 학계에서의 통설이지만)을 표명할 기회를 부여해 준 페어플레이의 소유자로서 감사하고 싶다. 또한 최근 내 의견을 유력 정치가에게 전달할 기회를 만들어 준 국가비전연구회_(나카니시 마사히코 대표), 가와이 노리코川井德子 씨_(노블레스그룹 대표)에게도 마음으로부터 감사드린다.

미국과 일본에서는 일에 대한 감각이 다르다. "은퇴했습니다"라고 일본인에게 말하면, "미국 대학은 정년이 없다고 듣고 있었는데, 피어 프레셔_(peer pressure, 동료로부터의 압력)가 있나요?"와 같은 반응이 있는데, 미국인은 이구동성으로 "축하한다. 이제부터 인생을 즐기시기 바랍니다"라고 한다.

"수고하셨습니다"라는 인사는, 옛날, 일본에는 없었다고 생각한다. 아마도 모두가 장시간 일하는 것이 일반화되어 있어서 '피로해지는 것이 좋은 것이다'라는 느낌일 것이다. 말하자면 일벌인 일본인이기 때문에 가능한 인사이다.

미국인은, 피로해지는 것은 그 사람의 책임, 잠으로 푸는 수밖에 없다, 그런 감각이다. 능률 좋게, 가능하면 피로해지지 않도록 성과를 발휘하는 것이 인간이라고 생각하는 것이다. "How are you"라고 들으면, "오늘은 몸 상태가 좋지 않다"고는 절대로 말하지 않는 미국인이, "We are tired"라고 서로 말하는 것은 상상할 수 없다. 따라서 일본인이 "수고하셨습니다"라고 들으면, 일본이 '총피로열도總疲勞列島'처럼 보이게 되는 것이다.

그러나 편집자인 마부치 씨는, 일본인이 서로 협력하여 전력을 다할 때의 달성감을 서로 "수고하셨습니다"라며 노고를 위로하는 것이, 일본인의 아름다운 자세라고 한다. 협력이 특유의 장점인 일본사회를 잘 표현한 단어이기도 할 것이다. 그런 의미에서 이 책의 성립을 위해 전력을 다해 주신 마부치 씨, 구성을 도와주신 하시모토 노리히로橋本宗洋 씨에게는 마음으로부터 "수고하셨습니다, 감사합니다"라는 말을 전하고 싶다.

2012년 12월

하마다 고이치

옮긴이의 말

본서는 하마다 고이치 浜田宏一 예일대학 명예교수의『アメリカ
は日本経済の復活を知っている』(講談社, 2012년)를 저본으로 하여 번
역하였다. 번역서의 서명을 정하면서 본문의 내용과 저자의 의도
를 살려서『경제학 천재들의 일본경제 비판』에 원서의 제목인 '미
국은 일본경제의 부활을 알고 있다'를 부제로 넣었다. 하마다 교수
의 주장이 정책으로 실현된 것이 아베노믹스라는 사실을 고려하
여 당초 부제를 '아베노믹스 등장의 이론적 배경'으로 정하기도 했
지만, 최종적으로 저자의 의도가 드러나기를 원해서 원서의 제목
을 부제로 달았다.

먼저 저자인 하마다 교수의 약력을 공개된 정보를 토대로 정
리하면 다음과 같다. 하마다 교수는 1936년 도쿄에서 태어나
1954년 도쿄대학 법학부에 입학했다. 1957년 사법시험 제2차 시
험에 합격하기도 했지만, 법학부 졸업 후 1958년 경제학부로 편입
했다. 1960년 경제학부를 졸업한 뒤 동 대학원에서 경제학석사를
취득했다. 1962년 풀브라이트 장학생으로 선발되어 예일대학에
유학, 제임스 토빈 교수의 지도하에 1965년 경제학박사 학위를 취
득하고 도쿄대학의 경제학부의 조수로 취임했다. 1969년에 도쿄
대학 경제학부에 조교수로 승격되었고, 1981년에 교수가 되었다.
1985년 예일대학 객원교수를 거쳐 1986년부터 예일대학 경제학

부 교수에 취임했다. 2005년부터 예일대학의 명예교수로 현재에 이른다. 하마다 교수는 국제금융론과 게임이론 분야에서 세계적인 권위자로 인정받고 있으며 한때 노벨경제학상 후보로 거론되기도 했다. 1994년부터 1995년까지 일본경제학회 회장을 지냈고, 2003년에는 일본 법경제학회(일본명: 法と經濟學會)를 설립하고 초대회장에 취임했다. 2001년부터 2003년까지는 일본 내각부경제사회종합연구소 소장으로 활약하였고, 2012년 12월에는 내각관방 참여에 취임하여 아베 수상의 브레인으로서 아베노믹스 정책 수립과 추진에 지대한 역할을 하였다.

하마다 교수가 이 책을 집필할 당시인 2012년까지의 상황을 전제로 할 때, 본서에서 그가 주장하는 바는 너무나 명확하다. 일본은 1991년에 버블이 꺼지며 발생한 불량채권의 처리문제로 오랫동안 불황에 시달린다. 이것을 '잃어버린 20년'이라고 불렀는데, 하마다 교수는 이러한 장기불황으로부터의 탈출과 일본경제의 부활을 위해 일본은행(이하 일은)이 금융완화를 실시해야 한다고 주장한다. 이러한 그의 주장은 이전부터 꾸준히 제기해 온 것인데, 이것이 정책으로 채택되어 실시된 것이 바로 아베 내각의 거시경제정책, 즉 '아베노믹스'이다. 아베노믹스는 소위 '세 개의 화살'로 구성되는데, 대담한 금융정책, 기동성 있는 재정정책, 그리고 민간투자를 환기시키기 위한 성장전략이 그것이다. 이 중에서 가장 주목을 받은 것이 바로 양적완화를 내용으로 하는 금융정책이었다. 하마다 교수는 2012년 12월 아베 내각의 출범과 함께 내각관방 참여라는 비상근직에 취임하여 아베 수상의 브레인으로 활약했다.

이때 아베노믹스를 이론적으로 정책적으로 뒷받침했다. 본서가 아베 내각 출범과 거의 같은 시기(2012년 12월)에 출간된 것이 우연이 아니었다. 하마다 교수의 주장이 아베노믹스로 실현된 것이다.

　그런데 아베노믹스의 성과에 대한 평가는 당시와 마찬가지로 지금도 엇갈리고 있다. 당시 야당인 민주당은 급격한 엔저현상으로 인한 중소기업의 타격과 연료비 상승 등의 폐해를 거론하며 아베노믹스로는 지속적인 성장이 이루어질 수 없다고 비판했다. 아베 수상이 2014년 11월 21일 중의원을 해산하고 동년 12월 14일에 아베노믹스의 계속 추진을 전면에 내세우고 중의원 선거를 감행한 이유이다. 당시 선거에서는 자민당과 공명당 연립 정권이 압승하여 아베노믹스를 계속 추진할 수 있게 되었다. 그만큼 아베노믹스에 대한 일본 국민들의 기대가 컸음을 알 수 있고, 아베 내각은 이러한 국민들의 지지를 등에 업고 아베노믹스를 더욱더 과감하게 전개했다. 중의원 선거 다음 해인 2015년 9월에는 아베노믹스 제2스테이지를 발표했다. '새로운 세 개의 화살'이라는 이름으로 명목GDP 600조 엔 달성과 디플레이션 탈각을 내용으로 한 희망을 주는 강한 경제, 꿈을 자아내는 자녀 양육 지원, 안심할 수 있는 사회보장이 그 내용이다. 하지만 아베노믹스의 성과에 대해서는 의견이 갈린다. 예컨대 2012년 7월부터 2017년 7월까지 5년 동안 일은 심의위원이었던 기우치 다카히데木內登英는 아베노믹스가 명확한 정책효과가 없었다고 본다. 세계경제의 회복으로 금융시장이 리스크를 감수하는 국면이 되고, 엔저현상과 주가 상승이 나타났으며, 그것이 다시 경제에 순풍이 되었다는 것이다. 아베노믹

스로 일본 국내경제가 크게 개선되었다고 할 수 없으며 많은 이들
이 과대평가하고 있다고 쓴 소리를 했다. 기우치는 그간 호평 일
색이었던 고용 회복 역시 같은 맥락으로 이해할 수 있다고 본다(東
洋經濟 online, 2020.09.15). 하지만 아베노믹스를 성공으로 평가하는 이
들도 적지 않다. 아베 수상이 2012년 12월 26일부터 2020년 8월
28일까지 7년 8개월이라는 일본 역사상 최장 재임기간을 기록할
수 있었던 것도 아베노믹스의 '성과'에 기대는 바 크다.

    역자가 보기에는 일본경제의 입장에서 아베노믹스를 평가하
는 것과 세계경제 및 국제금융의 측면에서의 평가로 나누어 보는
것도 의미가 있어 보인다. 무엇보다 일본경제의 입장에서는 7년 8
개월 동안 계속된 경제정책의 일관성과 그에 따른 경제주체들의
기대형성이란 측면에서는 의미 있는 정책이었다고 평가할 수 있
을 것 같다. 그럴 때 꾸준히 디플레이션 탈각을 위한 금융완화, 그
리고 금융완화의 효과를 높이기 위한 적극적인 재정정책을 강조
해 온 하마다 교수의 존재가 크게 느껴지는 대목이기도 하다. 이
하에서는 독자의 이해를 위해서 본서를 각 장별로 요약하고 역자
의 생각을 간단히 덧붙인다.

    하마다 교수는 머리말에서 두 가지 집필 목적을 밝혔다. 첫째,
'금융정책만으로는 디플레이션도 엔고현상도 막을 수 없다'고 보
는 소위 '일은류이론'을 일반 국민들에게 상세하게 알리는 것이다.
둘째, 정치를 선택할 수 있는 힘을 가진 일반 국민들이 디플레이
션과 엔고현상을 타개하기 위해 일은의 정책을 금융완화로 전환

시키기 위함이다. 그 동안 미국에서 공부하고 미국과 일본에서 가르치고 연구한 경제학적 지식과 세계적 석학들을 인터뷰한 결과 얻은 결론을 일본경제를 위해 활용하고자 했다. 그는 '일본경제가 보편적인 법칙에 의거하여 운영되기만 하면 곧바로 부활하고, 현저한 성장세를 보이고 있는 아시아경제를 흡수하여, 다시 빛을 발할 수 있다'고 보았다. 그 가장 큰 걸림돌이 일은이었고, 그 수장이 공교롭게도 자신이 가르쳤던 제자 시라카와 총재였다.

서장에서는 시라카와 총재와의 인연과 그에게 보낸 공개서한을 소개하고 있다. 공개서한에서 하마다 교수는 시라카와 총재를 '노래를 잊은 카나리아'라고 썼다. 금융시스템의 안정화나 신용질서의 유지만을 걱정할 뿐 일은의 또 다른 중요 임무인 거시경제정책을 잊고 있다는 비유였다. 하마다 교수는 이 서한을 담은 저서 『전설의 교수에게 배워라! 진정한 경제학을 알 수 있는 책』을 시라카와 총재에게도 보냈다. 하지만 시라카와 총재는 이 책을 반송함으로써 하마다 교수의 제안에 대해 거부의사를 명확히 했다. 아마도 하마다 교수는 세계 경제학의 표준에 입각한 자신의 충고를 받아들이지 않는 제자와 일은에 많이 섭섭했던 것 같다. 본서의 본문에서 시종일관 그 속마음을 드러내고 있다. 2012년 2월 14일 발렌타인데이 때의 1% 인플레이션 목표 선언도, 시장에 기대를 형성하여 잠시 유효한 듯 보였지만, 결과적으로 미국 FRB의 조치에 따른 어쩔 수 없는 '의리 초코'에 불과할 뿐 온전한 정책 전환이 아니라고 보았다. 일시적인 미봉책이 아니라 꾸준한 금융완화가 필요한데도 그렇게 하지 않았다는 것이다. 하마다 교수가 보기에는 일은의 엔고정책은 토대가 약한 기업을 어렵게 만들고, 산업의 공동화, 그리고 지방 버리기 정책이라고 보고, 그래서 일은에는 서민들을 위하는 의식이 없다고 보았다.

제1장에서는 2011년 1월 발표된 간 나오토 내각의 각료들을 '돌팔이 의사'라고 혹평하며 각료 한 사람 한 사람의 발언들을 일일이 지적하며 민주당 정권의 경제정책을 비판하고 있다. 하마다 교수는 특히 2011년 8월 24일에 발표된 '엔고 대응 긴급 패키지'에 대해 전혀 엔고대책이 되지 못한다고 비판했다. 간 내각의 뒤를 이은 노다 내각의 각료들에 대해서도 마찬가지였다. 그가 보기에는 엔고현상을 시정하기 위해서는 엔 자산의 공급을 늘리면 되는데 그것을 하지 않는 민주당 정권의 대책들이 그야말로 '앙꼬 없는 찐빵' 같다고 했다. 또한 '장래에는 일은도 과거 20년에 걸쳐 산업계와 국민에게 강요해 온 긴축정책을 그만둘 것'이라고 시장이 받아들이게 되면 그것이 기대를 불러 엔고현상에 브레이크가 걸릴 것이라고 보았다. 하마다 교수는 디플레이션에 대한 정의가 일본에서의 정의와 세계에서 통용되는 정의가 달랐던 것에 그 원인이 있다고 했다. 그가 보기에는 엔고가 시정되지 않음으로써 '히노마루 반도체의 몰락'으로 기억되는 엘피다 메모리의 파탄이 발생한 것이었다. 따라서 일본에 필요한 것은 리플레이션 정책을 통해 완만한 인플레이션율로 돌아갈 필요가 있고 그때 주요한 수단이 적극적인 금융완화이다.

제2장에서 하마다 교수는 하이퍼인플레이션을 우려하여 적

극적인 금융완화에 나서지 않는 일은과 재무성의 경제정책을 비판하고 있다. 그가 보기에는 하이퍼인플레이션은 패전이나 혁명의 상황에서나 발생할 것인데도, 평시의 일본경제에서 일어날 수 있다고 걱정하는 것은 전후 인플레이션이나 광란물가 당시의 두 자리 수 인플레이션으로 힘들었던 기억 때문이다. 그러한 기억 때문에 인플레이션을 억제해야 한다는 일종의 트라우마에 사로잡혀 있다는 것이다. 서브프라임 위기 이후 영국이나 미국 등 주요 선진국들이 양적완화를 통해 경기회복을 도모했음에도 일본만이 그 흐름을 거부하고 긴축적 스탠스를 유지했고, 그 결과 서브프라임 위기의 진원지인 미국이나 영국에서 나타난 광공업생산의 하락보다 진원지가 아닌 일본 쪽의 하락폭이 더 커졌다고 보았다. 하마다 교수는 그 이유를 각료들의 낮은 전문성과 근대경제학의 부족에서 찾았다. 또한 그가 보기에는 '금리가 낮아지면 일은이 불리해진다', 혹은 '세금이 줄어들면 재무성의 권한이 작아진다'는 식으로 중앙은행이나 경제관청의 이해를 우선시함으로써 경제학자가 몇 세기나 걸쳐서 쌓아 온 경제정책 이론이 왜곡되어 버리는 것이 무엇보다 문제였다.

제3장에서 하마다 교수는 세계적으로 저명한 천재 경제학자들의 말을 빌려 일본경제가 정체하게 된 원인과 대책을 이야기하고 있다. 리먼쇼크 이후 미국과 영국이 취한 방대한 양적완화에 대해 일은이 무대책으로 일관했다고 비판하고, 고집스럽게 금융완화정책을 채용하지 않는 일은의 모습이 마치 러일전쟁 당시 주위의 의견을 무시하고 아들까지 희생시켜가며 고지 탈환을 고집

했던 노기 마레스케 장군과 유사하다고 꼬집었다. 하마다 교수는 자신의 일본경제 비판과 궤를 같이 하는 폴 새뮤얼슨, 윌리엄 노드하우스, 그레고리 맨큐, 리처드 쿠퍼, 데일 조겐슨 등과 진행한 인터뷰를 통해 자신의 주장에 대한 확신을 굳힌 것 같다. 특히 조겐슨 교수는 일본 정체의 원인이 환율정책과 금융정책의 실패에 있다고 보고, "물론 제로금리하에서 이루어지는 금융정책의 효과를 의문시하는 목소리가 있는 것은 납득할 만하다. 하지만, 주요국 중에서, 일본에 한해서는, 양적완화 부족이 (엔고를 초래하여) 경제성장을 저해하고 있음은 명확하다"는 의견을 피력했다. 그 외에도 벤자민 프리드먼, 조지프 스티글리츠, 폴 크루그먼의 의견이 소개되어 있다.

제4장에서는 하마다 교수 자신의 공부 편력을 회고하고 있다. 도쿄대학 시절 법학부와 경제학부에서 배운 은사들, 예일대학에 유학하게 된 과정, 제임스 토빈과의 만남과 지도 등에 대해서 상술한 뒤 스승과 제자 사이의 인간관계를 포함하여 학창시절에 어떤 학문적 영향을 받았는지 일일이 소개하고 있다. 도쿄대학 법학부 재학 당시 가와시마 교수에게 민법을 법률이 아닌 사회과학으로 배운 것을 행운이었다고 소개했는데, 그가 2013년에 일본 법경제학회를 창립하고 초대 회장에 취임한 것을 고려하면 가와시마 교수의 영향이 컸던 것 같다. 이 장뿐만 아니라 이 책 전체를 통해 특히 예일대학 지도교수인 제임스 토빈과의 에피소드가 많이 소개되어 있다. 학문적인 면과 인간적인 면 모두에서 하마다 교수에 대한 제임스 토빈의 영향은 지대했던 것 같다. 이러한 회고 뒤에

개성을 강조하는 미국의 교육과 콘센서스를 우선시하는 일본 교육의 차이를 비교하였다. NHK 방송에서 〈하버드 백열교실〉이라는 이름으로 소개된 마이클 샌델 교수의 강의를 소개하면서는 방대한 독서량과 스킴 리딩skim reading의 중요성을 강조했다. 반면 일본 학생의 학력 저하의 원인으로는 검정교과서를 꼽은 점은 한국에도 시사하는 바가 크다. 끊임없이 경쟁 속에 노출되는 미국과 달리 일본은 일단 엘리트 층에 들어가 버리면 경쟁하지 않아도 되는 구조 또한 일본 학생들의 학력 저하를 가져온다고 보았는데, 이역시 한국적 상황과 다르지 않다. 양쪽을 모두 경험한 하마다 교수의 지적은 고려해 볼만하다.

제5장에는 몇몇 지인들의 부고와 관련된 감상과 회고가 실려있다. 특히 도쿄대학 경제학부의 은사인 다치 류이치로 선생의 조언과 도움에 대해 감사하고 있다. "올림픽 같이 외국의 잡지에 일본의 국기를 게양하는 일도 필요하지만, 경제학의 전망을 넓히는 그런 작업도 목표로 삼아라"는 이야기는 학자로서 마음에 새겨야 할 이야기이다. 당시 아직 익숙하지 않던 '게임이론'으로 연구분야를 정하게 된 것도, 제임스 토빈을 지도교수의 지도를 받게 된 것도 다치 선생의 조언 때문이었다고 한다. 다치 선생의 장례식 다음 날인 발렌타인데이에 이루어진 인플레이션율 목표 설정에 대해 하마다 교수는 마침내 자신의 주장이 받아들여진 것으로 생각했던 것 같다. 당시의 조치가 대증요법에 불과했다는 것이 밝혀진 뒤에 그 실망감이 컸던 것도 그 때문이다. 그래서 '본심에서는 디플레이션을 해소하고 싶지 않은 일은'이라고 비판했던 것이다. 하

마다 교수는, 만약 일은이 적절한 금융정책을 시행했다면 2% 정도의 완만한 인플레이션이 나타났을 것이고, 그렇게 디플레이션에서 벗어났으면 실질성장률도 2% 상승했을 것이며, 그에 의한 세수 증가는 무려 31조 엔에 달했을 것이라고 보았다. 인플레이션 억제가 지상과제인 일은에게 있어서 인플레이션이 '목표'가 되는 일은 있을 수 없는 일이다. 특히 1997년 일은법 개정으로 독립성을 획득한 이후에는 오로지 '디플레이션의 파수꾼' 같은 역할을 했다. 이에 대해 하마다 교수는 일은의 독립성이 너무 과도해졌기 때문이라고 보았다. 한국의 금융통화위원회 위원에 해당하는 일은 정책위원회의 심의위원도 결국 일은의 각종 지원을 받으면서 자연스럽게 일은에 동조하게 되고 감사나 비판의 예봉이 무디어지게 된다고 보았다. 또한 일은 입장에서 단자회사로의 낙하산 인사도 놓칠 수 없는 이권이기 때문에 디플레이션 방치가 계속된다고 비판한 것도 역시 한국적 상황과 다르지 않아 유념해 두어야 할 부분이라고 생각한다.

제6장에서는 과거 일은이 인플레이션 억제에 얼마나 효과적으로 대응했는지 실례를 보여준다. 전후 인플레이션과 제1차 오일쇼크 이후 나타난 소위 '광란물가'를 무난하게 컨트롤했던 것이 대표적이다. 하지만 고도경제성장기의 일본에서는 완만한 인플레이션을 항상적으로 경험하고 있었다. 그럼에도 불구하고 인플레이션의 우려 때문에 경제학이 처방하는 디플레이션 대책, 즉 양적완화에 소극적인 일은에 대해 다시 한번 비판한다. 이 장에서 하마다 교수는 역시 디플레이션하에서 1997년 하시모토 내각에 의한

소비세 증세(3%에서 5%로)가 결국 실패했던 역사를 상기시키며 2012
년 당시의 민주당 정권의 증세정책에 대해서도 비판하고 있다. 하
시모토 내각 때는 소비세 증세의 의한 세수 증가(4조 엔)보다 그로
인한 경기침체로 소득세와 법인세에 의한 세수 감소(5조 엔)가 더 컸
기 때문이다. 따라서 하마다 교수는 증세정책을 실시하기 전에 금
융완화를 통한 완만한 인플레이션을 형성시키거나, 증세를 피할
수 없다면 서서히 소비세를 올리는 방법이 주효할 것이라고 주장
한다. 먼저 금융완화를 실시하여 경기회복이 이루어지고 난 뒤 증
세를 행하면, 엔저 발생, 디플레이션 압력 완화, 노동시장 호전, 주
식시장 활황 등으로 이어진다는 것이다. 하마다 교수는 불황과 디
플레이션이 공존하고 있기 때문에 비로소 금융완화가 인플레이션
이라는 부작용 없이 경기를 회복시킬 수 있다고 보는 것이다.

　　제7장에서는 관보복합체를 다루고 있다. 관보복합체란, 권력
과 일체화하고 있는 신문 등 매스컴에 대한 비판적 시각이 담겨
있는 합성어이다. 그 상징적인 존재가 일은의 기자클럽이다. 일은
총재를 기립과 경례로 맞이하는 '이상한 광경'까지 연출된다. 일은
총재와 기자의 관계가 마치 선생과 학생 사이의 관계처럼 '가르쳐
주는' 입장과 '배우는' 입장으로 고착화되어 있다. 기자들이 기사
를 일은에 의지할 수밖에 없는 이유이다. 당연히 미디어가 일은을
비판할 수 없게 된다. 심지어 재무성과는 소비세 증세와 신문사에
대한 세율 경감이 거래대상이 된다. 관청들이 몰려 있는 가스미가
세키에서는 기자와 관료가 일체화되어 있고, 기자들은 관청이 내
는 페이퍼(한국의 보도자료)에 의존해서 기사를 작성하게 된다. 하마다

교수는 이러한 유착이 명확해지는 시점에 신문은 더 이상 사회적 사명을 감당하는 정직한 미디어가 아니고, 이미 그렇게 되어 버렸다고 비판한다. 경제 또는 금융 관련 베스트셀러의 경우에도 일은 기관지에 연재한 뒤에 그 내용이 일은에 의해 검증된 뒤에야 세상에 나올 수 있는 메커니즘이 이미 구조화되어 있다. 일반 학자의 비판 같은 경우에도 데이터 제공을 매개로 한 회유나 직접적인 압박을 통해 예봉이 꺾인다. 관보복합체가 초래하는 폐해의 사례도 소개되어 있는데, 올림퍼스의 투자실패와 오자와 이치로의 리카 잔카이사건 등이다. 마지막으로 미국과 다른 토론문화도 지적하고 있는데, 토론이 격렬하게 이루어지지 못하는 이유가 '분위기를 읽는' 일본사회의 문화 때문이라고 진단한다. 한국에서도 기자들의 전문성 약화와 해당 기관의 보도자료에 의존함으로써 비판하기 어려워지는 유착관계, 그리고 관료조직의 이기주의가 최근 많은 문제를 야기하고 있다. 이 유사성이 어디에서 유래하는지 궁금할 뿐이다.

종장에서 하마다 교수는 일본경제가 부활할 수 있는 처방전을 제시하고 있다. 그는, 리먼쇼크 이후 선진국들의 금융확장이 엔고를 불러일으켰고, 그것이 일본경제를 직격했다는 진단을 내린 뒤, 일은의 금융완화가 이를 개선시킬 것이라는 주장을 되풀이하고 있다. 변동환율제하에서는, 협조 내지는 단독으로 행하는 환율 개입에 기대지 않더라도, 서양 선진국과 비교하여 금융완화 정도의 차이로 엔고를 방지할 수 있다. 금융만으로 환율은 충분하게 바꿀 수 있다고 본다. 그리고 우선 충분한 양적완화를 통해 디플레이션, 수요부족, 저성장에서 벗어나는 것이 필요하다. 하마다 교수가 보기에는 경제학을 배운 인간이라면, 전 세계 누구나 알고 있을 상식이다. 그것을 일은이 등한시하고 있다고 보는 것이다.

이 번역서가 나오기까지 여러분의 도움이 있었다. 저자 하마다 교수님은 흔쾌히 번역을 허락해 주시고 친절하게도 한국어판 서문도 보내주셨다. 깊은 감사를 드린다. 이 책을 소개해 주신 연세대학교 경제학과의 명예교수이신 김정식 교수님과 홍성찬 교수님께 감사드린다. 김정식 교수님께서는 초벌로 번역된 원고를 직접 읽어 주시고 잘못된 부분을 바로잡아 주셨다. 하마다 교수님과의 연락도 도와주셨고 여러 곳의 출판사를 직접 소개해 주시기도 하셨다. 서울대학교 경제학부의 김소영 교수님께서는 하마다 교수님의 한국어판 서문 말미에 나오는 인명 정리에 도움을 주셨다. 직접 뵌 적은 없으나 지면을 빌어 감사드린다. 계명대학교 국제학연구소의 김정규 소장님께서는 인문사회연구소 지원사업의 지원을 받아 학술총서로 출판할 수 있도록 흔쾌히 허락해 주셨다. 평소에도 신세를 많이 지고 있는데 이 기회를 빌어 감사드린다. 전임연구원 이동훈 선생님께서는 어문학사와의 업무 연락과 출판 관련 사무를 도맡아 주셨다. 그 외에도 전임연구원 한미애 선생님, 행정의 달인 권성규 선생님, 연구소에 없어서는 안 될 연구보조권 채영재 군, 양효민 조교, 그리고 익숙하지 않을 텐데도 묵묵히 최선을 다해주는 근로장학생 유지연, 백지수 두 학생의 이름을 적어 평소 감사했던 마음을 전한다.

번역서를 낸 것이 벌써 여러 권이다. 그때마다 항상 느끼는 것이지만 번역의 어려움은 외국어 실력에 있는 것이 아니라 국어 실력의 부족함에 있는 것 같다. 그래서 어색함이나 오역의 책임은 오롯이 역자에게 있다.

2021년 7월 15일
김명수

경제학 천재들의 일본경제 비판

미국은 일본경제의 부활을 알고 있다

초판 1쇄 발행일 2021년 06월 30일
지은이 하마다 고이치
옮긴이 김명수
펴낸이 박영희
편집 박은지
디자인 어진이
마케팅 김유미
인쇄·제본 AP프린팅
펴낸곳 도서출판 어문학사

서울특별시 도봉구 해등로 357 나너울카운티 1층
대표전화: 02-998-0094 / 편집부1: 02-998-2267, 편집부2: 02-998-2269
홈페이지: www.amhbook.com
트위터: @with_amhbook
페이스북: www.facebook.com/amhbook
블로그: 네이버 http://blog.naver.com/amhbook
　　　　다음 http://blog.daum.net/amhbook
e-mail: am@amhbook.com
등록: 2004년 7월 26일 제2009-2호

ISBN 978-89-6184-976-0(93320)
정가 18,000원
※잘못 만들어진 책은 교환해 드립니다.